Building a New School:

The Decoding of Running Hua Yuan Primary School

建设一所新学校
花园小学的办学解码

李 安　周晓燕·著

ZHEJIANG UNIVERSITY PRESS
浙江大学出版社
·杭州·

图书在版编目（CIP）数据

建设一所新学校：花园小学的办学解码 / 李安，周晓燕著. —杭州：浙江大学出版社，2023.8
ISBN 978-7-308-24050-5

Ⅰ. ①建… Ⅱ. ①李… ②周… Ⅲ. ①小学—办学经验 Ⅳ. ①G627

中国国家版本馆 CIP 数据核字（2023）第 145927 号

建设一所新学校：花园小学的办学解码

李　安　　周晓燕　　著

策划编辑	吴伟伟
责任编辑	马一萍
责任校对	陈逸行
封面设计	雷建军
出版发行	浙江大学出版社
	（杭州市天目山路 148 号　邮政编码 310007）
	（网址：http://www.zjupress.com）
排　　版	杭州好友排版工作室
印　　刷	杭州罗氏印刷有限公司
开　　本	710mm×1000mm　1/16
印　　张	23.75
字　　数	344 千
版 印 次	2023 年 8 月第 1 版　2023 年 8 月第 1 次印刷
书　　号	ISBN 978-7-308-24050-5
定　　价	98.00 元

序　一

　　杭州市笕桥花园小学办学已有七载，我与其结缘在"双减"工作专项调研过程中。该校的办学理念是"校园即花园，教育即成长"，这与陶行知先生"生活即教育"有着异曲同工之妙。花园小学秉持"幸福像花儿一样"的办学愿景，致力于校园文化、课程体系、师生评价、课堂模式等方面的改革创新，敢拼敢闯敢首创，迅速成为城东新城板块居民认可的"家门口的好学校"，有效回应了人民群众对美好教育的期待。

　　"用力生长"不仅是花园小学的校训，更是贯穿于其"适性生长，静待花开"的育人全过程。高品质的校园文化，营造出春风化雨、润物无声的育人氛围，帮助学生获得价值的认同、审美的陶冶、思想的感化、行为的养成。在花园小学，无论是体育馆兼学生汇演中心、学生图书馆兼教师研训中心、教工餐厅兼学习中心和凌霄创客中心等复合型特色场馆，还是党建梅园、樱花大道、银杏林、百果园等校园小景，都给人留下了深刻印象。学校努力把校园物质空间变成精神空间，这种以文化人、以文育人的校园文化也是我们上城区教育一直提倡的。美好校园要有美感、有细节、有人性、有温度、有故事……

　　学校着力构建指向学生核心素养提升的"生长课程"，建立"基础＋拓展"的多元课程体系，形成了培养生命力、学习力、道德力、交往力、创造力的五大课程领域，涵盖勤思启创、正身笃行等十大课程群。"自然、自信、自觉"

的"花儿少年"正在用力生长，在儿童化、智慧化、国际化的"幸福花园"里成长为幸福少年。百花齐放，各美其美，让每一名"花园学生"成为最好的自己，正是上城区教育"努力创造条件，让每个孩子都有人生出彩的机会"理念的美好缩影！

用力生长的不仅有"花园学子"，还有"花园教师"。对五年内新教师占比超70%的新学校而言，帮助教师快速成长是学校高质量发展面临的最大挑战，"新教师成长营"应运而生。着力于教师未来能力的培养，针对入职前、1～3年、3～5年等不同教龄段教师群体，学校分别搭建"种子学堂""新芽书院""青葵学院"三类平台，合力推进学校教师队伍素质的整体提升，对教师成长进行总体规划，使教师个人发展获得多方支持。从刚建校的8个班级17位教师，到现在的35个班级88位教师，正是依托"新教师成长营"，学校实现了从精细化管理到教科研一体化，再到科研兴教、科研兴校的华丽转变。学校管理就是要让每一位教师在适合的平台上得到发展，"花园"新教师们用力生长、进阶成长、多元发展，学校的办学质量也在逐年稳步提高，成为上城区美好教育"名校就在家门口，名师就在我身边"不可或缺的一笔。

教育教学改革和信息技术更新成为花园小学高质量发展的有力保障。花园小学以争创"数字化校园示范校"为契机，以顶层设计为总体抓手，着力推进新时代智慧校园建设。打造高质量网络学习空间，通过创建教育云平台、创客中心、全景课堂等方式，拓展新型学习空间，提升学生学习体验，促进教育教学的现代化变革。借助"星级家长执照""学后乐园""淘活动"等区级平台，利用平台大数据整合各类信息，实现信息互通共享，让学校环境互联、家校互联和学习互联成为可能，这不仅是上城教育"教好每一名学生，成就每一位教师，办好每一所学校，幸福每一个家庭"的生动实践，更受到了家长和社会的广泛赞誉。

花园小学把这些实践经验和思考困惑编撰成书，进行分享交流。在书中，可以看到一所新学校秉持"高品位立校，高质量育人"的教育初心，致力创新、追求卓越,用力生长、蓬勃向上的良好发展态势。这些实践探索不仅为"花园"的新发展注入持续动力,更为新学校建设提供了参考范例,其困惑也将引发教育人在推进新一轮教育教学改革过程中更深层次的思考。

如今,首届花园学子已然毕业,踏上人生的新征程。衷心期待花园小学在"优质均衡、人民满意的美好教育引领区"建设中开启奋斗新篇章,取得丰硕新成果。

项海刚

杭州市上城区教育局党委书记、局长

序　二

欣喜收到杭州市笕桥花园小学校长李安给我寄来的即将付梓的《建设一所新学校：花园小学的办学解码》的书稿。作为这所学校高质量发展的见证人，我感同身受，这里想就李安校长的"办学密码"谈谈体会！

笕桥花园小学是一所创办刚满七年，为满足城东新城板块人民群众对美好教育的期盼而创办的"家门口的好学校"。我多次到该校参观访问，目睹了这一所新学校犹如孩童般欣欣然"用力生长"的历程。李安校长是一位具有丰富办学经验又怀揣深厚教育理想的优秀校长。他从顶层设计入手，循着"品牌定位—教育理念—文化塑造—形象设计"的框架，展开了这所新学校的建设。正所谓大道行思，取则行远。七年来，李安校长锚定新学校发展的关键——文化建设，由此擘画学校未来发展的蓝图，在短时间内成功将学校带上了稳健发展的快车道。

李安校长奉献给大家的这本书中所揭示的"办学密码"，就是对笕桥花园小学这一新校办学成功经验的用心总结，细读这本书，极富启迪。

该书第一章"文化密码"，可谓是纲举目张。没有文化底蕴和精神的学校是没有灵魂的。花园小学坚持以立德树人为根本，以五育并举为遵循，将学校育人工作落实在教育对象的生命成长过程中，在此基础上构建了独特的学校文化理念系统。该校秉持"校园即花园，教育即生长"的办学理念，致力于培养"自然、自信、自觉"的花儿少年，努力建设"儿童化、智慧化、国际化"的幸福"花园"。正是学校的这一办学愿景和价值观,奠定了这所学校的文化根基,也由此形成了友爱和谐的师生关系和现代学校制度规范。

该书第二章"德育密码",揭示了富有特色的完整育人体系。从德育目标、德育课程、德育实践和德育环境,提供了立德树人的丰富案例。教育的核心一定是"德",德育才是教育的灵魂和统帅,有了德育的浸润,学校才是有温度、有生命力的。

该书第三章"课程和课堂密码",打开了课堂的"黑箱"。笕桥花园小学基于"生长教育"的课程理念,积极探索课堂教学的变革方式。李安校长提出的"生长教育",主张人的一生就是在不断地处理着人与自然、人与社会及人与自我这三种关系,因此笕桥花园小学全力打造"五力生长"课程体系,涵盖了人在处理这三种关系时所必需的能力,注入儿童内在生长的养分。由此,笕桥花园小学还探索构建了"五力生长"课堂的"课堂密码",打破了传统课堂教学样态,营造出具有道德力、生命力、学习力、创造力和交往力的新课堂,值得借鉴。

该书第四章"教师和教研密码",细致剖析了教师应该怎样成长为一名优秀的"花样教师"。作为一所新办学校,花园小学始终以"用力生长"为底色,最大化地激发教师自身学习潜能和专业发展优势。尤其值得一提的是,面对新学校、新教师的校情,李安校长要求青年教师坚持"适性生长、静待花开"的育人理念,努力做研究型教师,以梯队式发展,培养青年教师良好的师德、师能、师风,使教师队伍的整体素质很快就胜任教育教学之需求。

该书第五章"评价和管理密码",介绍了笕桥花园小学以增值评价为导向,由个人、班级向年级逐层递进的评价体系的建设经验。这一"密码"告诉我们,学校应该积极促进多维立体化评价活动的开展,以集体评价、个人评价和家校共评为形式,确保全面系统化评价机制的落实。随着多维度、深层次评价活动的开展,笕桥花园小学"花儿少年"全面个性化的五力生长得到了提升。同时,为了提高学校信息化管理水平,李安校长还带领学校构建出了学生管理、教师管理、教学管理一体化的管理机制,形成了智慧高效的学校管理体系。

作为一所新学校,短短七年,笕桥花园小学就跑出了加速度,在各方面交出了令人满意的答卷,为学校健康、长远发展奠定了重要基础。李安校长总结杭州市笕桥花园小学办学情况的书成功出版,一定可以为其他新创办的学校的管理者提供有益的参考。

是为序。

刘　力

浙江大学教授、博导,上城区教育智库专家

目　　录

第一章 文化密码:孕育"花园文化"基因

现在的笕桥花园小学创建于 2016 年,从 20 世纪 60 年代花园大队创办的花园耕读小学到因行政区划调整并入弄口小学,后与多所小学合并组建新的笕桥小学,再到隶属于笕桥小学的笕桥花园小学,直到 2018 年独立办学,笕桥花园小学经历了几度变迁,又破茧重生。回顾办学历程,我们深刻认识到学校文化对一所新办学校的重要性。要促进学校特色发展,学校文化不仅要有准确的定位,还要突出其本质特征,且应具有开放性和动态性。七年来,花园小学基于区域特色文化,坚持以立德树人为根本,以五育并举为遵循,将学校育人工作落实在教育对象的生命成长过程中。学校设计并完成了以浙江师范大学合作办学重点课题研究和三年办学规划制定为抓手的学校文化顶层建设,整体构建了学校文化理念系统:高举"用力生长"校训旗帜,秉持"校园即花园,教育即生长"的办学理念,致力于培养"自然、自信、自觉"的花儿少年,努力建设"儿童化、智慧化、国际化"的幸福"花园"。正是这一独特的学校办学愿景和价值观,奠定了花园小学的文化根基,也由此形成了友爱和谐的师生关系和现代学校制度规范。"十四五"期间,我们仍将以学校文化建设作为重点课题,进一步思考如何实现"学校文化内涵更丰富,学校治理更自觉,队伍建设更有效,学校形象更鲜明"的办学目标。

第一节 文化溯源:立足"花园"之本

文化概念的定义,大致包含两层意思:静态的"文化实体"与动态的"文化活动"。"文化实体"的概念可追溯到 1871 年泰勒的《原始文化》一书。泰勒认为"文化是由知识、信仰、艺术、道德、法律、风俗以及作为社会成员的人所具有的其他一切能力和习惯构成的一个复杂的整体"①。"文化活动"的概念则与"文化实体"的概念有很大的差别,荷兰著名哲学家皮尔森提到:"'文化'这个术语是人的一种活动,它一直在历史或自然过程中坚持寻求着增进、变化和改革","整个文化是一个伟大学习的过程"②。

相较于文化的概念,"学校文化"的内涵则更为具体。不同的学者对于"学校文化"有不同的认识。美国学者华勒(Waller)最早使用"学校文化"一词。他认为年轻一代的文化和成人有意安排的文化是学校文化的来源。③它们都是由群体的各种习惯、传统、价值观念以及所产生的情感心理和表现行为等构成,是"学校中形成的文化"④。

我国学者顾明远认为学校文化"包含了物质、制度、精神和行为四个层面的文化,它是长期发展历史积淀而成的一种全校师生(包括员工)的教育实践活动方式及其所创造的成果的总和",学校文化的核心是精神层面中的价值观念、办学思想、教育理念、群体的心理意识等。⑤ 郑金洲教授则从组织学和文化学两个角度对学校文化进行理解。他把学校文化界定为"学校

---

① 泰勒.原始文化[M].蔡江浓,译.杭州:浙江人民出版社,1988:1.
② 冯·皮尔森.文化战略[M].刘利圭等,译.北京:中国社会科学出版社,1992:157.
③ 冯炜,赵建军.关于中小学学校文化建设的思考[J].河北师范大学学报(教育科学版),2009,11(12):117-122.
④ 何长平.现代中小学学校文化建设研究[D].南昌:江西师范大学,2006.
⑤ 顾明远.论学校文化建设[J].西南大学学报(人文社会科学版),2006(5):67-70.

全体成员或部分成员所习得且共同具有的一种思想观念和行为方式"①。

不同学者从不同层面揭示了学校文化的丰富内涵。虽然大家对学校文化的定义不尽相同,但都能说明学校文化是教育文化不可或缺的一部分。它是全体教师在教育教学、管理实践和学生在校园生活中共同创造而生成的体现时代特征和学校特色的环境建设、管理制度、习惯传统、价值观念及其活动结果的总和。

一、价值认识,找寻发展方向

学校文化是师生共同遵循的行为准则,更是师生共同追求的价值取向,是一所学校向心力和生命力的体现。极具特色和魅力的学校文化会产生一股强大的文化力,它渗透于学校工作的方方面面,积累于学校发展的点点滴滴,体现于师生员工的一言一行,展现学校的办学特色,彰显学校的办学品质。

适切理想的学校文化顺应师生的本心,就能产生一种内在的亲和力,从而深度调动师生的积极性。在学校文化的引领下,师生共同体将逐渐形成共同的价值观念、思维方式,并以相应的行为实现这种价值追求。学校文化不仅使学校的办学理念更加成熟和独特,而且能够为学校的后续发展提供强有力的精神引领。

适切理想的学校文化可以发展学生自由且独特的个性,帮助学生成长为一个知识丰富、个性鲜明、发展全面的人才。学校为学生提供充足的活动和交往环境,充分发挥学生的学习自主性。教师对于学校文化理念的认同体现在教育教学行为上,先进的教育思想对学生的全面发展起着关键作用。

适切理想的学校文化可以增强教师的职业道德信念,丰富其业务知识,提高其实践能力,由此提升学校教育质量。学校文化建设渗透于教师的教

---

① 郑金洲.教育文化学[M].北京:人民教育出版社,2014:247.

学、管理、科研、生活中,也渗透于教师的教育理念、育人智慧和工作态度中,从而影响着学校教育的目的和效果。

适切理想的学校文化可以激活学校管理和课程体系,更有助于引导学校深层次的文化建设实践。学校文化建设则可引领学校领导从学校的目标和使命出发,培养师生的信念感,激发师生的主人翁精神,使其共同致力于学校和学生的整体发展。[①]

综上所述,学校文化包含着广泛而深厚的意蕴并逐渐沉淀为独特的学校底蕴,直接影响学校价值观念的形成,进而影响学校教育的目的和效果。良好的学校文化不仅可以提高教师的教学质量,而且可以丰富师生的学校生活,提振师生精神;良好的学校文化具有强大的凝聚力和吸引力,能调动师生积极性,调节其思想行为方式,培养和激发师生的群体意识和集体精神,促进师生自我约束、自我管理和自我完善,进而保持学校的长期稳定发展。[②] 学校文化决定着学校的价值体系的构成,指导着学校的课程体系和教学体系的建设,影响着学生发展和教师发展,甚至在一定程度上左右着学校的发展。[③]

二、历史回眸,奠定文化根基

学校文化特征与办学历史以及当地文化特色息息相关、紧密相连。因此,学校文化的顶层设计要密切关注学校的办学历史、周边地域和社区文化背景,吸收、发扬地域特色,才能形成自己的办学特色,进而确定学校文化。只有这样,学校文化才能一方面立于历久弥新的当地文化之上,另一方面又有自身的独特内涵,而不至于泯然于大众。办学积淀和地域文化是学校文

---

① 张释元,谢翌,邱霞燕.学校文化建设:从"器物本位"到"意义本位"[J].教育发展研究,2015,35(6):14-19.

② 黄瑜,贺磊,黄文华.中小学精细化管理[M].徐州:中国矿业大学出版社,2017:273-274.

③ 陈长兴.厘清内涵特征 把握学校文化建设方向[J].福建教育学院学报,2020,21(6):115-119,129.

化设计的基础和前提。

(一)学校沿革

新中国成立初期,花园村没有独立的小学。1960 年 2 月,笕桥公社从钱塘联社划入江干区[①]。1962 年,江干区贯彻"调整、巩固、充实、提高"的方针,将笕桥磁王庙、白石镇、阮家庙、全冯、池塘村、茶花等公办小学转为社办。

1964 年春,江干区文教局将笕桥公社黎明大队民办小学并班扩充学额,腾出教室和教师,开办了 3 个耕读班,使入学率上升到 90%。同年,花园大队创办花园耕读小学,班级数 3 个、教职员 3 人。

1966 年底,杭州市人民委员会决定将市区全日制民办中小学一律转为公办学校,市郊公社生产队办的中小学性质不变。1969 年 5 月,行政区划调整,笕桥公社小学划归郊区管辖。1976 年 1 月,笕桥公社小学又划归江干区管辖。自此,笕桥的耕读小学逐渐消失。1982 年花园耕读小学并入弄口小学,班级数 9 个、教职工 18 人。

2001 年 8 月,撤销笕桥中心小学、弄口小学、联合小学、白石小学、池塘小学、红星小学、黎明小学建制,合并组建新的笕桥小学,迁入机场路 228 号新校址,并引进采荷二小管理模式和师资力量,笕桥小学挂牌"采荷二小笕桥校区"。教育服务区为水墩、花园、草庄、笕新、黎明、白石、浜河、黄家、同心、横塘、俞章、机场、农科院、笕桥、东港等社区。2008 年 7 月改名为杭州市笕桥小学,有 36 个班级,学生 1366 人,教职工 88 人。

2016 年笕桥花园小学正式开办,学校地处杭州城东新城、东站枢纽区块,位于笕桥街道花园社区,占地面积 17546 平方米(约 26 亩),建筑面积 14954 平方米,办学规模 30 个班,由笕桥小学托管。2018 年 7 月,独立办学。

---

① 2021 年 3 月,江干区撤销,其所辖区城分别并入新的上城区及钱塘区。

（二）地域文化

每一所学校都处于不同的地区之中，有着不同的社会文化传统。这种传统是在该地区所具有的生活方式、风俗习惯、地理环境等的基础上形成的，经历了漫长的历史，是人们长期共享一种文化制度的结果。[①] 杭州市笕桥花园小学地处杭州笕桥街道花园社区，城东新城、东站枢纽区块。随着经济和时代发展，在城镇化进程中，笕桥社区经历了从乡镇到城市新区的发展历程。

1. 笕桥镇

笕桥镇自古繁华发展，是杭州东北郊、艮山门外的千年古镇。进入21世纪之后，随着杭州城市东扩，笕桥镇发展成为城东新城，现隶属于上城区。

笕桥所在地属于良渚文化圈，新石器时期已有先民聚居生息。南宋定都临安（杭州）后，杭州逐渐成为一座有几十万人口的大都会，宫廷、百官、士兵和市民衣食住行的需求带动了各行各业的发展，给"京畿"东郊的笕桥带来更多的发展机遇。南宋宫廷在笕桥三里亭一带建立"官园"，以满足皇宫对蔬菜鱼肉的需求。

由于地势平坦，土质松软，宜耕宜居，笕桥逐渐成为桑麻、蔬菜、中药材、花木、瓜果的生产区。畜牧、水产也相应兴盛，并衍生出各种农副产品的加工业。笕桥传统农业物产大致分四类：蔬菜、药材、棉麻、蚕桑。手工业以织麻、缫丝为主。药材、蔬菜、山茶、麻布、绸缎是笕桥出产的"岁贡"之物。

宋朝时，杭州城有"东菜西水，南柴北米"之谚，这是描述各城门的集市特色。南宋在笕桥三里亭的"官园"，除种植蔬菜，还饲养猪、羊、鸡、鸭，可称作宫廷的"菜篮子"。清朝初年，康熙南巡杭州，看见艮山门外遍地油菜都开花了，留下"东南农事已春深，菜垄花开满地金"的诗句。《艮山杂志》描述笕桥土产蔬菜，品种繁多，四时不断；横塘一景，四季常青。新中国成立后，笕

[①] 郑金洲."办学特色"之文化阐释[J].中国教育学刊,1995(5):35-37.

桥一直是杭城的蔬菜基地,1984 年在三里亭开办了杭州第一家蔬菜批发交易市场。1997 年 10 月,该市场被列为全国百家定点鲜活农产品市场。笕桥农民栽培蔬菜,世代相传,技术精良。笕桥的蔬菜种植农民专家走向世界,向各地传授蔬菜栽培技术。

笕桥地域历史悠久,农耕文化丰富,自古读书蔚然成风,历代名人、乡贤辈出。笕桥人更是深受勤劳淳朴、耕读好学、谦让包容、乐于施善的"义信文化"的熏陶,持义守信,不仅是笕桥弄口人的信条,还成为笕桥一带街镇集市行贩商贾恪守的行规,使笕桥这些市镇数百年来生意经久不衰。

2. 城东新城

2008 年 2 月,杭州市人民政府正式批复《东站枢纽地区控制性详细规划》(下文简称《规划》)。杭州东站枢纽的建设是浙江省"十一五"期间铁路建设的重大项目,也是杭州市加快推进城市化建设,实施决战东部战略的核心项目。《规划》确定建设杭州铁路东站枢纽和城东新城,是杭州"接轨大上海、融入长三角,打造增长极、提高首位度"的重大举措。城东新城是以现代化综合交通枢纽中心为依托,以体现"沪杭同城"产业关联为特色,以高端商务办公、商业休闲、旅游服务、居住生活功能为主体,体现高品质、国际化、城际化、通勤化并融合多彩生活内容的城市门户和综合性城市新中心。

3. 花园社区

花园社区原为花园村,东接白石社区,南临彭埠新风社区,西连东港社区,北界水墩、草庄社区。社区总面积 0.77 平方公里。花园村的居民大多是清朝中期至民国时因坍江而由钱塘江南岸迁徙而来的。白石港河环绕村子四周,七座社区公园依河而建,杨柳婀娜,花团锦簇,亭阁草坪散布其间,环境优美。

花园村历史悠久,在东汉时已形成村,后汉筑古海塘(土堤塘)而形成的走马塘路沿村北而过。因宋徽宗郑皇后外家三世孙、太尉郑兴裔在此建郑家园(府邸),郑家园有大花园,故得花园之名。因古后沙河在这里回流形成一个浜兜,又名花园兜。

花园社区在明清时属仁和县太平乡。民国时为杭州第六区第 8 保辖地。新中国建立后属弄口乡。1956 年 4 月撤弄口乡并入笕桥乡。1958 年 9 月,笕桥人民公社成立,花园一社、二社、三社等七个社成立七星大队。

1984 年 8 月,撤销大队建制,复名花园村。2002 年,花园股份经济合作社成立。2006 年撤村建居,花园村改为花园社区。2010 年,因火车东站扩建,城东新城建设,花园社区被整体征用拆迁。2012 年 11 月 29 日,花园社区安置房开工建设。2016 年开始,居民陆续回迁安置房。

第二节　办学实践:夯实"花园"之基

杭州市笕桥花园小学秉持"幸福像花儿一样"的学校文化,以"用力生长"为校训,逐渐形成了独特的学校文化理念系统。基于"校园即花园,教育即生长"的办学理念,践行"五育并举,五力全育",致力于打造儿童化、智慧化、国际化的幸福"花园"。学校通过建设和美精致的校园环境,营造和谐融洽的校园氛围,设计轻松愉悦的学习活动,让师生朝着"自然、自信、自觉"的育人目标快乐地成长,真正实现"幸福花园—幸福生长—幸福少年"的发展目标。

一、因名而立,打造幸福"花园"

笕桥花园学校于 2016 年 7 月建成,由杭州市笕桥小学托管,实行独立法人、统一管理模式。同年 10 月,与笕桥实验中学、笕桥小学共同组建浙江师范大学笕桥教育集团,成为上城区"教育新共同体"之"院校合作共同体"的新样态学校。自合作办学以来,高校专家学者经常莅临学校,从科研、师训、课堂教学等方面给予专业指导。另外,还有市区级名师团队进校参与教研活动,指导教师课堂教学,提升教师教学水平。学校各学科教师在课堂教学评比、各类比赛中不断崭露头角。

2018 年 7 月,学校与笕桥小学脱离委托管理关系独立办学。教育服务区内共有花园、白石、东港三个社区,主要生源来自花园社区,故得名杭州市笕桥花园小学。学校因名而立,致力于打造尚雅和美、富有生机、充满智慧的幸福"花园"。2019 年初,学校重新设计校标并投入使用,认真做好新校标等理念识别系统在教育教学和学校环境建设中的应用,进一步丰富理念识别系统,进一步创造良好的教育生态环境。校名标志如图 1-1 所示。

图 1-1 杭州市笕桥花园小学校标

标志的主题形态源于"花"字的变形,标志上部将部首抽象为山峰、白云造型,给人以自然田园的想象,象征不断超越的无限的创造力。标志的下部由抽象的树木和盛开的花朵构成。树木的形态与书法"人"相似,寓意教育"百年树人"的目标和"校园即花园,教育即生长"的办学理念。标志的整体形态圆润饱满,给人亲切感,让人联想到喷溅而出的颜料,寓意儿童天真烂漫的心理特点。

标志下部花朵代表学校校花——凌霄花的造型。凌霄花性喜温暖湿润、有阳光的环境,其种类众多,所代表的寓意也很丰富,通常是指慈母之爱,可表达对母亲的尊重,感谢母亲的养育之恩。凌霄花的寓意还有敬佩、声誉,可表达对教师的敬佩之意,感激之情。此外,它的花期是在每年的 5 月到 8 月,花期长,属于攀援植物,即便是在墙壁上也能正常生长,开出漂亮的花朵,因此它还有志存高远的意思,寓意在成长道路上不管路途有多遥远,都不随便放弃,勇敢向前,勇敢克服困难。

二、因势而为，实现内力发展

筑桥花园小学是一所年轻的小学，也是一所充满朝气的现代化学校。在短短七年办学时间里，学校呈现出蓬勃发展之势，已具备优良的办学条件和完善的设备设施，校园环境清新雅致，富有生机，课程资源丰富，教师队伍优秀，办学规模不断扩大，办学品质持续提升。

（一）常规类建设，建立新标准

筑桥花园小学建立之初面临着校园文化不深厚，骨干教师少、年轻教师多，家长不信任、需求高等一系列问题。如何有序、高效、有特色地发展，甚至赶超传统优质小学成为学校最为强烈的诉求和迫切愿望。为了系统地、全面地解决这些问题，学校班子带领全校师生员工从学校的基本情况入手，以学校迫切需要解决的问题为着手点，开启了学校的标准化治理。其中，重点任务有规划学校发展、引领教师专业成长、指导教师教育教学、提升团队组织效能等。为此，学校引入了标准化治理的理念，通过深入调研与诊断，积极探索、大胆试验、积累经验，希望建立科学的、符合教育教学规律的标准来整体解决新建学校面临的一系列复杂问题。

1. 统一思想：播下标准化的种子

运用标准化的思维方式解决和处理新建学校所面临的师资力量薄弱、家校沟通不畅、治理过程不畅、治理成本过高等一系列复杂问题，最终形成标准化治理体系是年轻学校快速发展的必由之路。为此，学校通过召开班子会议、全校教职员工大会以及家委会等不同形式展开不同层面的商讨，传递标准化的基本理论、理念和实际操作的流程。学校同时通过专题讲座从教师站稳讲台三大任务流程体系、教学班教师调整标准化流程、教师家访流程等几个方面进行解释和探讨，在教职员工心里播下标准化的种子，并层层落实分工。

在每一位教职员工的具体工作实践下，标准化治理的种子开始在筑桥花园小学萌芽、生长。比如,实现思想的统一之后,教师在遇到问题时,挂在嘴边的不再是"找×××"或者"找校长",而首先思考的是这个问题有没有相应的规章制度以及对应具体的操作或者解决的流程。如果有的话,那么就依照标准,走流程;如果没有的话,就思考讨论,探讨是否需要建立新的标准。这就是思维模式、工作方式的标准化。

2. 建立标准:加快学校治理进程

学校治理的标准化离不开分门别类的标准,有了标准后便可实现事事有标准、层层有标准、处处有标准。标准建立之后,新老教工在标准面前一律平等。这样,在遵循标准的基础上,广大师生员工逐渐在教学常规、班级管理、工作常规等方面形成了良好的习惯。标准化流程不仅使学校的各项工作有章可循,而且还有效地促进了个体的优秀经验向群体经验有效转化。当然,花园小学的标准化治理过程并不是一蹴而就的,而是通过坚持"高、全、细、实"四大原则逐步实现的。

"高"即高定位。学校聘请专家团队定期进行国家、省、市以及区层面政策法规的梳理和解读,使教师了解最新的育人政策和发展趋势,建构能够促进良性教育生态发展的校园文化和校内外育人环境等方面的规章、制度。

"全"即全方位。通过师生以及家委会的努力和实践迭代,形成事事有标准、处处有标准、层层有标准、人人知标准并维护标准的学校治理生态,让学校的一切工作都有章可循,从而展现标准的力量,发挥标准的功能。

"细"即细流程。假、大、空的标准会因为其缺乏实际可操作性而执行不畅,最终流于形式,而细化的流程则能让每位教师都读得懂,看得明白。例如,在新教师入职发展过程中,学校通过成立"新教师专业素养进阶营",形成规范性的教师评价手册——《新教师成长积分手册》。在此基础上,根据"入职期、新手期、发展期"进一步形成"新园丁成长营"三级培训层级标准与流程。

"实"即接地气。标准的制订还需要接地气,只有可操作性强,才能确保标准流程的落实。例如,在教学方面,学校开展"简远课堂"研究,以"课堂教学六维层级评估量表"为抓手,深入剖析"目标"维度的六个层级,践行"以生为本,以标为纲,以学为主"的原则,积极开展课堂观摩和研讨。

3. 对标考核:确保标准精准落地

思想统一和标准确立之后,重要的是各层及各项标准的精准落地。在学校治理的实践中,标准这个词并不难理解,难的是如何精准有效地落实标准。对此,学校采取"对标考核,精准落实"的方法,对学校领导团队和教职工进行考核,从而确保标准的有效性。在干部储备和培养任用方面,学校建立了年轻干部培养"五合"工程,完善了校级干部、校级助理、基层中层、青年后备"四梯队"干部培养机制,促进干部队伍快速成长。在教师专业发展方面,学校明确了教师业务学习专业化、主题化、系列化的要求,实行每月每周末自主学习轮流制度,学习内容涉及行政、教学、德育、工会活动等。同时,学校进一步夯实网格化管理,实施"一室两处三长四部六大员"管理体系,实行学期责任工作述职汇报评测机制。

4. 持续改善:建构有温度的标准

在一系列标准建立并落地之后,学校的各项工作开始走向正轨并持续发展,但是在标准实施的过程中,学校又面临着制度的科学性、权威性不足以及刚性有余所带来的一系列问题。因此,学校在后续标准制订和执行过程中,开始思考如何建构有温度的标准,关注标准本身的"人本性"和制度执行过程中的"激励性"。例如,学校采取正面激励与失责追究并重的方式推进各个层面的治理。标准中既有不可逾越的"高压线",也有令人羡慕的福利与关爱。如此,才能让学生朝着"自然、自信、自觉"的育人目标快乐地成长,真正实现"幸福花园—幸福生长—幸福少年"的发展目标。与此同时,学校特别注重治理的协作性,建立教代会、家委会协作下的校长负责制,广泛吸引一线教职员工和家长加入,形成治理共同体组织,从而发挥群体智慧,推动共同体组织的治理和自治,以合作促发展。

(二)项目化推进,呈现新样态

伴随着常规化建设的落实,学校进入稳步发展阶段。"如何实现学校高质量的发展"成为学校新的努力方向和追求。

对此,从 2019 年秋季学期开始,学校决定以组建项目研究团队的方式推进解决办学过程中的关键性问题。具体从学校管理、课程建设、课堂教学、教师培养、德育活动、智慧校园、项目创设、专家特聘等方面加强科研投入和师资调配,设立了五大重点课题研究项目(见表 1-1),以求呈现学校发展的新样态、新活力。

表 1-1 花园小学课题研究项目基本情况(2019 年)

课题项目	涉及领域	课题组长
项目一:基于"校园即花园,教育即生长"办学理念的"生长课程"体系的整体建构	课程建设	校长
项目二:花园小学"简远课堂"教学模式架构的理论与实践研究	课堂教学	教学副校长
项目三:构建以"园丁成长营"为平台的花园小学星级教师培育机制	教师培养	教学副校长
项目四:以"花儿少年"为培育目标的花园小学德育"生长力课程"建构	德育活动	德育副校长
项目五:花园小学"智联·融通"智慧校园一体化建设项目	智慧校园	行政副校长

在设立重点研究课题的基础上,学校研究团队形成了更具操作性的抓手,开始系统、全面地思考花园小学项目工作的开展和落实。

在课程建设方面,学校致力于从整体上建构"生长课程"体系。学校课程建设指向学生的内力生长,通过建立"基础＋拓展"的课程体系,形成以生命力、学习力、道德力、交往力、创造力培养为重点的五大课程领域,并在此基础上构建勤思启创等课程群,从而培养具有自由、活泼、开放、智慧、努力、真诚等特质的"花儿少年"。

在课堂变革方面,学校尝试架构具有校本特色的"简远课堂"教学模式。这是旨在以创新理念、信息技术、生活实践(ITL)为载体,形成内容形式简约但思想意蕴深远的课堂教学模式。"I"即 innovation,创新,指创新理念;"T"即 technology,技术,指信息技术;"L"即 life,生活,指生活实践。我们希望在理论和实践上开展双向探索,以先进的理念为引领,以信息技术为支撑,让课堂更好地与学生的生活实践相结合,从而为学生提供更优质的课堂教学。

在教师培训方面,学校探索建立"园丁成长进阶营"教师培训机制。该机制以"种子学堂—职前培训""萌芽书院——一至三年教龄新教师""青葵学院—三至五年教龄教师"为三级发展阶梯,以"名师工作室、课程共同体、素养加油站、教师俱乐部、课堂开放日"为五大助力平台,阶段性地促进年轻教师的快速成长。

在德育工作方面,学校以"自然、自信、自觉"作为花园小学的育人目标,并将之作为校级示范学生——"花儿少年"评选的基本标准。为了使育人目标具体可实施,学校积极探索建构"德育生长力"课程。

在智慧建校方面,学校以"智联"为手段,"融通"为目标,通过一体化智慧交互平台的建设,打造融合、共享、高效的智慧化校园。

在 2019 年和 2020 年两年时间内,学校严格落实重点项目的研究与推进。对照《笕桥花园小学 2016—2020 五年办学目标》,根据规划目标的 7 个方面、63 项具体目标,经过认真分析、自查自评,不仅较高水平地完成了短期内学校的办学目标,而且实现了为制定《杭州市笕桥花园小学 2021—2025 学年学校发展规划》奠好基、开好局的目标。

(三)课题式深化,追求新高度

在总结评估"十三五"学校发展规划实施情况的基础上,学校认真梳理已有发展的优势与不足。我们认为学校发展规划应进一步强调发展性、特色性和可行性,新一轮学校五年发展规划的制定必须找准基点、突出重点。据此,我们确立了学校发展的阶段目标和长远目标,形成了具有更高站位、更具操作性的"十四五"办学规划。

在教学方面,学校尝试通过开展聚焦课堂教学研究,践行生长理念,转变教学方式,探索高质量的生长课堂,构建课堂教学指标体系,提升教学质量,初步形成花园小学课堂教学特色;通过搭建教师成长平台,多元化提升教师综合素养,进一步优化教师队伍,以"一营一坊一坛"为抓手,构建具有花园特色的三个层次的教师阶段培养规划,满足教师专业发展的不同需要;通过专家高位指导,进一步建立特色课程,启动"玩好数学"特色课程建设、"多文本阅读"特色课程建设,完善校本拓展性课程。

在德育方面,学校借助于浙江师范大学的教育资源,推进家长学校重点项目式培训工作,搭建德育队伍梯队,提升专业水平;继续推进并逐步完善名班主任工作室的工作机制和班主任管理案例研究,以案例研究为基石,以问题导向为抓手,提升班主任班级管理思考力、创新力和主动力。通过专家引领,在进一步完善现有家长学校制度的基础上,采用观察、访谈、调查、诊断等方法,深入分析当前学校在家校教育中存在的问题,梳理"生长课程"之家长学校课型、课例、形态等要素,初步形成"生长课程"之家长学校课程体系。同时,以"生长课程"为抓手,实践高质量家校育人模式转变,打造合校情、合学情的花园小学"生长课程"家校发展模式新样态。

在行政方面,学校梳理行政流程,规范服务制度,规范执行考核制度;优化智慧软件办公系统,简化各类审批流程,实现"0次跑",规范学校会议和信息发布渠道,建立生长档案馆,使信息归档科学化、系统化等。学校致力于建设"生长档案馆"暨信息中心,用好钉盘等云储存工具,使生长文化融合于行政管理中,彰显人文特色,保障综治服务品质,使行政标准化管理逐步提升,制度管理规范,凸显学校生长文化的力量和亮点。

在后勤方面,学校通过公用经费、教育局专项经费建设教育教学空间和活动空间,使用公用经费、教育局专项经费采购智慧化管理软件及硬件设施,制定后勤管理方案,优化管理结构,建立管理机制并寻求外力助力学校规划,达到提升基础建设、校园绿化、空间建设,规范实施后勤管理制度的标准,为成为区级后勤管理标准化学校做准备。

与此同时,为达成"十四五"办学规划,学校对先前的项目进行了修改和完善,将原来五项重点课题改成以理念落地、骨干培养、生长课堂、生长课程、家长学校以及智慧校园为中心的六大重点项目。以校长为核心领导组建项目研究团队,重新思考重点项目的目标及相应举措,向特色发展、优质发展迈进。具体项目详见表 1-2。

表 1-2　花园小学课题研究项目(2021 年)

课题项目	涉及领域	课题组长
项目一:以合作办学课题和"十四五"办学规划制定为抓手的学校文化顶层设计与建设研究	理念落地	校长
项目二:花园小学五至十年教龄骨干教师(骨干班主任)成长计划	骨干培养	教学副校长
项目三:基于高质量育人目标的花园小学"生长课堂"实践与研究	生长课堂	教学副校长
项目四:花园小学"生长课程"的实践与开发	生长课程	教学副校长
项目五:花园小学家长学校"生长课程"的实践与开发	家长学校	德育副校长
项目六:以"之江汇""全景课堂"技术应用为载体的"智联融通"校园智慧化建设	智慧校园	行政副校长

项目一是为实现"文化内涵更丰富,学校治理更自觉,队伍建设更有效,学校形象更鲜明"的办学目标。学校计划通过完成文化识别系统,创建复合体一室多用场馆,精准创建花园"生长博物馆",达到"外化于行"的目标;通过形成花园人(师生—员工—家长)的文化认同感、彰显花园人的精气神、形成特色载体(凌霄讲习所、家长学校幸福大讲坛、新园丁成长营)、开展"最美

花园人"展评,逐步建成"最美花园人"凌霄馆项目,达到"内化于心"的目标;通过"1424"学校治理扁平化系统,提高学校管理效率,淬炼"一核(学校治理)四维(站位有高度、思考有深度、执行有力度、落地有温度)"学校治理原则,完善"两级(制度完善、流程标准)四步(程序优先,标准前置,实操落实,评价导向)"学校治理系统,实现"学校治理,固化于制"的标准,致力培育"两翼(队伍建设和学校形象)双擎(培养机制、砥砺督评;融合传媒、展示形象)"的教育新样态,丰富"三自五力"树人新渠道,彰显"德能双修"生长新形象,拓展传媒渠道,激活文宣密码,重点开展家校合作、社区协作项目化研究;扎实推进"凌霄讲习所"建设,巩固年轻干部"五合"工程,完善校级干部、校级助理、基层中层、青年后备"四梯队"培养机制;夯实网格化管理,持续开展"赢在中层"干部系列培训,推进"一室两处三长四部六大员"管理体系,达到"队伍建设与形象展示实化于行"的水平。

项目二是为实现"形成骨干教师培养机制,提升教师教育教学水平,培养花园学科骨干"的目标。学校立足"教研训一体化"思路,计划继续开展"新园丁成长营"教师三级培训;创设立足骨干教师培训的"凌霄书院",重点加强五年至十年教龄青年教师的培养;与此同时,开发课堂教学、班级管理、家校沟通、课程开发、素养提升等五大"工作坊式"师训课程体系,以"素养加油站""工作指导站""教师教学论坛""教师发展论坛"为抓手,构建具有花园特色的青年骨干教师培养体系,培养素质全面、幸福愉悦的教师队伍。学校还引进知名课程专家、学科名师,定时来校指导,开展师徒结对,培养10～15位学科骨干教师。

项目三是为了实现"基于生长理念,探索生长课堂,构建课堂教学指标体系,初步形成花园小学课堂教学特色"的目标。学校以高质量育人为目标,践行"四为(以生为本、以标为纲、以学为主、以导为方)"教学理念,以"四有(有效备课、有效上课、有效作业、有效辅导)"为抓手,形成花园小学教师教学工作规范。学校以"一核三程三单"为教学支架,以"全景＋"为教学特色,践行生长教育理念,探索智慧教育技术支持下的朴素有效的"生长课堂",初步形成花园小学课堂教学特色;构建"生长课堂"教学指标体系,构建"生长课堂"学生活动评价体系,建设"生长课堂"教学资源库;搭建"生长课堂教学论坛"平台,聚焦课堂教学研究,转变教学方式,提升教学质量,提升教师课堂教学能力。"十四五"期间,学校三分之二教师的课堂教学能力达到优秀,8~10位教师在市区级进行过教学展示,课堂教学效果有明显提升,学校学科教学质量达到区中等水平。

项目四是为了实现"建构指向学生内力生长的校本化课程(生长课程),形成'基础+拓展'的课程体系"的目标。学校坚持"多元开放、一体两翼"的课程建设原则,以国家课程为主体,以拓展性课程与综合实践课程为两翼,提升学生综合素质,着眼学生个性发展,继续开发多元化的校本课程,构建"内力生长"课程体系,形成指向学生生命力、道德力、学习力、交往力、创造力培养的五大课程;着力提供丰富的课程菜单,重点建设"多文本阅读课程""玩好数学课程",重点培育"体、艺、科"精品课程,优化校本课程体系,满足学生和谐、全面、健康发展。学校定期组织学科节、艺术节、运动会、科技节等一系列校园文化活动,开展"拓展性课程成果展示",丰富课程资源,注重过程体验,增强实践能力,为学生搭建锻炼、展示平台。

项目五是为了实现"家校合力更有力,德育意识更自觉,育人效果更显著,队伍建设更有效,品牌建设更显著;家校课程有特色,家长学校制度更完备,构建家长评价系统,努力成为市家长学校示范单位"的目标。学校从多个方面推进,继续强化队伍建设,提升德育软实力;以案例为基点,做标准、做流程、做规范,进一步强化班主任队伍建设,提升班主任日常工作和创新工作的能力;以网格管理为规范,进一步提升年级组长能力,发挥年级组在德育工作中的主动性,构建学校总管、部门分管、年级督促、班级落实的德育管理体系;以课题为引领,进一步强化德育骨干和德育干部引领作用,挖掘德育优秀案例,充分发挥校内外优质德育资源的辐射引领作用;以专家团队的进驻为契机,进一步强化德育导师队伍建设,引导全体员工的德育意识,依规落实全员德育、全程德育工作;在家校合作上,继续完善和落实家访制度,加强家访工作力度,提升家访实效性,搭建家长学校资源专业库,制订家长学校授课计划,发挥家庭教育指导站、家长开放日、班级生长社、教育咨询会、"1+X"家长进课堂等平台载体作用;挖掘家校合力优秀案例,充分开展不同形式不同层面家庭教育的培训、实操和学习,提升家长家庭教育意识和教育能力,形成良好的家校合力。

项目六是为了实现"提升学校管理水平及效率,运用智慧教学手段,提升课堂教学效率,精准服务师生的教与学"的目标。学校尝试通过智慧项目建设,提升学校管理水平及效率,运用智慧教学手段,提升课堂教学效率,精准服务教学,辅助教师学生成长;完成之江汇平台基本搭建,确定全景课堂App种子教师,确保使用率,并安排之江汇使用管理人员,由专人进行负责;利用制度对平台进行管理,形成相应管理制度;整理形成学校智慧化管理评价制度,智慧课堂评比制度等。

三、因时而进,致力优质发展

新时代人民群众对美好教育的需求表现出多样化、多层次、多方面等特征,这是我国教育事业发展的新起点,也是我们工作的着力点。目前,学校教育已经实现了从"解决孩子有书读"向"让孩子读好书"的转变。面对新时代对人才素质的新要求,杭州市笕桥花园小学不断深化教育体制改革,教育质量持续稳步提高。自建校以来,为满足人民群众的教育需求,学校始终坚持因时而进,立足教育新时代,以建设崭新优质的现代学校为目标,深入探索特色化办学之路。

(一)现行成效

截至 2021 学年,学校现有一至六年级共 35 个教学班,1349 名学生,现有专任教师 88 名,其中高级教师 5 人、省优秀教师 1 人、市优秀教师 3 人、区级以上优秀教师 15 人、市级教坛新秀 5 人、区级教坛新秀 15 人、拥有区级以上综合荣誉教师 40 人、占比 45%。

花园小学与浙江师范大学的合作始终秉持以"理念引领、管理指导、教师培训、教学帮扶"为主,以"条件改善、事务资助、科研支持"为辅的宗旨,发挥高校教育资源优势,引进先进的教育管理理念和课堂模式,共同培养师德高尚、业务精良的优秀教师。在双方的共同努力下,教育合作项目已经取得了一定的成果,获得了社会、领导、教师、家长和学生的一致好评和赞誉。

首先,教师队伍培育成绩喜人。学校创设新园丁培养机制,成立"新教师专业素养进阶营",根据"入职期、新手期、发展期",设置"新园丁"三级培训层级,即种子教师、新芽教师、青葵教师;开展"教、研、训"系列研修课程,实现提升教学能力、科研能力、教师素养的"三基目标"。近两年,在上级教育部门主办的各种课堂教学、论文课题、观点报告等评比中,学校在同类学校中名列前茅。学校的教师在论文评比中的获奖情况如下:省级一等奖 1人、二等奖 1 人、三等奖 1 人;市级一等奖 1 人、二等奖 3 人、三等奖 2 人;区级一等奖 7 人、二等奖 12 人、三等奖 17 人;省市立项课题 4 项,区级立项课题 8 项;区案例评比一等奖 5 项、二等奖 17 项、三等奖 13 项;科研成果获省级二等奖 1 项、区级一等奖 3 项;在各类期刊发表文章 21 篇;进行市区级观点汇报 18 项。教师在课堂教学评比中获得市级一等奖 1 人、三等奖 1 人,区级一等奖 2 人、二等奖 8 人、三等奖 7 人、优秀奖 1 人;入选区级课堂教学展示 30 人;教学技能类评比省级二等奖 1 人、优秀奖 1 人,市级优秀奖 7人,区级一等奖 4 人、二等奖 7 人、三等奖 29 人、优秀奖 20 人。

其次,课程体系建设成效显著。学校整体建构了指向学生内力生长,"基础+拓展"的"生长课程"体系,依托"生长课程",培育"三自五力"的花园学子,"五育融合"让学校找到了校本化落实的切实路径且取得了可喜的成效。学生在多项省市区级比赛中斩获佳绩,仅 2020 学年就有 243 人次荣获省、市、区各类荣誉。

再次,环境场馆建设功能突出。学校构筑多元学习空间,根据"复合构筑、一室多用、零空置"的场馆配置原则,完成三大中心建设,即体育馆兼学生会演中心、图书馆兼教师研训中心、教工食堂兼学习中心,极大缓解了学校活动空间不足的问题,成为区域内复合场馆建设的样板学校,其中,图书馆兼教师研训中心被认定为2020年度区特色场馆。除此之外,学校还创造并拓展了丰富的学习空间,实现卫生室和心理辅导站(获评省市级标准站)、图书、仪器设备等基础配置标准化,完成全景课堂项目落地启用和技术培训工作。

最后,办学成果社会认可度高。往年学校为忙着解决本地生"转出去"上小学的问题而烦恼,现在是为本地生不愿意去上其他小学,外地生为难进花园小学读书而烦恼。学校户籍生比例从2016学年的30.92%提高到2021学年的83.23%(详见表1-3)。

表1-3 花园小学2016—2019学年本地生比例

学年度	总人数	随迁子女	本地生比	户籍生				
				白石	花园	草庄	其他	合计
2016学年	304	210	30.92%	8	4	10	72	94
2017学年	342	236	30.99%	32	13	7	54	106
2018学年	238	122	48.73%	30	10	16	60	116
2019学年	167	71	57.48%	30	41	8	17	96
2020学年	155	51	67.09%	79			25	104
2021学年	155	26	83.23%	89			40	129

(二)问题反思

1. 学校"生长文化"和师生精气神融合有待进一步内化

近年来,学校积极打造"幸福像花儿一样"的学校文化,逐渐形成了花园小学的特色学校文化系统。但是,实现"幸福文化"物化并让"幸福文化"内化于师生的精、气、神的工作还有很大的空间。很多精细规划需要进一步落地,很多活动需要进一步统整。进一步践行"五育并举"与"三自五力"的育人目标,打造儿童化、智慧化、国际化的幸福"花园",真正实现"幸福花园—幸福生长—幸福少年"的学校发展目标,是学校未来发展的新能源、新标杆。

2. 学校"生长课程"校本化系列活动有待进一步深化

实现"五育并举",培育"三自五力"花园学子,需要依托系列化的"生长课程"。花园小学年轻教师较多,对生长课程内涵的理解不深,课程内容开发能力不足,精品课程的开发意识比较薄弱,对课程内容的优化还需要专家引领。校本研训的生命力在于教师的内在动力和教师主动的、日常的反思和实践,如何进一步完善"教、研、训"教师培训体系是一个需要持续研究的问题。围绕"生长课程"建设,着力于活动课程化建设,把学校的一些经典活动如入队仪式、十岁成长礼、艺术节、"学军、学农、学工"研学、毕业班感恩活动等活动固定化,可不断丰富校本化课程内涵。同时,将之与德育建设、学科素养融合并进行提炼、润色,让德育"生长课程"活动在传承延续的基础上更具科学性与创新性,是深化研究的重要方向。

3. 学校教师队伍素养提升工程有待进一步强化

学校教龄五年内的新教师占70%,这就要求教师队伍充分利用好"新园丁成长营""名师工作室"等资源,在名师带领下进一步提升专业技能和素养,尝试和探索不同学科"生长课堂"的表现形式,深入推进"课堂教学等级评估"教学展示活动,利用"课堂教学六维层级量表""四为课堂"等评价工具,对不同层次教师进行有针对性的培养和提升。另外,学校全员德育队伍经验不足,区级及以上骨干班主任的引领力尚不突出,如何通过区域融合或校级间集群等方式,以点带面引领学校年轻的班主任团队,使其得到精准培养和快速提升,是我们现实存在的困难也是亟待思考解决的难题。

4. 学校环境和场馆设施建设还要进一步优化

执行学校文化系统整体设计,分步实施工作思路,确保学校文化建设风格整体统一,这些方面同样也是学校未来发展的着力点。在未来,要着力创设新型教育空间，打造适合未来教育的新型教室。学校文化建设和维修项目需从功能性完善、软文化提升、特色化打造等方面进行整体思考。同时，校园硬件建设存在的问题亟须解决。原场馆需要进行改造，以缓解场地不足的问题；美化绿化还要进一步提高，加强校园垂直绿化，增加校园小景创设，最终实现通过建设和美精致的校园环境、营造和谐融洽的校园氛围、打造轻松愉悦的学习空间，让师生朝着"自然、自信、自觉"的育人目标幸福成长。

（三）办学展望

"十四五"时期是花园小学加快建设更高水平、更高质量教育现代化学校的重要阶段。科学地编制和实施新一轮学校发展规划，对于更好地构建符合未来教育发展要求的学校教育、更好地满足人民群众对优质教育的需求、努力实现教育现代化具有十分重要的意义。学校发展规划力求融合上城区全面提升教育创建水平和均衡发展水平总体要求，突出学校品牌建设，提升学校办学内涵，促进学校特色发展和个性化发展，全面提升教育教学质量。

学校管理着力建构"1424"学校治理扁平化系统，提高学校管理效能，淬炼"一核四维"学校治理原则，完善"两级四步"学校治理系统。

1. 加强组织领导

学校领导体制是对学校内部的机构设置、领导权限划分和隶属关系的组织体系及其制度的总称。学校领导体制的建设是学校组织得以运转的根本组织制度。学校领导体制的建设重在发挥党支部作用，确保党的教育路线、方针、政策和上级党组织的决定得到贯彻落实；健全领导小组的决策机制，及时研究解决学校规划中的重大问题和群众关心的热点问题，提高教育决策水平；进一步加强党组织意识形态宣传工作，持续提升正面影响力；落实全面从严治党主体责任，深入开展党风廉政建设；加强师德师风建设；加强党组织建设，加强群团组织工作，加强家校协作和社区协同，以党群共建推动学校事业发展；完善安全和突发应急机制，健全舆情监控、报告、协调和反馈机制，为教育发展提供保障并营造良好的舆论环境。

2. 擘画发展蓝图

发展规划是学校应对机遇与挑战、谋求可持续发展的重要工具和指南，针对当前面临新的环境、新的机遇与挑战，如何科学合理地制定学校规划？如何发挥战略规划在发展中的作用？基于这两问，学校需要明确基本的发展方向，优化生长文化的顶层设计，擘画"整体明确"与"具体可行"的发展"蓝图"。学校所有分项具体目标都要自觉与"教育即生长，校园即花园"的办学理念相融合，并以此作为各项规划目标的衡量标准。

3. 推进重点项目

五年办学目标的实施是一项综合的系统性工程，需要明确各项工作的优先次序并对其任务进行分解，分层次、分阶段重点推进、定点突破。在下一阶段，学校将立足实际，根据五年办学目标确定若干重点项目，涵盖完善文化理念、布置校园环境、建设课程课堂、建设学生社团、建设教师团队、和谐家校关系等六个方面。同时，充分利用与浙师大第二轮合作办学契机，通过重点项目推进，提升整体办学水平。

4. 加强过程监控

在七年的办学实践中，学校越来越清晰地认识到在学校管理方面开展过程监督的重要意义。因此，在日后管理中更需强调过程管理与督评并重，加强对管理过程的检查、分析、反馈和指导。在此基础上，进一步理顺决策、执行、监督、保障各环节，规范常规管理流程标准。同时，进一步优化管理机制，增强管理部门权责意识，推进民主化管理进程。学校的重大问题都要按照集体领导、民主集中、个别酝酿、会议决定的原则，经过集体讨论再作出决定。各项任务以"项目负责制"开展，各部门分工协作，筑牢工作底线，注重工作品质。

第三节　学校文化:孕育"花园"之魂

筧桥花园小学长期保持着与浙江师范大学的合作关系,在院校合作办学框架下,学校依托高校的专家团队,经过七年的实践,整体建构核心素养校本转化支持体系。具体包括五方面的内容:一是凝练学校"生长文化",奠定核心素养落地基础;二是厘定"三自"育人目标,融合核心素养校本转化;三是顶层设计"生长课程",定制核心素养支持课程;四是丰富"五力"拓展课程,实现核心素养多元实践;五是创新"生长课堂"样态,增进核心素养多维内化。

高校专家教授多次来学校指导完善文化顶层设计,促使理念引领内力生长,奠定素养落地基础,为核心素养在学校的落地和实践奠定了文化基础。根据五年规划,学校在高校专家的指导下完善体系,论证践行策略,丰富内涵引领生长。学校确立以"幸福像花儿一样"为学校文化,开展以"用力生长"为学校校训的文化理念顶层设计的研究和论证工作,不断完善基于"校园即花园,教育即生长"办学理念的花园小学"生长课程"体系建设,梳理和明确"儿童化、智慧化、国际化的幸福花园"的办学目标和"自然、自信、自觉的花儿少年"的育人目标的定位和内涵。学校文化理念系统见表1-4。

表 1-4　花园小学文化理念系统

学校文化	幸福像花儿一样!
办学理念	校园即花园,教育即生长
育人理念	适性生长,静待花开
办学目标	办一所儿童化、智慧化、国际化的"幸福花园"
育人目标	培养"自然、自信、自觉"的花儿少年
校　训	用力生长!

一、花园文化内涵:幸福像花儿一样

学校文化作为社会文化分支中的一种亚文化,是以全体师生员工为主体共同创造和享有的群体文化。要发挥学校文化在学校建设中的重要作用,应赋予其明确的内涵,给予其性质特征和基本关系的准确确定。在新时代的背景下,学校文化自身要有准确的定位,要突出其本质特征,要体现校园文化的开放性和动态性。学校在社会文化的影响下,在既定的国家教育目的的指引下,在长期办学的教育实践过程中,经过长期选择、积累、沉淀、创造,从而形成鲜明而又独特的学校文化。

(一)"尊重差异"的教育理念

"尊重差异"即承认学生个体间的多样性和差异性,因材施教。德国总统罗曼曾说:"每个人都有不同的天赋。"学校要培养的人不是千篇一律的劳动者,而是可以在各个领域熠熠生辉的社会主义建设者。尊重差异,是一种智慧,更是一种修养。每个人都是独立且独特的个体,每个学生也都是有差异的。尊重差异,利用差异,改进差异,优化差异,弘扬差异,是教育的本质规律。教师在教育中不应以统一的教育模式来对待学生,应当基于差异,善于发现学生的特别之处与闪光点,采取针对性的措施,开展适应性教育,从而促进儿童的个性发展。做到尊重差异也意味着教育者要站在孩子的角度教育儿童,追求实现真正意义上的教育公平。

(二)"静待花开"的育人智慧

"静待花开"简单来说就是在育人活动中不着急,"每个孩子都是一朵花,只是花期不同而已。有的花开在春天,也有的开在别的季节。"有的学生成长快,有的慢;有的学生成熟早,有的晚;有的学生成就高,有的低。"静待花开"是对结果的不强求,但并不意味着对过程不作为,而是抱有期望、默默耕耘。花开需要很多条件:合适的土壤、充足的光照、适量的水分、定期施肥、必要的除草杀虫等。学生的成长发展亦是如此。学校应遵循自然之道,给予学生自由宽松的学习氛围、自主权利，减少干预，适当放手，站在身后，默默关怀，从而激发学生内在生长力，充分给予孩子自我生长、自我发展的空间与机会，帮助学生成为更好的自己。

（三）"助力成长"的管理意识

"助力成长"即全方位助力学生的身体成长、思维成长和精神成长。将助力学生成长作为学校管理、班级管理的核心，从而达到育人的目的，不以威慑、控制学生作为管理的目的。学校应适当放权，把握分寸，做到"管"得少，而"理"得多，将重点放在"学生自主管理"上，精心指导学生自治。只有在学生心灵深处根植自主管理理念，培养学生的自律习惯、自主能力、自信意识，形成自主管理的机制，才能让每个学生成长为更好的自己。"助力成长"的管理意识主张在丰富的活动中既要形成规则意识，又要张扬学生的个性。注重学生的细节培养，引导学生在细微处涵养道德素养，一粥一饭教学生文明用餐，一点一滴教学生做人求学，一心一意携手家长共同育人，共助学生身体、思维和精神成长。

（四）"大气包容"的共事准则

"大气"即大方，心胸宽广；"包容"即大度，不拘小节。俗话说："一个人可能走得很快，但一群人才能走得更远。"花园小学的教师正是秉持着这样的观念互帮互助，共同成长。因为是新办学校，教龄三年内的新老师有47人，约占60%；教龄五年内的新教师有54人，约占70%，学校内年轻老师居多，教学经验不够丰富。因此，全校上下都一致认为花园小学的发展必须依靠团队力量进行整体作战，始终需要树立三种意识："一个都不能少""请让我来帮助你""大家好，才是真的好"。比如，在教学评选阶段，教研组组长积极发动全体力量，共同评课、改教案、磨课。在复习迎考阶段，同年级组教师互相商议复习计划。所谓"学有所长，术有专攻"，每一位教师擅长的领域不同。学校应尽可能地发掘、发挥教师的个人特点，并使其在集体中得以发展。

(五)"三省吾身"的反思精神

"三省吾身"即每天反问自己,学会反思,进行系统思考,举一反三。系统思考,首先是从目标出发,牢记使命。在工作的过程中,每一个人应透过现象看本质。其次是养成要素思维的习惯,思考会涉及哪些因素?什么是关键因素?哪些因素要做出改变?明确要素,并了然于胸,方能成竹在胸。最后是统筹落实,没有落实的工作都是无效的,无论小事大事都要尽量做到事事有落实,才能保证工作效率。另外,古话说"举一隅不以三隅反,则不复也",在教育教学工作中,教师应做到举一反三,培养自己的迁移运用能力,从而提高工作的效率与质量。

(六)"追求卓越"的成长动力

"追求卓越",即有期待,不将就。"有期待"就是有梦想、有追求、有目标。目标要有高度,有高度才有良好的品质;有高度才有努力的方向;有高度才有努力的动力。教师应明确"心目中的班级是什么样的?"在此基础上朝着自己的意愿建设、维护班级。学生应明确"平日的行为规范是什么样的?"并严格地要求自己。

"不将就"就是不放弃、不抛弃,即不忘初心。每一个人都不应因理想与现实有落差而放弃初心,放低要求,委曲求全。不管任何时候,也不管面临什么压力,都不以一些原因而将就自己,将就未来,在有限的时间内,选择自己真正喜欢的事情,并努力达到自己的目标。

(七)"孜孜不倦"的工作态度

"孜孜不倦"即工作勤奋、不知疲倦。教师的工作是繁杂烦琐的,每一位教师对待教学工作都要一丝不苟,兢兢业业,不允许有一点的马虎,孜孜不倦地钻研教材、学生,才能提高教育教学能力。行政的工作是劳心劳力的,每一位行政干部对待行政工作应当细致认真,责任心强,不允许有一点的差错,孜孜不倦地钻研文件、纲领,才能提高执行能力。学校的发展、学生的进步是所有教育者孜孜不倦、不断研究的动力。这种工作态度反过来也会潜移默化地影响并改变学生，尽管这种影响力是无形的，但却影响深刻。

（八）"关注细节"的做事原则

"关注细节"即做好小事，把小事做细。"天下大事必作于细，天下难事必作于易"，细节在工作和生活中必然是不能忽略的。做好细节才能更好地筑千里之堤，行万里之路。凡事无小事，易事不简单。学校想要做好、做强，必须做到位，任何一个环节的疏忽都可能导致教学质量的滑坡。管理班级亦是如此。把大事分解成一个个小事，再把小事做细，工作效率自然也就提高了。小事成就大事，细节决定成败。让"细节管理"成为每个人的习惯，从细节中提高自我，寻找机会，不断向前发展。如果我们能把细节做到精，做到细，做到极致，以此提高个人做事的精度，那么也就走上了成功的道路。

二、花园文化要素：四大文化共发展

将学校的办学思想、管理思想凝练为精神文化，通过多元途径根植于学生心中，把抽象的理念文化物化为温馨雅致的环境文化，优雅的环境对学生的行为具有积极的暗示作用，这种暗示变成学生的行为自觉，即行为文化。同时，明确的制度文化也在一定程度上规范和引导全校师生的思想和行为。精神文化是学校文化的灵魂，物质文化是学校文化的肌肤，制度文化是学校文化的骨骼，行为文化是学校文化的躯体。四大文化相辅相成，共同发展，共同构成学校文化。

（一）花园精神文化

学校精神是学校在长期发展过程中逐渐形成的理念系统，是一所学校办学思想的精髓之处。从历史发展来看，在不同的发展时期，学校精神会体现出不同的时代精神和时代风貌。从地域环境来看，处在不同的区域和环境，学校精神会体现出不同的地域风格和环境特色。学校精神文化是学校精神的高度概括，是学校精神成果的总和，是学校领导、教师、学生共同培育的产物,是师生经过长期创造的、特定的精神环境和文化氛围,反映着全校师生员工的价值观念、理想追求和探索精神,并规范着全校师生员工的行为和作风。①

1. 办学理念——校园即花园,教育即生长

笕桥花园小学秉承"校园即花园,教育即生长"的办学理念,通过创设优美的校园环境、营造和谐的人际氛围、建设多元的课程体系、开展丰富的教学活动,使教师和学生轻松成长、快乐生活,真正实现"幸福花园—幸福生长—幸福少年"的发展目标。

"校园即花园","幸福花园"的理念因名而立,它与校名以及所在社区息息相关。花园小学致力于将学校打造成学生快乐学习、幸福成长的"花园"。在这里,园丁以青春耕耘、以汗水浇灌,使教育的种子在这片沃土萌芽;在这里,每一位学生都是一朵独特的花儿,他们在"花园"中汲取养分,涵养生机,启迪智慧,努力生长。

"教育即生长"是美国著名教育家杜威对教育本质的见解。在杜威看来,生长的目的内涵丰富,包括一切积极的、理智的、感情的和道德的目的。在教育成为促进儿童生长和美好生活的一种手段的同时,教育本身也是一种美好的生活过程。正是在这种美好的生活过程中,教育扩展并启迪儿童的经验,刺激并丰富儿童的想象,发展和提升学生的内在潜能。笕桥花园小学的教育使命就是让每位学生的天性和能力得到健康发展,培养和提高学生的生命力、道德力、学习力、创造力和交往力,让学生在"花园"里如花儿般自由绽放。

"花园"是教育教学开展的活动场所。优雅美丽、富有生机的花园可以让孩子充分发挥个人经验,探索个性化的需要、兴趣,提升特有能力。"生长"是教育的目的。教育是为了让孩子的内在潜能得到发展和提升,而非将

---

① 詹万生.詹万生德育文选(第五卷)[M].北京:首都师范大学出版社,2018:5.

知识与技能强加给学生。学校整体的办学理念模型图如图 1-2 所示。

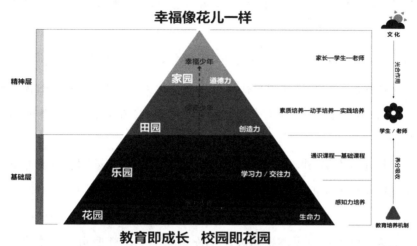

图 1-2 杭州市笕桥花园小学办学理念模型

该理念模型来源于植物的生长。光合作用和养分吸收共同促进植物的健康生长。光合作用象征文化;土壤中蕴含的养分象征教育培养机制;绽放的花朵象征学生与教师。理念体系分为两层四阶段:

基础层由花园与乐园组成。花园,旨在通过感知力的培养与挖掘,激发学生独特而旺盛的生命力,成为一名如花般自由绽放的活力少年;乐园,让学生在通识课程、基础课程的学习中体会到学习的快乐,成为一名具有学习力和交往力的独立少年。

精神层由田园与家园组成。田园,旨在培养学生的创造力,成为一名高素质、勤动手、善实践的创新少年;家园,指希望学校成为见证学生成长的家园,促进家长—学生—老师的有效沟通,共同努力把学生培养成有道德、有学识的幸福少年。

该理念体系整体上体现了花园小学的办学理念和办学宗旨,营造出幸福像花儿一样的开放校园。在此基础上,学校确定了"用力生长"的校训。

"用力生长"意在遵从学生内在的生长需求,让学生朝着适合自己的方向努力生长,成长为具有丰盈的生命力、积极的道德力、卓越的学习力、良好的交往力、独特的创造力的"花儿少年"。

2. 办学目标——办一所儿童化、智慧化、国际化的"幸福花园"

笕桥花园小学积极寻求与社会各界的合作关系,调动区域内的各类资源,力求打造一个儿童化、智慧化、国际化的幸福"花园"。其具体内涵表现为:

坚持儿童立场,建设一所面向儿童的学校。坚持儿童立场、守护儿童天性是花园小学办学的出发点。随着信息化时代的来临,现代技术的冲击,社会发展对学生的要求也越来越高。因此,学生所学的知识更加全面和丰富,随之而来的学习压力也越来越大。笕桥花园小学在尊重儿童天性的前提下,主张让学生自由自觉地生长,充分展现自己的个性和特点,注重激发学生的潜能,让学生在轻松、愉快的氛围中学习成长,发展生命力、道德力、学习力、交往力和创造力,不断促进学生内力的生长,为其可持续发展奠定基础。

把握时代脉搏,建设一所体现现代智慧的学校。信息技术的蓬勃发展使我们的生活方式、工作方式和学习方式发生了根本性的变革,近年来教育智能化的发展趋势也日趋明显。笕桥花园小学紧跟时代发展潮流,引进先进技术手段,运用技术优势,利用 TEAM Model 智慧教育支持系统、全景课堂教学平台、数字化教学资源等先进设备建设智慧化校园,积极推进新技术与教育教学的深度融合,让花园学子在智慧化环境中接受更高品质的教育教学,努力让每个孩子都能享有公平而有质量的教育,实现让孩子们在智能化环境中获得幸福的目标。

开拓国际视野,建设一所多元开放的学校。教育对外开放是国家对外开放战略的重要组成部分,是教育现代化的重要内容。教育国际化已经成为教育发展的明显趋势。笕桥花园小学地处城东新城中心,周边中外合作企业众多,国际化教育建设是环境使然、人心所向。家长整体素质较高,对于学校教育有着更高期望。目前,已有多名来自意大利、委内瑞拉等国家的小朋友在校就读,对国际化教育的需求迫在眉睫。2019年11月11日,芬兰赫尔辛基-乌西玛大区教育代表团来杭州访问,学校与乌西玛大区的伊洛阿小学(Iloa-primary School)缔结了友好学校关系,踏出了建设国际化学校的重要一步。

学校将进一步学习国际先进办学理念和制度,融合中外教育优势,调动区域内的各类资源,努力打造一所儿童化、智慧化、国际化的高品质学校。在此基础上,学校将进一步拓展学生的国际视野和培养国际交往能力,培养具有"中国心、民族魂、世界眼"的新时代少年。

3. 育人理念——适性生长,静待花开

"顺木之天,以致其性"出自唐代文学家柳宗元的《种树郭橐驼传》,说明养树的法则是顺应树木的天性,使它得以实现自身的习性,就能茂盛发展。笕桥花园小学的育人理念与这一养树法则有着内在一致性,我们始终认为最好的育人也是顺应学生的天性,要关心每个学生,促进每个学生主动地、生动活泼地发展。笕桥花园小学致力于尊重教育规律和学生身心发展规律,为每个学生提供适合的教育,使学生得以发挥出自身的潜力特质和兴趣能力。顺乎性情的教育可以给学生带来学习的乐趣,学习有了乐趣才能促使学生发展自身的"生长力",才会在"花园"里长成"自然、自信、自觉"的花儿少年。笕桥花园小学在对校本文化理解和解读的基础上,根据学校办学理念和发展定位,进一步提出了"适性生长,静待花开"的育人理念。

适性生长:笕桥花园小学坚信,每个学生都是一朵独特的"花儿",有其独特的生长节奏和生命律动。学校教育者应当如同园丁,以尊重学生自然的生命律动、顺应学生自然生长的节奏为前提,尊重和保护学生的自然天性与发展特点,营造适合学生自然生长的氛围,建设适合学生生长的优良环境,倡导学生自然生长的教学过程。

静待花开：教育是培育"花"的事业，教育者要守护童心，静待花开。"适性生长"是对学生生长规律的尊重，而"静待花开"则是对学生自我成长过程的期盼。学校遵循自然之道，激发学生的内在生长力，充分给予孩子自我生长、自我发展的空间与机会，帮助学生成为更好的自己。

从"适性生长"到"静待花开"，既是学校坚持的育人理念，也是学校遵循的教育智慧。这样的理念引导学校致力于实施满足学生生长需要、顺应学生自然天性的教育，倡导自然和谐的校园氛围，充分激活学生的内生动力与潜能，并将其贯彻成为花园小学的育人特色。

4. 育人目标——培养"自然、自信、自觉"的花儿少年

基于学校的办学理念和发展定位，以"适性生长，静待花开"的育人理念为引领，笕桥花园小学致力于培养"自然、自信、自觉"的花儿少年。"花儿少年"寓意花园学子缤纷绽放、未来可期。

"自然、自信、自觉"凝聚了时代特征、社会需求和父母的期望，受到了社会各界的广泛认同。建校以来，每个新生班都按照花卉名来命名，每个新生都要佩戴班花。在"幸福像花儿一样"的校园文化氛围中，学生在笕桥花园小学获得了强烈的满足感和持久的幸福感。这三个核心品质更是笕桥花园小学教师与学生的真实诉求与成长目标。

自然："自然"指一种自然而然的状态，这反映笕桥花园小学对学生自然天性的尊重和对"自然生长"规律的追求。学校致力于创设自然的教育空间，营造自然的教育氛围，建构自然的教育体系，培养个性鲜明、人格健全、身心和谐的"自然人"。"顺天地之自然"是修身养性的基本方法，自然的少年必然是自由、真诚又有活力的。

自信："自信"是一种健康积极的思想状态、一种豁达乐观的人生态度。自信能激发我们的生命力量，照亮智慧、点燃心中的希望之火。自信是人对自己的个性心理与社会角色进行一种积极评价的结果，是心理健康的重要标志之一，开朗自信对于儿童的成长尤为重要。花园学子应当在生活中乐

观豁达、积极向上,在学习上敢于挑战、坚持不懈,用自信的态度描绘童年画卷,成为自信睿智的花儿少年。

自觉:"自觉"指学生不断生长,发展对自我的认知,培养自信的积极心态,追求"自觉"的认知状态,即学生的"自我觉察"。"自我觉察"是学生自我意识的觉醒和发展,能够对自身的认知与行为予以担当和反思,进而达到自我发现、主动追求的积极状态,最终指向学生内力的生长与发展。自觉即内在自我发现、外在创新的自我解放意识。自觉的少年,其思想意识会逐步提升,崇尚努力,追求智慧。

只有不断深化自然教育的意识,拓展自然教育的深度,只有当我们对于学生的生命和成长予以足够的尊重、重视,教育活动才会变得生动可亲、意蕴深远,学生才能自然生长、竞相绽放,才能培养"自然、自信、自觉"的花儿少年。

(二)花园制度文化

学校制度是指学校师生在长期的教育实践过程中逐渐形成和发展起来的各项规章制度,它包括校规校纪、行为规范、道德准则、群体意识和风俗习惯等。[①] 制度文化是由外在成文规定的管理制度、不成文的规约和内部道德认知以及教师执行制度、学生对待制度的方式和态度有机结合形成的一种文化。制度是行为规则和依据,是根据自身特征制定的契约,具有根本性、全局性、稳定性和长期性的规范作用。学校制度文化建设是通过规范、完善、建立健全学校各项规章制度,实现学校管理科学化、师生行为规范化、学校工作有序化的工作过程。良好的学校制度文化建设能规范工作秩序,提高工作、学习效率,为校园提供整体的保障机制,也为校园的精神文化建设提供必要的保障。

花园小学制度的制定与落实坚持"站位有高度、思考有深度、执行有力

---

① 詹万生.詹万生德育文选(第五卷)[M].北京:首都师范大学出版社,2018:21.

度、落地有温度"的基本原则。在制定和执行制度的过程中,行政干部要站得高看得远,思考问题要全面深入。这是因为,学校制度建立的根本目的是指向公平、正义的教育生态,从而保障老师专注于并有尊严地开展教育教学工作。另外,建设和谐校园需要科学的、民主的、以人为本的管理制度来规范人的行为。只有运用制度来规范和调节各种关系,才能使一切活动都有制度可依、有制度可循。我们始终认为,规章制度是底线,严格执行是对守纪群体最大的公平。

在办学过程中,学校已经逐步形成了"杭州市笕桥花园小学章程""教师教学工作常规""课程实施方案""学生在校一日常规""最美学生评价标准""幸福好少年评价规程""新教师家访手册""场馆配置原则""绩效考核方案""年级组群体创优 2020(试行稿)""教学月考检查制度""随堂听课制度""课堂巡视反馈制度"等明确的制度标准,从而保障了学校教育教学工作有序且有质量地运行。

1. 建立管理体系,展现制度文化的凝聚力

学校建设既要达到校园内部各阶层、各利益团体之间的和谐,又要争取与外部社会和周边环境的共融,即要努力使各项事业处于有序发展的状态,与社会发展、社会秩序相适应,这也是学校发展的基本前提。

学校的管理和谐主要是指行政管理人员、教师、学生三大群体内部人与人之间的群体和谐度。行政管理人员之间的和谐主要是指上级主动关心、爱护、理解下属,下属积极主动配合上级的工作;行政管理人员与教师群体和学生群体之间的和谐主要是指行政管理人员树立为教学服务的思想和科学管理的思想,从教师和学生的角度出发看问题,一切以教学为重,以学生的健康成长为重。教师群体和学生群体的关系是学校教育过程中最基本也最重要的一对关系,这是在师生校园生活中,所建立和发展起来的一种民主与平等、宽容与尊重、理解与合作的特殊人际关系。因此,树立科学的管理模式,强化服务意识在制度文化建设中就显得尤为重要。

基于此,为提高管理模式的科学性,学校建立年轻干部培养"五合"工程,完善校级干部、校级助理、基层中层、青年后备"四梯队"干部培养机制。2020年8月起开展"赢在中层"干部系列培训,每学年开展四次活动,从而切实提升中层干部的领导力。另一方面,学校夯实网格化管理,建立起"一室两处三长四部六员"管理体系,如图1-3所示。

党支部（书记）			校务会（校长）				教职工大会			
教学校长			校长、书记	德育校长			行政后勤校长			
教学	科技	图书	全面主持行政、支部工作,文化、规划、外联、党务、工会	德育	体育	艺术	行政	后勤		
教导处				德育处、大队部			办公室	总务处		
教学科研	质量监控	队伍建设	课程 / 招生	组织建设党风廉政 / 参与维护建设教育	校园文化活动	德育队伍建设	心理辅导 / 家校委	特色项目培育	人事档案 / 宣传文字 / 考核聘用	设备基建 / 财务资产 / 食堂 / 卫生 / 安全
教研组长	备课组长	科技部长	图书管理员	党务干事	工会小组长	年级组长 / 班主任	中队辅导员 / 心家辅站长	艺术部长 / 体育部长	宣传部长	资产管理员 / 食堂管理员 / 卫生管理员 / 安全管理员
全体教师、学生、家长、社区										

图1-3 杭州市笕桥花园小学2021学年校级干部管理框架

"一室两处三长四部六大员"管理体系分别是:一室——办公室,两处——教导处、总务处,三长——年级组长、教研组长、备课组长,四部——艺术部、科技部、体育部、宣传部,六员——安全员、卫生员、食堂员、图书员、资产管理员、心理辅导员。

2. 落实考聘制度,提升制度文化的执行力

学校制度文化的关键在于执行。为此,学校必须严格落实考聘制度,确保相应制度的高效执行。教师尤其是校领导和班主任,首先要遵守并执行制度,为学生做出道德表率和行为示范,增强青少年学生对教师的期望与信赖,进而亲师信道、上行下效,促进青少年学生道德行为的养成。为此,学校规范绩效考核,端正立德树人行为,以期做到良好带头作用。学校严格落实

2019 年 1 月教代会完成的《杭州市笕桥花园小学绩效考核方案》,不断修正《花园小学教师月考核办法》,规范考核流程,开展群体创优工作,出台《花园小学年级组群体创优 2020(试行稿)》,强化学年考核、年级组考核与责任目标考核,全面落实"区管校聘"。依法规范人事制度,加强年度考核和聘期考核管理。

完善教职工绩效考核评价体系。学校结合自身实际,以岗位职责为依据,以师德、能力、业绩、贡献为核心,进一步完善不同工作岗位的分类考核指标和考核办法,建立学校、教师、学生和社会多方参与的教师考核评价机制,适当拉开和体现学校不同岗位的绩效差距,向教学一线倾斜。聘期考核重点突出师德表现、工作绩效、能力水平与岗位要求的匹配度,包括履行岗位职责情况,完成工作任务的数量、质量、成效,实行师德考核"一票否决制"。

加强考核结果应用。聘期考核结果作为评先评优、职称评审、岗位聘任、工资分配等的重要依据。聘期考核能力水平与所聘岗位任职条件不匹配,不能胜任岗位职责的教师,予以低聘或转聘到其他岗位。考核评定为不合格的,当年暂缓教师资格定期注册,不得评先评优,并予以低聘或转岗到其他岗位。低聘或转聘岗位的教师,按照"以岗定薪""岗变薪变"的原则,以新聘岗位的标准规定确定工资待遇。

逐步建立以竞聘上岗为核心的退出机制。教师年度考核或聘期考核不合格的,学校可以调整其岗位,或者安排其离岗接受必要的培训后调整岗位。教师不同意学校调整其工作岗位,或者虽同意调整到新工作岗位,但到新岗位后考核仍不合格的,学校可按规定程序解除聘用合同。教师资格定期注册不合格或逾期不注册的人员,不得再从事教学工作。

笕桥花园小学的教师聘用和考核机制一方面激发了教师遵章守纪的责任意识与道德观念,使其自觉恪守师德、规范师行;另一方面学校建立了公平公开公正的制度管理机制、沟通协调机制和监督机制。这使得教师能够明确自己的职责,规范自己的言行,并对青少年学生的自我管理与道德自主起到了良好的示范作用。

3. 正视道德需求,发挥制度文化的感召力

"学校制度文化的功能发挥需要经过一个内化的过程。"[①]在学校规章制度制定过程中,花园小学从自身的实际出发,贴近学生的思想道德实际,使得制度建设充满人文精神与人性关爱。学校根据《浙江省中小学生日常行为规范(2015 年)》,结合本校文化和办学理念以及学生的实际情况,初步制定《花园学子在校一日常规》(以下简称《常规》),由骨干班主任进行多次研讨、拟定、论证,以拉高常规标杆为抓手,切实促进常规落地,稳中有升。同时,结合每月"文明小标兵"的评选,加强过程监控,做到有针对、有侧重地开展学生常规的管理与指导工作,认真落实常规措施。

考虑到学生认知、心理尚不成熟,《常规》的表述偏向日常用语,并按照年龄特征结合诗歌童谣、图像影片及学科游戏等多元方式进行教育。在具体内容方面,则融合 6 个分项规则指标:就餐、如厕、整理、列队、听课及文明行为。从而让常规与生活、学习紧密结合,尝试通过平日的熏陶学习与体验,实现行为习惯的引导与训练,帮助学生养成规则意识。

又如,花园小学设有专门的图书馆,为方便管理,在常规里特别制定"午间阅读篇",从进入图书馆、阅读到离开图书馆都对学生明确了具体要求,以规范学生在阅读时的行为举止。

案例 1-1 杭州市笕桥花园小学学生一日常规
——午间阅读篇

【路队——提前到达静齐快】

1. 轮到本班阅读时,提前在教室门口排队,不说话、不打闹,

---

① 鲁洁. 教育社会学[M]. 北京:人民教育出版社,2001:374.

路队整齐迅速到达阅览室。

2. 分组进入阅览室,如有学生吵闹,重新到阅览室门口排队。

【阅读——此时无声胜有声】

1. 所有学生进入阅览室坐好后,由图书管理员安排组长选书发给同学。(选爱看书又能干的学生当组长,定期轮流。)

2. 阅读期间不讲话,不随意换书,不离开位子。原则上每位同学每次只能借阅一本书。

3. 其间图书管理员必须登录电脑"图书管家"系统,及时做好借还记录;按"纪律检查表"认真管理纪律,填好纪律表。

【结束——整理动静皆方圆】

1. 阅读结束后,组长起立,收集图书并整理,放回原位,认真摆放整齐。

2. 图书管理员对所有图书进行适当检查和整理,最后关闭电脑电源。

3. 其他学生从门口排队回教室,做到静齐快。

综合而论,要实现学校制度文化工作的真正贯彻与落实,不仅要设计科学合理的制度文化,而且要培育学生、教师对制度文化的认同心理,增强制度文化自信,健全制度文化运行机制,提升制度文化育人水准,努力构建齐抓共管的全员育人格局与长效机制[1]。当制度内化于心,成为自身对于道德的约束力,制度已经不再是束缚师生的强制性条约,而是成为一种能够帮助全体师生更好规范自我的内在要求,学校管理才能真正实现从"管理"到"自治"的转型,才能给全体师生创设自由自觉的心理氛围。

(三)花园行为文化

学校行为文化建设是学校管理理念和实践的创新。它将学校管理的内

---

[1] 冯永刚.学校制度文化育人的价值意蕴及其实现[J].教育科学研究,2018(5):89-92.

涵提升到文化的境界,并以文化的尺度衡量学校管理的最终呈现方式。在具体践行中,学校行为文化建设以提升师生的生命质量为切入口,以用理念来改变行为方式为操作途径,以改善师生的生命状态为最终呈现方式。通过理念指导行为、引领行为,通过行为润泽行为、感染行为,特别注重知识折服、道德肯定、情感依恋、精神景仰等范本效应,使师生的精神状态、行为习惯等渗透着先进的教育理念,成为具有渊博知识、儒雅风范、独立人格的文化人。[①]

理念和制度的执行与落实将最终体现在师生的行为上。按照行为实施的个体划分,学校行为文化具体包含:管理行为、教师行为以及学生行为。

1. 管理行为:"一级"领导

一是校长的引领与示范。教师心目中的校长权威性往往主要来自校长的理念、学识、能力、人格魅力、品质、行为示范等。校长与教师之间的高水平资源交换(如思想、情感等)能促使教师产生更多的主动行为。[②] 因此,领导者与管理者应当定位清晰、分工明确、责任明晰,并严格规范自己的言行举止(两者不同风格如表1-5所示)。只有校长以身作则,用自己的言行感染并带领着全体师生员工,才能使教师更加认同校长的办学思想、理念和指令,并自觉自愿地予以贯彻执行,才能更好地引领队伍,从而使全体员工获得更强的成就感、满足感,形成更强的事业心。

表1-5　领导者与管理者的不同风格

类别	领导者	管理者
概念	引领、指导	管束、理顺
风格	"跟我干",依靠个人魅力	"给我干",依靠制度威严
任务	规划组织的发展愿景和战略目标	保证战略愿景和目标的落地

---

① 凌宗伟.学校行为文化建设的思考与实践[J].中国教育学刊,2010(9):58-60.

② 赵亮.学校行为文化对教师行为影响的研究进展与反思[J].当代教育与文化,2020,12(4):68-71.

续表

类别	领导者	管理者
职能	把握组织方向,避免步入歧途	贯彻组织决定,防止走进陷阱
视野	考虑长远发展,是宏观管理	考虑当前状态,是微观管理
目标	通过激励和授权实现组织目标	通过控制和监督实现组织目标
系统	愿景、动员、展开、学习的系统循环	计划、实施、检查、处置的系统循环
资源	需要融合内、外部相关资源	只需要融合内部资源
手段	通过潜在的影响力实现组织的发展	通过制度、组织和规范来保证组织经营

二是中层干部的协助与执行。采用科室长负责制进行分工工作,分工不分家。为了加强中层干部的领导力和执行力,学校明确提出管理干部的工作要求:第一,既要"脚踏实地",也要"仰望星空";第二,既要认真做事,还要深入思考;第三,既要顾全大局,也要关注细节;第四,增强主人意识,"事事有人做,人人有事做"。

在此基础上,各个科室在学校的统一领导下要充分发挥不同的职能。例如,就教导处而言:首先,教导处姓"研",从研究的角度看问题、解决问题,以问题为导向、以目标为导向、以需求为导向,从一线中来,解决一线教学问题。从目标中来,解决奔向目标的过程性问题。从需求中来,解决学校、教师、学生成长需求的共性问题。其次,教导处姓"标",注重研究的同时还要注重建标,善于将研究结果形成成果,成为标准,发挥标准化流程的力量。标准前置,程序优先,使常规标准成为全体教师共同的思想与行为标准,同时,注重外联,注重对标,加强与上级职能部门、高校、名校的沟通与联系,提高自身标准。注重资源建设,形成错题库、试卷库、教案库等。再次,教导处姓"导",引导教师、助力教师、成就教师、互相成就,则是教导处的根本追求。

2. 教师行为:"四好"榜样

教师是否真正理解、内化了学校的办学理念需通过教师的外显行为加以判断。"教师的外显行为与其内在素质之间有着不可分割的联系"[1],教师只有接纳并积极践行学校文化,才足以证明学校文化真正产生了熏陶、约束和教化的作用,学校良好的行为文化才能逐步形成。

在德行方面,学校以"四有好老师""四个引路人""四个相统一"为标准,规范全体教师的职业行为,明确师德底线,努力使教师们成长为有理想信念、有道德情操、有扎实学识、有仁爱之心的好老师。

在教学方面,学校以"常规巡课"为抓手,加强教师教学行为的评价与指导,具体关注教师课前2分钟管理、上课准备(教案、课件、材料)、课堂组织(课堂关注、评价)等教学行为。学校专门安排巡岗干部开展教学巡察,每月至少进行三次巡察,对教师们的课堂教学行为进行常规性督查评价。

3. 学生行为:"三自"少年

我们认为,学生良好行为举止的养成不能靠外在权威强制。行为习惯的培养只有走入学生的心灵世界,使其道德认知与言行举止一致时,良好的行为习惯才会成为一种自觉的追求。从这种意义而言,学生行为习惯的养成需要的不是单纯的强制和约束,而是在人文的关怀中让学生感觉做事情的方式变得高雅和愉悦。[2] 学生行为习惯的养成并不是训斥、巡查和训练的结果,而是学生自我选择和自我教育的结果。正是在这样的思想的引领下,花园小学秉承对学生行为自觉的追求,使其行为从外部制约逐步走向内心依从,孩子们的精神面貌、行为表现越来越好。学生已经在潜意识中理解、认同和接纳外在的行为规范,并将其转化为内心中对自己的要求,进行自我约束和限制,真正将规范由他律转向自律,发挥了自我教育的力量。

(四)花园物质文化

学校物质文化是学校师生在教学、生活、活动中所依赖的一切物质对

---

[1]　白益民.高成效教师行为特征研究[J].教育研究与实验,2000(4):31.

[2]　陈元东.打造以养成教育为重点的学校行为文化[J].当代教育科学,2010(20):21-23.

象,是人们通过感官可以感受的一切物质性对象的总和,主要指学校所处的外部自然环境、学校内部的规划布局以及学校建筑、绿化、雕塑和文化传播的设施等。[①] 学校物质文化是学校文化中的有形部分,也是学校理念的反映,是学校文化的外在象征。美国作家门肯说过:"文化本身既不是教育,也不是立法,它是一种氛围,一种遗产。"理念载体体现学校的育人取向,而环境载体是推进学校文化建设的必要前提,是校园文化建设的重要组成部分和支撑。[②] 在学校里,环境美学和生活美学互相融合,校园文化与环境文化相契合,才能使孩子们更加热爱学习、热爱生活,在与环境的互动中潜移默化地获得智力、美感、心理等方面的全面发展。

1. 灵动的空间——让每面墙壁都能说话

苏霍姆林斯基在其名著《帕夫雷什中学》中提到:"我们在努力做到,使学校的墙壁也说话。""让学校的墙壁说话"的目的是让学校的每一面墙都具有潜移默化的育人功能,使其成为"无声的老师"。花园小学门口的墙壁上镶嵌了"用力生长"的校训,入口处展示了部分花儿少年的个人照片以及"三自"育人目标。另外,在一楼楼道的墙壁上设立师生阅报栏、公开栏等内容,营造了良好的教育教学氛围,展现了独特的学校文化。

学校原有的传达室非常小,大约只有 10 平方米左右,监控屏幕无处安放,校内外视线不通透,保安人员在传达室内无法直接观察到校内外的情况。对此,学校决定对校门进行改造,改造后保安室的面积增大,满足监控显示屏安放需求,同时保安能够通过玻璃窗查看校内外情况,大大减少了校内安全隐患。在兼顾安全的同时,校门空间的改造进一步提升了学校的品牌形象(新建校门如图 1-4 所示)。站在校门口,学校文化标语"幸福像花儿一样"七个大字映入眼帘,每时每刻向入校的学生传递着美好的教育愿景和希望。

---

① 詹万生.詹万生德育文选(第五卷)2011—2017[M].北京:首都师范大学出版社,2018:15.
② 上海市普陀区回民小学.民俗文化的力量:基于民俗文化教育活动的学生多元发展实践研究[M].上海:上海交通大学出版社,2018:133.

图 1-4　花园小学校门

为了让"每面墙壁都能说话",学校在洗手间、过道、绿化带、电梯口、办公区等位置都张贴了彰显人文关怀的"温馨提示语",用儿童化的语言从不同方面提醒学生,规范学生行为,帮助学生养成文明的行为习惯。例如,教室走廊以校标中的蓝、绿、橘三色拼接,色彩明亮,形状如波浪,流畅的线条打破了长廊原有的呆板感,同时与墙角的绿植交相呼应,使整个空间充满了一种灵动的美感。平时上下课之间,学生徜徉于色彩斑斓的走廊中,感知色彩的变化,并从中感受生命的活力与张力。图 1-5 为走廊改造效果。

图 1-5　改造后的走廊

2. 集约的空间——让每个中心都可复合

我们认为要尽可能有效地利用校内资源，发挥学校空间的作用。基于此，学校开辟出图书馆兼研训中心、食堂兼学习中心、体育馆兼会演中心、凌霄创客中心以及教师生活中心"五大中心"，致力于实现每块区域多元化发展，成为上城区"复合构筑、一室多用、零空置"的样板。

图书馆兼研训中心（见图1-6）：位于学校四楼，是集教室、学室、研室三室合一的新型空间。它的特点是：可重构、可连接、可兼容、可记录。设置有阅读区、材料区、体验区、讨论区、学习区，为学生提供了丰富的阅读资源、体验材料、学习方式和网络资讯。此空间既可以作为数学玩具特色陈列馆，又可以作为学科教研组讨论的区域，还可以作为学生的阅读中心，也可以作为多学科、多课程、多功能的活动场所。

图1-6　图书馆兼研训中心

食堂兼学习中心（见图1-7）：这里是教师精气神修炼的场所。教师可以在此就餐、研讨、备课或者开展一些小团体研训活动等。同时，它也具备开展小型报告、阅读、家校沟通、个别疏导与课余休闲小憩等活动的辅助功能。这里的设计以简洁、现代为主，备有书架、桌椅、沙发等家具，从中营造一种轻松的氛围。这有效地缓解了学校活动场地紧张的局面，极大地提高了空间使用率。

体育馆兼会演中心：体育馆是目前学校最大的室内场地，通过加装电子

图 1-7 食堂兼学习中心

屏、舞台、灯光等,在原有基础上实现了学生会演的新功能,为学生展现才艺提供了新舞台,为校内开展活动提供了新路径(见图 1-8)。

图 1-8 孩子们在体育馆兼会演中心

凌霄创客中心(见图 1-9):是学校教授创客类课程、3D 打印课程、机器人课程、编程课程以及木工类课程的专用场所。该中心配有专业计算机设备、创客专用工具等,设有学生作品展示墙、储存空间,充分利用了空间,极大地方便了师生教学和学生活动,充分调动了学生的积极性,发挥了学生的主体性,能够实现 STEAM 等新型学习方式。

教师生活中心(见图 1-10):为满足新入职教师的住宿与生活需求,学校在综合楼五楼专门打造了教师生活中心空间,共设有六间教师宿舍,四人一间。另外,配有独立的卫生间、公共洗衣房和晾晒间。教师不仅有了住宿

图 1-9　凌霄创客中心

图 1-10　教师生活中心

的场所,而且有了休憩与学习的空间。该中心的建设在改善教师住宿环境的同时,也让教师学习发展有了更好的环境支持。

3. 开放的空间——让每个区角都能促学

随着信息技术的极大发展,新型学习空间将越来越突破传统学习空间布局的单一性、封闭性。学习空间的不断拓展使学生能更加方便地开展学习活动,同时也为无所不在的学习创造了便利的条件。[①] 学生除了可以在传统教室或图书馆学习外,还可以在教室走廊、校园学习角、学习研讨室、休息室甚至校园的草坪上进行无缝学习。好的学习空间要能够让学生从内心

---

① 江丰光,孙铭泽.国内外学习空间的再设计与案例分析[J].中国电化教育,2016(2):33-40+57.

深处感受到舒适感与幸福感。

学习场所不应止于教室,学校应积极建设新型学习空间,最大化地利用学校空间,从而为"全课程"教育提供空间支持。我们认为,拓宽学习空间,需要实现三个转变:在观念方面,从以教为中心转向以学为中心;在功能方面,把教室转变成学室、研室;在空间方面,要从教室内延伸到教室外、从学校内延伸到学校外。学校除了建设图书研训中心这个新型学习空间以外,还在学校不同地方设置了丰富的教室内外文化区角和体验区角,使得学习空间不断扩大。学习角以"没有隔阂的学习场域"为特征,利用校园闲置空间和自然生态空间,如教室走廊、架空层、楼梯阅读角等室内开放空间及文化凉亭、诵读亭、漂流书屋等户外空间,建设融研讨、休息、交流等多重功能于一体的新型学习空间。这样从整体上打通和构建了学校空间学习网络,真正实现了让学习可以随时随地发生。

小　结

文化建设历来是学校工作中的一项重要且富有全局性的工作。学校文化建设的实质是学校文化精神和使命的确立。[①] 学校文化的建设并非一朝一夕之功,而是几代人努力积淀的结果。因此,学校文化建设需要精心策划,悉心培育。需要在全体师生形成共识的前提下,精心设计,共同努力,把理念化为现实,并在实践中不断总结、提炼、充实。在下一阶段,学校将继续在全面回顾办学历史、办学实践的基础上,系统总结学校文化建设,并结合当代社会文化的发展与办学使命进行反思与再认识,在认识总结中发展前行,在实践反思中完善充实。从而,更加明确学校办学定位并推进文化建设,期望孕育更成体系、更具特色的学校文化之花,期待其绽放之日。

---

① 　冯・皮尔森.文化战略[M].刘利圭等,译.北京:中国社会科学出版社,1992:2.

第二章　德育密码:构建生长德育体系

正在成长中的花园小学,基于底蕴浓厚的笕桥文化,继承优良的育人传统,在顺应教育形势发展的过程中不断更新德育理念,探索具有本校特色的德育体系。在落实立德树人根本任务的过程中,努力将高层次的校园文化和高境界的校园精神融入其中,切实将德育工作安排落细、落小、落实,着力推进德育活动的专业化、规范化、实效化,努力形成三全育人的德育工作格局。

第一节　花园式德育理念的建构

杭州市笕桥花园小学办学七年来一直秉持着"校园即花园,教育即生长"的办学理念,并形成了独具特色的花园式德育理念,致力于将学校打造成学生快乐学习、幸福成长的"花园",形成良好而和谐的师生关系,打造有温度的学校。

一、观念重构:在校园里自由生长

学校德育只有立足儿童,遵循儿童的成长规律,在生活、学习实践中加强道德、情感和价值观的熏陶,才能给予儿童道德发展所需的基本养分。在

学校德育工作的建设过程中,应切实遵循以下基本原则:

一是主体性原则。学校开展的一切德育活动都必须以儿童为中心,突出儿童活动的主体地位。教育者应当为儿童创设多样化的活动情境,让学生在真实生活情境中感受体悟,实现儿童的自然成长。

二是全面性原则。学校德育工作应坚持全面性原则,德育内容应当包含个人品德、家庭美德、社会公德、环境保护和心理健康教育等方面。

三是生活性原则。学校开展德育活动要源于学生的生活,为学生的生活服务,让学生在具体的生活情境中去体验德育,从而开展自我教育,形成自律行为。

四是长期性原则。由于德育工作的复杂性,学生良好的道德行为也不是一两天就能形成的,因此学校德育工作的效果往往难以立竿见影。这就要求德育工作要长期坚持不懈抓落实,方能取得成效。

(一)课程引领,构建优质德育课程

德育工作的展开,如果仅仅依靠灌输和说教,那么往往难以取得切实的效果。因此,学校积极转变德育观念,努力创设具有学校特色的德育课程。我们在德育课程中创设贴近学生生活实际的情境,鼓励学生在具体的情境中感受生活、体验生活和收获生活,从而慢慢理解德育的意义,形成对道德的认知与理解,并由此而外化为道德实践。

(二)文化浸润,营造良好德育环境

教育部印发的《关于全面深化课程改革落实立德树人根本任务的意见》提出教育活动要遵循教育教学规律和学生成长规律,大力弘扬中华优秀传统文化,促进学生核心素养发展,明确学生应具备的适应终身发展需要的必备品格和关键能力。[1] 学校环境文化是宝贵的隐形教材,是开展德育活动

---

[1]　中华人民共和国教育部.关于全面深化课程改革落实立德树人根本任务的意见.[EB/OL].(2014-03-30)[2023-02-20].http://www.moe.gov.cn/srcsite/A26/jcj_kcjcgh/201404/t20140408_167226.html.

的有力保障。学校遵循文化育人的理念,重视学校文化对学生德育的熏陶。独特的校园文化一直发挥着培育学生心灵,塑造学生品格,调节学生行为的作用。

二、关系重构:让我慢慢走近你

师生之间的互动交流包括知识内容的传授、思想道德的领悟和行为习惯的培养,师生之间良好的关系是有效开展德育活动的基石。因此,学校也更加关注良好师生关系的建立。

(一)以生命关怀重构师生关系的原点

生命是教育发生的基础,任何优美、繁荣、重要的教育一旦失去基础就会丧失本真。学校德育是生命与生命间的主动对话,是师生生命主体之间的心灵交流。德育要冲破主客体之间的藩篱,进行生命主体间的沟通与交流,就必须直面生命,回到生命的原点。践行学校德育,就要使师生的关系回到充满温情、充满关怀的生命世界,使师生相互促进、相互关怀,共同成长,实现师生生命对彼此的敞开。

按照伯格森的观点,时间是构成生命的本质因素,生命在时间中流淌,时间就是生命。生命中的每一瞬间都融汇了过去、现在和未来。学校德育过程是师生生命共时的过程。在这个过程中,有着不同人生经历的师生共同出现在同一间教室,他们从各自不同的视角,汲取对方的经历和养分。他们通过对话、互动、活动融会在一起,他们的生命之线在聚焦、融合于同一时空后再次延伸。

每个生命个体都不是孤立的存在,而是与其他生命个体相互依存。学校德育中教师个体生命和学生个体生命相互共生的过程也就是师生生命相互摄取养分与创造的过程。《学记》中早就提出过"教学相长"这一教育思想,强调的就是师生生命之间的相互学习、相互促进、相互创造。教师既不是"照亮别人而燃烧自己的蜡烛",也不是"到死丝方尽的春蚕";同样,学生不是任人涂画的"白板",更不是只等填充的"容器"。教师和学生都应该是通过创造实现生命价值的生命主体。师生双方通过生命创造生命、生命超越生命,从而提高自身生命的价值,提高自身对他人的价值。

学校德育中,正是师生双方的信任和各自的优势才使彼此放下戒心,将自己价值发展和实现的机会交托给对方。这种交托融入在平等、自由、民主的氛围中、蕴藏在师生身心的信任中,形成于师生双方的对话交流中。一堂课、一席话、一次交流……你都能感受到生命在人与人之间,在师生之间流淌。

(二)以人文关照重建师生关系的基点

德育的出发点和最终归宿都是为了人的发展。每个学生都是具有主观能动性的活泼个体,他们会依据已有的知识经验、自我价值和目标,自觉、主动地去选择活动从而实现个人价值。因而,在关系重构时,必须将以生为本作为主导德育理论和实践的核心理念。因为德育的终极意义并不仅仅是让人们去遵守某种社会秩序、道德规范……而是让人们通过这些活动去不断完善自我,提升自我价值从而发现世界的价值和美好。

"以人为本"的价值观强调教师与学生价值的平等,在德育过程中师生不再是师尊生卑的处境,教师也不再只是向学生灌输知识,以某些严厉的惩罚措施去鞭策学生进步。取而代之的是教师和学生这两个平等的主体之间进行契合灵魂的对话和交流,更加凸显了对人的主体性的尊重;同时教师作为生活经历和人生价值观更加丰富和成熟的个体,应以发展的眼光去看待学生的积极性和自我发展,尊重学生身心发展的一般规律,促进人的自由而全面的发展。

(三)以对话理解重构师生关系的支点

人们在交往中总是期盼建立一种真诚的人际关系。教师与学生的交往虽然是成人与青少年两个不同年龄群体的交往,但师生双方也在期盼着一种真诚的人际交往态度。教师与学生的理解以真诚对话为前提,且通过对话获得价值和意义。中国千百年来"唯师者为尊"的传统教育观念根深蒂固,教育者只有转变教育观念才能实现与学生进行心与心的对话。灌输式的或极端的、强制性的教学方法都是不利于学生发展的,也是相当有害的。而以对话理解为基础的师生关系能够有效促进学生发展。首先,教师以其自身优势对德育材料进行选择性的加工或再创造,对学生起到引导作用。其次,教师是德育过程的把控者,能够及时调整、纠正学生的行为、思想和观念,使学生在德育过程中不断内化德育内涵,构建起自身的道德认知。

三、框架重构:不一样的德育体验

德育体验重视学生的主动参与和亲身实践,让学生用自己的视角去发现和解决问题、体验和感悟生活,在德育过程中提升思想道德品质,激发学生的情感体验。因此,学校致力于完善德育内容和德育材料以及提升育德素养,以期为学生的德育体验奠定坚实基础。

(一)强调德育内容的科学性和人情味

德育内容的科学性是指德育内容的选择和呈现都应符合学生的认知结构和认知水平。学生的认知水平是不断发展的,并且每一阶段都有其特点,所以在德育内容的选择和呈现上要体现层次性和阶段性。另外,在保证德育内容的科学性的同时,人情味也是非常重要的。鲜活的、生动的、充满感情色彩的德育内容是具有人情味的,是学生容易接受、有能力接受、乐意接受的。因此,学生在德育活动中产生积极的情绪体验和学习意愿是成功重构德育内容的重要判定标准。

(二)重视德育材料的真实性和即时性

陶行知先生说过:"我们要用自己的经验做根,以经验所发生的知识做枝,然后别人的知识方才可以接得上去,别人的知识方才成为我们知识的一个有机部分。"学生原有的知识经验和认知结构是教学活动的起点,因此教学要和学生的生活对话,充分挖掘学生已有的生活经验的价值,让学生的生活与教材内容直接建立连接。这样做,一方面可使德育内容更生动、更可亲,引发学生对德育课程的共鸣;另一方面可以启发学生对真实生活的即时观察、思考、反省,让学生的生活成为教育的源泉,真正提升他们的生活品质和社会性发展。

（三）提升德育素养的专业性和丰富性

教师是德育活动的组织者、指导者、监督者和评价者。在学校教育中,教师的活动直接面向全体学生,其个人的品德、素养、修养等方面面都将直接影响每位学生的健康发展。在教学中,教师丰富的个人成长经历、广阔的知识面等都是新鲜、真实而富有情感的材料,极易激发学生的学习兴趣并影响学生的言行和生活。因此,学生整体发展水平在某种程度上与教师个人人格以及教育教学能力正相关。想要提高德育的效果,就必须切实提升学校教师育德素养的丰富性和专业性。

四、环境重构:打造有温度的学校

德育的环境重构是将德育从僵化守旧的局面中扭转过来,使学生能够在更具开放性、更具亲和力的德育场所中得到具体而丰富的德育训练,养成品德习性,在和谐、轻松的学校文化中更好地发展道德、涵养品质。

（一）明确德育主体,改变德育路径

在德育过程中,面对一群群鲜活的生命个体,让他们在内心深处生长出文明意识、安全意识、规则意识、友爱意识等等,并非一件容易的事情。传统德育往往采用讲授加奖惩的方式,总是简单地告诉学生应该怎么做,不该怎么做,如果违反规则那么将受到怎样的惩罚……这样的德育方式是受典型的外铄思维主导,虽然简单易操作,但因其方法简单粗陋,很难取得满意的效果,甚至还容易伤害到学生,使他们产生抵触心理。这是因为,即使学生因畏惧而认同外在的要求与规则,但没有经过内化,他们也难以体会其深层的道理。

那么,如何唤醒学生的道德意识,帮助他们形成高尚的道德动机,从而内化为道德意志,外化为自觉的主体性道德行为呢?苏霍姆林斯基说过:"唤起人实现自我的教育,乃是一种真正的教育。"可见,德育活动的重构虽由教师发起,但却是由学生完成的活动。个体的主观能动性是人之所以为人的本质特征。作为教育工作者,我们应该帮助学生树立正确的学生观,尊重他们、信赖他们。应当明确其在德育教学中的主体地位,调动其自我教育的积极性,指导其进行自我教育、自我管理,从而在实际活动中不断完善自我。在这个过程中,教师的作用就在于整合生活中可挖掘的学习资源,激发和调动学生的学习情绪,引导其养成自我教育的意识和习惯。

(二)确立德育方式,回归日常生活

很多德育工作者都易陷入一个误区:强调德育工作就是多进行活动实践,通过活动来育人。实践活动是德育的一个重要部分,但却不是德育活动的全部。德育活动还应该紧密联系学生的实际生活,以更近距离的方式,培养学生在实际生活中的道德实践能力。日常生活中蕴藏着非常丰富的道德教育资源,学校德育将富于情感的日常生活和科学理性的教育方式结合起来,以学生的日常生活为基础,能够让学生更多地体会生活中的成功与失败。

德育的生活重构意味着在德育过程中要正视生活的方方面面。通过展开丰富多彩的活动,营造生活氛围,选择富有生活与时代气息的内容,利用富有情感的教育语言感染学生,在生活的小细节中培养学生的组织能力、思考能力和交际能力。

(三)养成德育习性,追求本真诉求

"习性"一词是法国社会学家皮埃尔·布迪厄提出的,他认为习性是持久的、可变换的一些性情系统,往往无意识地作用于我们的实践活动。道德习性的养成首先要以经过选择的道德实践为始,使青少年形成正确的道德认知。卢梭指出,一切天然的倾向如果不加小心和不加选择地用到社会上,就会变质;而且,它们原本是多么有益,后面也就会变得多么有害。所以不难看出,青少年必须经由正确的引导才能形成优秀的道德习性。其次,道德实践是道德习性养成的关键。正如亚里士多德所言:"我们通过做公正的事成为公正的人,通过节制成为节制的人,通过做事勇敢成为勇敢的人。"道德实践不仅可以检验道德认知,而且反过来也能强化道德认知。任何道德认知都必须经过实践的检验,才能真正内化为个体的内在心智结构,逐步形成道德习性。教育者们都必须重视对学生生活习惯的培养,因为从小养成良好的习惯绝不是小事。

第二节　生长式德育体系的构建

在花园式德育理念的引领下,学校着力建构生长德育体系:确立德育目标——培养"自然、自信、自觉"的花儿少年;开设生长德育课程——"多元共生"德育课程;开展各色德育实践活动——社会实践、第二课堂、少先队活动;营造好的德育环境。

一、目标:生长德育发展之光

基于学校办学理念和发展定位,以"适性生长,静待花开"的育人理念为引领,笕桥花园小学致力于培养"自然、自信、自觉"的花儿少年。杭州市笕桥花园小学围绕立德树人的根本任务,为充分发挥先进典型的示范引领作用,开展了"最美学生"推荐评选活动,以充分展示学校学生综合素质。通过展示活动,唤醒同学们心中的热情,让他们学会发现美、分享美、弘扬美,努力使自己成为一个自立、自强、自信、自律的新时代社会主义建设者和接班人。

学校的"最美学生"评选设十三个项目(其中艺术之星、运动之星、文明之星、科技之星可以以团队形式申报)。具体评选标准如下:

（一）红色篇

学习之星：各科学习成绩优秀，课堂表现优异，深受老师好评，不仅自己认真学习，还能带动班级同学认真学习，形成良好的学习氛围。积极参加"学科节""学习成果展"等相关活动，表现优异。

赤诚之星：热爱祖国，爱党，爱社会主义，努力践行"社会主义核心价值观"，积极参加"传统文化教育""榜样精神我学习"等相关活动，表现优异。

劳动之星：积极参加校内外劳动，勤俭朴素，自己能做的事自己做，主动为家庭、集体做一些力所能及的事，有良好的劳动卫生习惯。积极参加"打造绿色校园"等相关活动，表现优异。

（二）绿色篇

文明之星：谈吐文雅，举止文明，在校园文化、环境保护、拾金不昧等方面表现突出，事迹感人。积极参加"公共空间意识""文明礼仪""文明小标兵"等相关活动，表现优异。

孝亲之星：在家尽孝心，在外传美德，尊重父母教导，能为父母分忧解难，尊敬老师、关心同学、勤奋学习，积极参加各级各类组织的感恩孝亲实践活动、"小孝星"活动等，表现优异。

环保之星：保护环境，有较强的环保意识，能积极维护校园财产，能以自身行动支持环境保护，做好大家的榜样。积极参加"绿色环保活动""牛奶盒回收""垃圾分类"等相关活动，表现优异。

（三）蓝色篇

实践之星：在假期中，以雏鹰假日小队（组）的形式积极开展社会实践活动，小队被评为校优秀雏鹰假日小队（组）或个人获奖。积极参加"主题寻访"等系列主题教育实践活动，表现优异。

责任之星：关心身边的同学、朋友，积极参加各类志愿服务活动。

科技之星：学科学、爱科学、用科学，在科技小发明、小制作、小论文和科技实验等方面有突出成绩。或能够熟练掌握计算机的运用,在文档编辑、编程、网络学习等方面技能出众,在区级及以上比赛中获奖。

艺术之星:有高雅的兴趣爱好,追求较好的艺术造诣,在美术、音乐、舞蹈、戏剧、摄影、集邮、演讲、主持和文学作品创作等方面有突出特长。

文学之星:热爱文学写作,有较好的文字基本功,在区级及以上征文比赛中获奖或在报纸杂志发表过文章。

运动之星:坚持锻炼身体,认真上好体育课和活动课;认真做好广播体操和眼保健操;积极参加各种体育比赛;注意饮食卫生;身体素质达到优秀标准。积极参加各级各类体育竞赛,成绩优异。

光盘之星:能积极参与"光盘行动",还能带动身边的同学、朋友积极加入。

闪亮之星:有自己独特的特长或闪光点,可自行提交申请表描述。

案例 2-1　金奖少年

杭州市"火炬金奖"是全国三星级雏鹰奖章,是由共青团杭州市委、杭州市教育局、少先队杭州市工作委员会联合颁发的奖项。学校 601 班的张淑灿荣获"火炬金奖"的荣誉。她乐于助人、谦逊有礼、勤奋好学、多才多艺、热心公益、管理能力强。一直担任班长,还担任过两年大队长,积极参加校内外各项活动、协助老师管理好班级、尽自己的能力帮助有需要的同学,深受老师和同学们的好评。

作为班长,她热爱学习,尽自己的努力去做好那一节"火车头"。在学校她积极参加各类活动,多次获得"幸福好少年""钱江逐梦少年""钱江向善少年""优秀班干部"等称号。

二、课程:生长德育生存之土

教育就是坚持育人为本、德育为先。作为一所成立七年,正在逐步成长中的新学校,基于学生立场、办学理念和当下德育新格局,学校着重打造"多元共生"助成长的德育课程,培养学生良好的思想品德和健全人格,并不断完善德育工作长效机制。

(一)提升新理念,确立德育课程整体框架

"多元共生"助力生长,作为学校德育的一种活动形式,德育课程始终围绕一条主线,从形式、内容、操作等多方面为不同年龄层次的学生量身定制,注重实践操作性,同时进行系统性规划。整体德育活动体系如图 2-1 所示。

图 2-1 "多元共生"德育活动框架

具体而言,包括"一个核心",即培养适性生长的"花园幸福学子";"两个周期",即始业主题教育和学期德育主题活动;"三种模式",包括具有学校特点的开学始业教育系列活动、少先队主题活动、家校活动三种模式;"多领域介入",指的是在参与过程中,家校新共同体助力学生自主规范行为习惯,树立争当新时代好少年意识。总体上,构建起"学习—感知—实践"逐步深入的德育课程,关注德育活动中的实践模式、思维方式与隐性知识,整合设计并实施项目化学习,以促进学生解决实际问题的能力的提升。

（二）运用新技术，形成生长德育课程网络

围绕"校园即花园，教育即生长"的办学理念，着力建构指向学生内向力生长的生长德育课程。学校以疫情特殊时期为契机，完善"多元共生"助成长的德育课程，利用"云"技术，实现"云"助力，多通道、多维度、多手段地让学生、家长积极参与进来，真正增强"家校共育"的实效性。并在全体学生中全面开展，形成新技术支持下的课程网络。比如，开发了开学初为学生提供入学行为习惯养成教育的德育微课学习平台。

（三）转换新模式，打造家校协同德育课程

学校充分利用"家校协作"的优秀资源，在循序渐进中塑造适性生长的"花园幸福学子"，培养学生核心素养。如在"工匠日"活动中，以"家长进课堂"开展学习项目，学生与家长配合开展不一样的课堂。又如在"我和红领巾的故事"活动中，发挥家庭教育作用，家长为孩子讲自己与"红领巾"的故事，在孩子心中形成红领巾的初步概念；全体学生在国庆节与家长共唱红歌，唱出心中对革命英雄们的敬佩之情；以"讲述我身边的榜样故事"为学习项目，家人共享榜样精神风范，以内化品质生长，塑造"爱国爱校"花园幸福学子。

三、活动：生长德育滋养之水

让学生亲身体验是德育最有力的方法之一。为此，学校积极开展丰富的德育活动，采取不同的体验方式，更新德育方法，促进学生的道德发展。

（一）社会实践

学校非常重视学生的社会实践活动，不断摸索德育实践活动的实施方式。每年寒暑假，按照上级精神，认真开展好假期社会实践活动的相关工作。活动主题主要有访问时代先锋、"争做尚德少年""小孝星""健康小达人""争做筑梦少年"、学习"夏衍精神"等活动，充分丰富了学生的假期生活。

受到疫情影响，学校积极探索线上云实践活动模式：学生在线上提交特色照片、小报、活动手册，内容包括各行各业的优秀故事，引人向善的家风小故事，身边的抗疫英雄故事，与父母在践行德育活动过程中的真挚情感故事，等等。另外，结合线上教学，以班级为单位开展主题班队会、十分钟队会等各种分享活动。在疫情期间，学校开展了一系列"云上"小队活动，如"寻华夏之根""访时代先锋""钱江少年在行动"等活动，队员们积极参与活动，从中汲取营养，获得感悟。

案例 2-2　云实践访谈录

邢瑾阳：我从新闻中看到这次疫情中有医护人员牺牲，他们穿的防护服不能有效隔离病毒吗？

答：疫情暴发初期，大家对病毒认识不够充分，防控工作还不够到位，很遗憾一些医护人员被感染了。

防护服又能起到一定的防护屏障作用，并不能完全隔离病毒。

金语涵：新型冠状病毒会不会和流感一样与人体共存？

答：从目前疫情情况来看，可能会和流感一样与人体共存，但不会密集暴发，希望后续有药物被研制出来，把新型冠状病毒感染对我们人体的伤害控制在我们人类能控制的范围内。平时我们要加强锻炼，注意饮食，增强免疫力。

戴翘楚：在疫情暴发期间，当你工作状态不好的时候又是怎样调整的呢？

答：从疫情开始到现在疫情慢慢稳定的这个过程中，无论是精神还是体力上，我们确实承受着很大的压力。有好几次我真的嗓子都哑了，一点力气都没了，真的很想休息一下，但是我们都互相打气，努力把压力化为动力，想多尽一份力。状态不好的时候，我会想想在武汉最前线的医护人员，想想我想守护的家人。这样，再苦再累也不怕了。

杨雨晨:社区防护采取了什么有效的措施?

答:一、所有出入口封闭,只留一个通道,非本小区的业主不能进入。二、查通行证,凭通行证允许每周出入小区两次,来自疫区的业主都要提前打电话报备,居家隔离14天。三、进出小区的所有人员必须佩戴口罩,接受测量体温。并且需要出示通行证,后期是需要出示绿码。一个也不能少。

陈恩哥:如果发现了发烧的疑似病人怎么办?

答:先带到帐篷里休息10分钟,再测体温,体温还高的,我们会打电话给社区进行进一步的处理。因为我们也不是专业的医护人员,所以只能尽己所能,一个个严格排查,不遗漏任何一位发烧的疑似人员。

丁梓琪:参加这次一线抗"疫"战,您有害怕吗? 当时的心情怎么样?

答:我当时报名的时候没想那么多,只想尽自己所能出一份力,因为我所学专业知识的限制,我感觉我唯一能做的是报名当志愿者。刚开始真的不怕,对新型冠状病毒还不是那么了解,也没有那么去关注它,但是越到后面越怕。刚开始的时候,我们只是戴普通的口罩,偶尔还会拿下来呼吸新鲜空气,但是,随着后期有那么多重症死亡病例出现,病毒肆意蔓延,我其实是有点害怕的。因为毕竟我们接触的人员可以说是来自五湖四海。刚开始的工作范围比较小,在社区服务,相对安全。后来被分配到街道老城区,有四五个小区,几万人混在一起检查,还会站在马路上拦车辆、行人。我当时内心虽然是有些害怕,但是我的信念是坚定的,能做一点是一点,就这么想,很简单。

案例 2-3 云实践感悟录

杨雨韩:参加这次活动让我感触很深,也很是感动。在疫情防控工作中,无数工作人员都奔向抗疫前线,他们是医护人员、人民警察、志愿者、新闻工作者,他们还有另一个身份,那就是孩子的爸爸、妈妈!他们为大家,舍小家,他们勇往直前,奉献在各自的岗位上,他们更是我们学习的榜样!

邢瑾阳:通过了解两位同学的爸爸妈妈的事迹后,才知道他们真的不容易,为了人民的生命安全,冒着被感染的风险默默付出,奉献着自己的光和热。我现在才明白,原来英雄离我们并不远,就是我们身边那些平凡朴实的人,向他们致敬!

陈学凯:我觉得陈恩岢妈妈和金语涵爸爸都很伟大。恩岢妈妈作为医护人员,奋战在最前线,每天24小时都面临着被感染的风险。因为有了他们,我们才有了离希望越来越近的今天。语涵爸爸主动报名参加社区志愿服务,每天在外面排查人员,同样有着被感染的风险,他无论是面临冬雨寒风的恶劣天气,还是遇到不配合的人员都从未放弃,照样坚持站岗。我们要向他们学习勇敢、坚持的精神。

许沐尧:今天参加了这场特殊的实践活动,我在想,除了感谢,我们还可以做些什么呢?那就是不添麻烦。恩岢妈妈说对付病毒最好的武器就是提高自身的抵抗力。我们平时要积极运动锻炼,增强个人体质。每天按时吃饭,荤素搭配,不挑食,多喝水,作息规律。外出一定戴口罩,勤洗手,讲究卫生。让我们健健康康地居家学习、生活,为一线的医生护士们减轻负担。同时也要积极配合工作人员的检查,他们所做的都是为了让我们早日击退病毒,回归正常的生活。

安宸语：叔叔阿姨这次对新冠肺炎方方面面的讲解，不仅让我了解这个病毒的危害性，更让我知道志愿者服务的辛苦。为了保护我们大家的安全，医务人员和志愿者们付出了很大的努力，我们也要从自己做起，力所能及地保护好自己，不给他们添麻烦。感谢你们的付出，因为有你们，我们这些祖国的花朵会绽放得更好，谢谢你们！辛苦了！

学校积极开展实践活动并转变方式，采用线上方式，整合学校、家长、社会的资源，通过身边同学的父母讲述亲身经历，让学生全面深入地了解疫情，了解医护人员与志愿者工作的不易，从而增强防疫意识，加强自身防护。

（二）第二课堂

为建设好学校德育阵地，将革命传统教育、国家主权教育、社会主义价值观教育融入其中，学校专门开辟爱党学习广场作为第二课堂。在第二课堂中，通过观看历史影像、听党的故事等活动，拉近学生与历史的距离，引导学生学习与体会以爱国主义为核心的民族精神和以改革创新为核心的时代精神。根据课程目标，主要设计了四个方面的内容：

首先，落实要求，改革创新，开好思政课。学校结合道德与法治课程、校德育活动开展关于中国共产党革命历史的学习，组织相应的研究性学习活动。例如，部编教材《道德与法治》五年级下册第三单元是学习党史，是以了解中国革命发展史为目标的学习，课程开展中国革命党史知识学习，进行爱国爱党教育和革命传统教育，开展中国革命文化知识之旅。由党员老师给学生们授课讲解，使其了解历史发展顺序，理清历史事件思路，为道德与法治课的单元学习做好相关课前调查和历史资料的了解工作，奠定好学习的情感基础。

其次，开展"讲述英雄们的故事"主题活动。由优秀党员教师或大队委员讲述一位革命英雄的故事，或者是近代以来中国人民为实现民族复兴而奋勇斗争的故事。在娓娓诉说中，不仅让学生感受我们伟大的党在历史长河中几经变迁和不断壮大的过程，而且通过生动的故事，帮助学生建立党史与生活的对接点，激发起敬仰民族英雄和革命先辈的情感，从而树立奋发图强的爱国志向。

再次，基于学校德育三原色工作的基本要求，深入开展红色爱国教育，带领学生观看中国百年历史纪录片以及有关党的历史事件的微课，使学生从中更深切地感受近代以来中国人民遭受的深重苦难；了解中国共产党的成立、新中国的成立和改革开放以来取得的成就，加深对祖国和党的热爱之情。

最后，基于培养新时代好少年的要求，通过认一认国徽、党徽、军徽、共青团团徽和少先队队徽，使学生深刻体会作为新时代少年的责任与担当；认识到只有在不断的改革创新中，一个民族的凝聚力才能不断增强，一个国家的生机活力才能不断焕发。

在理论学习的同时，学校充分利用多种形式，建构立体式学生实践活动平台。

1. 历史知识区

学校专设的历史知识区记录着中国共产党第一次全国代表大会至党的二十大期间的重要事件。这段历史像一本厚重的书，书写着我们的历程，也积淀了深厚的文化底蕴，记录着党在历史长河中几经变迁和不断壮大的过程。

2. "红军长征墙"

学校的"红军长征墙"上记录着红军二万五千里长征的革命路线。学生可以通过跟着路线画一画，结合道德与法治课的学习，拉近与历史的距离，建立与生活的对接点，敬仰革命先辈，树立奋发图强的爱国志向，提升爱国素养。

3. "爱国墙"

不同于"红军长征墙","爱国墙"则展示着孩子们开展爱国文化实践活动后的宣传小报、寻访手册以及利用假期搜集的革命故事。孩子们可以通过认一认国徽、党徽、军徽、共青团团徽和少先队队徽,了解中国革命历史的发展与演变。

4. 爱国观影

学生在参观、体验学习之余观看爱国纪录片、微课来学习党的知识,开展革命历史知识的研究,从影片中了解近代以来,中国曾经遭受的屈辱以及为了推翻反动统治开展的一系列革命活动。在观影的过程中,激发学生学习与探索中国革命历史的兴趣,使之生发爱国之情,并懂得落后就要挨打的基本道理。

(三)少先队活动

少先队是学校开展教育教学活动的重要单位,德育工作是小学少先队工作的重要部分。学校深入贯彻落实习近平总书记关于少年儿童和少先队工作的重要指示精神,贯彻落实习近平总书记致中国少年先锋队建队70周年贺信精神,贯彻落实《中共中央、国务院关于深化教育教学改革全面提高义务教育质量的意见》中"加强学校党的建设,充分发挥学校党组织领导作用,强化党建带团建、队建"的重要要求①,深入贯彻落实党建带团建、队建,加强少先队工作体制机制建设。

1. 召开少代会

少代会的召开激发花园小学少先队员的主人翁意识,也增强少先队员的光荣感和归属感。少代会是少先队员的盛会,发表提案是少先队员代表

---

① 中华人民共和国中央人民政府.中共中央、国务院关于深化教育教学改革全面提高义务教育质量的意见.〔EB/OL〕.(2019-07-08). http://www. gov. cn/zhengce/2019-07/08/content_5407361. htm.

履行好自己职责的重要途径。各中队队员代表对学校各方面工作提出建议和设想,如"关于多增加一些体验类课程的提案""关于规范作业类 App 的使用的提案""关于接受家长的引导的提案""关于如何做到真正的'光盘'的提案""关于减少电子产品的使用,倡导多用纸笔的提案",等等。与会领导分别对提案逐一进行解答,并对优秀提案予以表彰。另外,每届少代会还会进行大队委竞选活动,聘任新一届大队委员会成员。

2. 组织开展建队节活动

每逢建队节来临之际,花园小学都积极开展相关活动。少先队员除了在队课上开展学习活动以外,还积极将爱国心践行到日常学习和生活中,围绕校园及社会等方面,积极调查、访问、讨论、提出提案,充分展示红领巾小主人风采。同时,学校还鼓励少先队员趁假期前往红色革命基地,缅怀革命先烈,致敬时代榜样。

3. 入队仪式

入队仪式是少先队组织最基础和最重要的仪式之一。立足于"先组织起来再教育"的原则,每年 6 月,学校都会为新队员举行庄严而又神圣的入队仪式。入队前夕,为了增强少先队员的组织归属感和光荣感,学校积极部署面向一年级小学生的队前教育,让学生了解队史、队章、队徽、队礼,会写入队申请书,会读入队誓词,会正确地佩戴红领巾,会行规范的队礼,会唱队歌,会呼号。

4. 鼓号队

不断加强少先队基础和组织建设,通过建设一支高水平的鼓号队,培养学生集体主义精神,促进学生良好行为规范的养成。在鼓号队的建设中,我们注重从作风训练入手,使队员严守纪律,服从指挥,养成良好作风和习惯。鼓号队充分展示了少年儿童朝气蓬勃、奋发进取以及团结协助的良好精神风貌。

四、环境:生长德育呼吸之气

党和国家历来十分重视德育环境的建设和管理。《中共中央关于进一步加强和改进学校德育工作的若干意见》中规定:"保证经费投入,改善物质条件……学校要为德育工作提供必要的场所与设备,不断改善条件,优化手段。"①因此,学校非常重视校园文化的建设,大力开展学生喜闻乐见、丰富多彩以及积极向上的校园活动,致力于建设健康、绿色、生动的校园文化,引导学校文化向健康、高雅的方向发展。

花园小学占地面积为 17546 平方米,其中绿化面积为 9825 平方米,绿化覆盖率达到 56.0%。校园环境清新雅致,校园内绿树成荫,环境幽雅,设施齐全,处处显示出颇具特色的育人景观。自建立以来,学校明确把环境教育列为学校的重要工作,并以"建绿色幸福花园,做绿色生长教育"为思路,深入有效地开展环境教育和创建绿色学校工作,让绿色环保的理念深入人心,让绿色德育活动持久开展,打造绿色校园。

(一)加强宣传力度,提升动员效果

在创建工作中,学校创建工作领导小组成员利用专题会议、教工大会、班主任例会、学生升旗仪式、其他集会等时机,加强环境保护教育,宣讲知识,指导实践,号召师生"从我做起,从身边的小事做起",让每一个人都来关心学校的环境建设,为创建"绿色学校"出一份力。同时,学校不断加强宣传力度,把绿色、可持续发展理念作为一个人全面发展的核心素养之一进行培养。学校德育处积极发挥红领巾学院的引领作用,少先队员们通过校园广播、公告栏、黑板报等形式向师生宣传,并通过社团活动、主题班会、主题实践活动等丰富的形式进行落实,使大家明确"绿色学校"的具体要求和做法,

---

① 中共中央关于进一步加强和改进学校德育工作的若干意见.[J].中国高等教育,1994(10):5-8.

使绿色理念深入人心。

（二）健全工作制度,夯实创绿推进

1. 制度完善有保障

学校高度重视巩固创绿工作,制订环境教育的专项工作计划,将其纳入每学期学校工作要点和教导处、德育处、总务处等部门工作计划,建立和健全可操作的各项管理制度,保证了学校环境教育工作按计划、高要求地进行。同时,学校定期召开校务班子会议、行政会议,不定期开展研究从而找出不足,对不完善的地方加以整改,实现巩固提高。

2. 经费落实促成效

建校以来,学校每年都会在改善校园环境、扩大校园绿化面积、做好校园花草树木的补栽种及植物的修建维护工作等方面加大投入力度。近两年,学校投入近210万经费用于校园绿化和环境建设工作中。一年一个大变化,如今当你走入花园小学,就能看到围绕校园墙头盛开着的凌霄花;满眼如茵、令人陶醉的绿草地……充满人文气息的文化氛围,赏心悦目的优美环境,陶冶了师生情操,塑造了美好心灵,激发了开拓进取的精神,充分彰显了环境的育人功能。在防疫阶段,校园绿化更是发挥了促进师生身心健康、调整心态、舒缓情绪的积极作用。

（三）改进场室建设,提倡资源节流

在场室设计中,学校积极遵循节约高效的环保理念,充分采用了一室多用的设计思路。基于体现绿色环保、放大功能效应的宗旨,2019年在学校食堂、图书室改造中,我们就着眼于最大限度满足同一时间、同一空间可以开展不同形式的研讨或活动,不仅提升了食堂和图书室的硬件水平,而且大大提高了师生在校内的幸福指数。学校这两处功能室的改建,成为上城区学校一室多用的样板,吸引了区内许多兄弟学校前来考察学习。

同时,学校也从日常工作的细节处注重资源节约和节能降耗。学校制定了节水、节电、合理使用空调、材料回收利用等规章制度,并在师生间开展相关的宣传、评比等活动。学校还积极响应垃圾分类举措,依照区教育局和文明办的相关要求,不仅从硬件上确保设施到位,更是从多渠道落到实处,不断提高师生的环保意识和行为素养。学校坚持在师生中开展"光盘行动"活动,要求全体师生做到爱惜粮食、不浪费,以多种形式提倡厉行节约,降低环境污染。

(四)美化教室环境,强化环境育人

在花园小学,每个教室都有个性鲜明的环境布置,张贴了宣传画和宣传标语,从而让每面墙、每扇窗、每个橱、每个角落都能实现育人。同时,学校在教师办公室开展"最美办公室评比"活动,在班级开展"最美教室评比"活动。让学校处处都是一道道靓丽的风景线,在推进校园绿化、净化、美化的过程中,为师生的工作和学习创造美的环境。

(五)完善学生评价,促进习惯养成

1. 设置绿色章目,培养学生环保行为

每月确定重点争章项目,使师生能明确争章要求,例如一学期四个月分别有:礼仪常规,争礼仪章;环保理念,争环保章;卫生常规,争卫生章;课间活动,争文明章。

2. 细化行规要求,督促学生习惯养成

学校还制定了《规范化班级评比制度》,每天进行班级卫生保洁评分,每周评选出优胜班级,颁发流动红旗。同时,加强对学生个人卫生行为习惯的养成教育,每月评选"卫生小标兵",增强自我管理意识。

3. 加强德育教育,丰富主题活动实践

通过组织主题班会、队会、年级性活动等各种宣扬绿色理念的主题活动,营造全校师生共同参与创建绿色校园的氛围,使师生在体验中感受绿色环保的重要性。

(六)组织家校联动,延伸环保教育

1. 信息联通,增强合力

学校积极利用家长学校、家访、微信公众号、校长公开电话和"创绿"活动等多种形式,进一步加强与家庭的沟通和联系,有效地形成了环保教育合力。利用家长学校开展环境教育培训,聘请专家对全体家长进行绿色学校环境理念的培训。

2. 走进社区,实践助力

学校协助社区办好社区教育活动,并联合社区共同组织好假日雏鹰小队活动。近两年,各班级小队组织了以"倡导垃圾分类、创建和谐环境"为主题的雏鹰假日小队活动,不仅取得了很多优秀成果,而且在实践过程中培养了能力、获得了新知识。

第三节　立体式德育活动的实践

学校坚守"为党育人、为国育才"的初心和使命,牢固树立培养德智体美劳全面发展的新时代社会主义建设者和接班人的目标,以"生长力"为核心,德智体美劳相互渗透、相互滋养、相互贯穿、相互融合,充分发挥"德育教人为善、智育教人求真、体育教人健体、美育教人臻美、劳育教人在劳力上劳心"的功能。

一、以"始"规范,明引前路

(一)始业教育

小学一年级新生从以游戏为主的幼儿园阶段进入到以学科学习为主的小学阶段,难免存在不适应情况。因此,幼小衔接的过渡课程显得尤为必要。学校一年级入学适应课程以"儿童"为核心,以学校特色"生长课程"体

系为依托,致力于培养一年级新生的"学习力",全方位、多角度地为一年级新生进入小学、适应小学学习生活保驾护航。

小学生进入到一个新的学习生活环境,有许多新的挑战等着他们,为了让他们尽快适应新的学习生活,学校特别录制了"新生入学适应性教育"的专题微课,一共16个视频,内容涵盖入学准备、习惯养成以及课程介绍(详见表2-1)。

表 2-1 "新生入学适应性教育"微视频

微课分类	微课名称	微课目标
入学准备	我们的花园小学;入学准备;小书包我来理	通过三个微视频学习,孩子可以了解花园小学,对花园小学产生亲切感,同时知道作为一年级新生需要做好哪些物质及精神准备
习惯养成	我去上学了;早自修习惯的养成;课间洗手如厕;课间文明;上课认真学;我会做我会写;在家我会学习;我会听,跟着做	通过八个微视频学习,孩子能了解一年级与幼儿园的不同之处,学习与培养从早自修开始到放学回家的行为习惯和学习习惯
课程介绍	运动技能;一起读绘本;多变小棒;科学的秘密;音乐体验	通过五个微视频学习,孩子们能了解语文阅读、数学思维、音乐节奏、体育技能、科学实验等方面的知识,感受学习的乐趣

在始业教育中,学校有意识地培养学生的合作意识、服从意识、感恩意识、规则意识。由于学生多为独生子女,合作意识薄弱,所以老师们一直在努力培养学生的合作意识和合作能力,让他们学会交流、合作和沟通。另外,学校是一个集体,"没有规矩,不成方圆"。因此,在始业教育中重视加强规则的学习,具体如上下楼梯、上厕所、过马路等行为习惯的培养。

(二)花园宝贝交友会

幼小衔接对学生的发展有着重大的意义,科学的幼小衔接能使幼儿入学后在身体、情感、社会性和学习适应等方面都有良好的发展,顺利实现幼儿园向小学的过渡,并为其终身、持续的学习打下坚实的基础。为帮助幼儿顺利从幼儿园过渡到小学,为孩子入学后的发展奠定良好的基础,花园小学和花园幼儿园开展了系列幼小衔接交友活动。

根据幼小衔接系列活动的整体规划,学校开展花园宝贝交友活动,大班幼儿跟小学生一一结伴成为好朋友。花园小学的学生作为主人翁,制作精美的邀请卡欢迎幼儿园的小朋友,而幼儿园的小朋友找到对应的哥哥姐姐,在调查表上以画画的形式记录哥哥姐姐的基本信息。在初步传达了同伴的基本信息后,为加深了解,增进孩子间的自主互动,并以同伴的视角帮助幼儿对小学环境和生活学习获得初步印象,我们还为大班幼儿准备了参观花园小学的活动。由花园小学一年级学生带领幼儿园的小朋友参观花园小学的风雨操场、餐厅、图书馆、大队室、美术室、音乐教室等,让孩子们通过亲眼观察、亲耳聆听、亲身体验,初步感受小学校园生活的魅力。

(三)课堂初体验

每年,我们都会邀请花园幼儿园的大班孩子来校进行小学课堂的初体验。为保证效果,我们秉持"深入交流探讨,共话幼小衔接"的主旨,鼓励老师们更深入地了解幼小衔接工作,积极开展"幼小衔接"教学主题交流展示活动(详见表2-2)。

表2-2 "幼小衔接"教学主题交流展示课

科目	授课老师	名称	内容
语文	班曼	量词歌	以自我介绍导入,让小朋友们在找错中认识量词。借助图文并茂的板书,通过找朋友、猜一猜、抽盲盒等一系列活动,让小朋友们初步学会朗读量词歌并感受到学习的快乐

续表

科目	授课老师	名称	内容
数学	周金晶	可能性	通过两次摸球游戏让学生在"摸—猜—说"等实际操作中感知事物发生的可能性,并让学生学会用数学语言"可能、一定、不可能"等词语来描述事物可能性的结果
科学	肖静	花园火山	为大班孩子带来视觉上的冲击和情境式的体验。通过猜谜语、看视频进行导入,激发学生探索的兴趣,在过程中注重引导学生倾听和表达。最后,通过讨论二氧化碳在生活中的应用,进一步激发孩子们探究的好奇心

"幼小衔接"教学主题活动的开展为幼儿园和小学的幼小衔接工作搭建了携手共育的平台,加强了小学与幼儿园之间的工作衔接和交流,为双方教师打开了沟通之窗。在相互交流的过程中,老师们能够就幼小教学进行深入沟通与交流,并从中探讨行之有效的解决措施,互相学习方法、总结经验,并切实地运用到实际教学中,从而携手关注每个孩子的身心健康,悉心灌溉一棵棵苗壮成长的幼苗。

二、以"研"教育,智探世界

研学旅行是学校教育与校外教育相结合的重要组成部分,并成为学校教育的一部分。对于学生个体而言,研学最重要的是接触校外的生活,在游玩体验中得到锻炼与提升。课本知识是抽象的,属于间接知识,而研学是一个将书本知识具象化的过程,能够进一步加深学生对间接知识的理解。同时,通过研学,不仅使学生增长了知识、开阔了眼界,锻炼了他们独立解决问题的能力,还有助于提高学生团队协作的意识与能力。研学旅行中的德育具有体验性、交互性、具身性等特征,能有效破解当前普遍存在的德育知识化、外在化、单一化困境,其目的是立德树人、培养人才,学校可通过开展历史与爱国主义教育、自然生态教育、社会文化体验、生活劳动体验、心理健康教育等主题活动实施。①

《关于推进中小学生研学旅行的意见》中指出,要让广大中小学生在研学旅行中感受祖国大好河山,感受中华传统美德,感受革命光荣历史,感受改革开放伟大成就,增强对坚定"四个自信"的理解与认同。② 学校积极响应意见,系统设置了红色革命传统教育主题,中华传统历史文化主题,祖国大好河山和国、省、乡情主题,科技国防主题四个方面的主题研学活动,并在研学活动中注重引导学生研有所思,学有所获,行有所成。

(一)红色革命传统教育主题

学校不断挖掘研学资源,开展各色研学活动。红色研学资源是丰富多元的,学校立足于全面挖掘、整理所在区域的红色研学资源,包括博物馆、纪念馆、红色歌曲、红色故事等。每年举办以"学习军人精神,锤炼坚毅品格"为主题的红色研学活动。在为期两天的军营生活中,学生刻苦拼搏,取得了优异的军训成果。军训磨练了学生们的意志,增强了学生们的体魄,也让学生培养出了顽强的毅力和不服输、敢于拼搏的精神。

(二)中华传统历史文化主题

历史是一个民族、一个国家的真实记录。只有重视历史,才能屹立于世界民族之林。学校为学生积极创造条件,充分挖掘地域博物馆资源,组织学生参观历史博物馆,让学生更深入地了解我国优秀历史文化,从而增强他们的文化自信。

1. 中国刀剪剑博物馆

中国刀剪剑博物馆主要展示的是我国悠久的刀、剪、剑文化。通过多元

---

① 黎启龙.研学旅行的德育特征、价值与实施[J].中学政治教学参考,2021(3):41-44.

② 中华人民共和国教育部政府.教育部等 11 部门印发《关于推进中小学生研学旅行的意见》.［EB/OL］.（2016-12-19）［2023-06-20］. http://www. moe. cn/srcsite/A0b/s3325/t20161219_292354.html.

化的方式,使学生认识各个时期的刀、剪、剑的发展和演变,了解刀、剪、剑的独特文化,深刻领悟到中国非物质文化的无限魅力。同时,鼓励学生以生活化的视角去体验民间风俗、生活趣事,进一步领悟工匠精神。

2. 中国茶叶博物馆

中国茶叶博物馆设置了茶史、茶萃、茶事、茶缘、茶具、茶俗6大相对独立而又相互联系的展示空间,从不同的角度对茶文化进行了诠释,反映了中国丰富多彩的茶文化。通过中国茶叶博物馆之旅,学生在茶的故乡学习茶文化,可以近距离地了解茶的生长环境。

3. 良渚博物院

良渚文化是中国新石器时代长江下游最重要的考古学文化之一。在参观良渚博物院的时候,同学们可以化身小小考古学家,走过水乡泽国、文明圣地、玉魂国魄等展厅,以观展地图为线索,深化对遥远的良渚文化的认识,从中感受到国家的古老与强大,也可以更进一步了解了家乡的历史文化。

(三)祖国大好河山和国、省、乡情主题

祖国地域辽阔,各地风景不尽相同,风土人情更是千差万别。在研学旅行中,学校利用当地资源,带领学生参观杭州植物园、杭州白塔公园和杭州动物园等,充分了解和感受杭州当地的生态环境、风土人情,激发他们对自然、国家、家乡的热爱。

1. 杭州植物园

杭州植物园作为中国风景园林学会科普教育基地、全国科普教育基地、全国野生植物保护科普教育基地,是广大学子研学的重要基地。在杭州植物园,同学们参与了小小植物学家研学活动、"向阳而生逐梦而行"植树节活动、农耕文化体验、圆木片彩绘等多项科普活动,还阅读了杭州植物园出版的《植物园里的自然探索》等科普书籍,观看了《荷叶神奇的"自净功能"》《种子的远行》《乘风破浪的种子》等科普短视频。学校利用杭州植物园的资源,多模式、全方位地科普宣传生态环保知识，不仅鼓励更多学生走进自然、关注自然，而且增强了学生了解自然、保护自然的生态意识。

2. 杭州白塔公园

白塔公园不仅是京杭大运河文化遗产的端点，还是杭城第一条铁路的始发站和江墅铁路南段的起点闸口站所在地，是一座包含着铁路工业遗存的现代化城市公园。我们带领学生参观白塔公园风景并领略白塔的历史韵味，参与白塔公园推出的树木认养活动，参与树木病虫害防治、抗旱除草、冬季刷白三期体验活动，让学生在轻松愉悦的氛围中体验树木养护的乐趣。

3. 杭州动物园

杭州动物园是一座集野生动物保护、科研、科普、教育和游览于一体的山林式动物园，也是全国野生动物保护科普教育基地、浙江省科普教育基地。园内有 200 余种国内外珍稀动物。学校利用杭州动物园资源，开展了集合游乐、运动拓展、自然探索、沉浸体验、科普教育等的复合型研学活动，让学生在实践中获得知识、开阔眼界与发展能力。

（四）科技国防主题

中国杭州低碳科技馆是全球第一家以低碳为主题的大型科技馆，是公众特别是青少年了解低碳生活、低碳城市、低碳经济的"第二课堂"。我们期望学生在追寻、感受、体验的过程中，树立公共空间意识，提高环境意识，培育规则与团队意识，培养学生的"垃圾分类"和 STEM 实践能力。学生通过参观低碳科技馆，身临其境地学习低碳知识，从中感受科学的魅力，有助于树立低碳理念，学会爱科学、爱家园、爱我们人类赖以生存的地球。

三、以"艺"生长，雅培智人

2020 年 10 月 15 日，中共中央办公厅、国务院办公厅印发了《关于全面加强和改进新时代学校体育工作的意见》和《关于全面加强和改进新时代学校美育工作的意见》,要求各地区各部门结合实际认真贯彻落实。学校自建校以来一直都非常重视美育的独特价值,因此经常性地开展特色美育、体育活动。

（一）艺术熏陶

学校开展美育活动,为学生张扬个性、表现自我、展示艺术才华提供了平台,达到培养学生健康的审美情趣和良好的艺术修养、提高学生综合素质的目的,同时也充分体现了学校高质量的素质教育和开展校外活动的丰硕成果,推动了学校艺术活动的健康发展。学校开展艺术类活动时,坚持以继承优秀文化为导向,培育和践行社会主义核心价值观,坚持和弘扬中国精神,培养深厚的民族情感,增强文化自信。同时,坚持校园文化特质,落实立德树人的根本任务,遵循教育规律、美育特点和校园特色,营造向真、向善、向美、向上的校园文化氛围。此外,坚持面向全体学生,努力给学生提供丰富多彩的艺术实践活动,以群体性为主开展项目,努力让每个学生都成为活动的受益者。

学校非常重视以丰富多彩的社团和第二课堂活动等形式陶冶学生的情操,培养学生的品德,并积极组建弹拨民乐队、表演队、合唱团、舞蹈团等社团,利用周五拓展课的时间,实现层次性培养,在普及艺术的同时挑选有潜质的学生进行统一排练。师生积极参与各项活动和比赛,在省、市、区组织的合唱比赛、艺术节、朗诵比赛、读书节、中小学生运动会及社会大课堂实践等活动中都取得了优异的成绩。另外,学校还开展学科节活动,实现跨学科融合,深入实施素质教育。如开展经典诵读活动,营造浓郁的读书氛围,激发学生读书的兴趣与热情;开展魔方还原等数学活动,营造校园数学学习氛围,弘扬数学文化,培养数学学习方面的创新能力。

（二）科技创新

学校充分结合自身的特点,多次举办科技节活动,以师生动手、动脑、创新、实践为主题,激发每位学生对科技的热情,培养学生爱科学、学科学、用科学的兴趣,让他们积极参与到科学实践中来,从而增强使用科技的实际能力,提高科学素养。

1. 纸飞机大赛

纸飞机大赛要求同学们将制作好的纸飞机投向比赛场地,要求纸飞机需在比赛场地内着陆,评比标准主要是看谁的纸飞机飞得远。

活动对象:一、二年级。

活动要求:学生折纸飞机时,使用 A4 纸张(只能是普通 A4 纸,不能是硬的厚的画画纸),只能折叠,不能撕、胶粘、剪、订、悬挂重物;参赛选手带上制作好的纸飞机,并在每架纸飞机上写上班级、姓名;参赛选手在投掷纸飞机时不得跨线,越过起点线者,成绩无效;参赛选手站在同一条起点线上,将飞机掷出,根据飞机飞行的远近判断成绩。

2. 我是播种小能手

为了丰富校园绿色生活,我们鼓励学生自己设计小花盆、播种绿植,以期培养学生动手种植植物的能力。

活动对象:一、二年级。

活动要求:土壤平整、种子种植的深度恰当、种子放入无误、速度快、外观美,共 5 分,每项 1 分;选手可自备花盆(可在花盆外做修饰)、土壤、种子。

3. 我是小小气象员

要求学生制作天气日历、雨量器等用于测量天气的创意作品,并使用自己制作的测天气作品,从而鼓励他们真正参与到测量天气的体验中去,感受独特的科学魅力。

活动对象:三年级。

活动要求:测量天气的作品要美观(1—5 分)、可测的项目越多得分越高(1—5 分)、能准确测量(1—5 分),选手自备作品。

4. Scratch 编程大赛

通过现场给定主题,让参赛选手进行故事剧情创编或互动游戏设计。

学生通过实际的编程和积极的思考,能够掌握更多宝贵的编程经验,从而锻炼解决问题的实际能力。

活动对象:四、五、六年级。

活动要求:该赛事要求组队完成,由两名同学分工合作,每支队伍提交一份作品,要求选手利用 Scratch 语言的编程功能,根据现场给定的主题进行故事剧情创编或互动游戏设计。

5. 爱科学微视频大赛

让花园学子通过科学自主的实践探索、实验、科学记录、科学探究等活动记录生活中有趣的科学现象,制作让人印象深刻的微视频。比赛中,学生们在动手中学,在动手中探索,在动手中尝试创造,不仅提高了科学素质和实践能力,而且营造了浓厚的学科学、爱科学、用科学的自主学习氛围。

活动对象:四、五、六年级。

活动要求:视频完整(1—5 分)、视频画质清晰、流畅度好(1—5 分)、实验探究新颖(1—5 分)、实践探究有难度(1—5 分),选手自备微视频作品。

(三)体育锻炼

学校体育工作在"多元一体"工作思路的指导下,建立起了由质量优良的体育课程、蓬勃发展的课外体育、氛围浓厚的校园体育文化、不断提高的学生体质健康水平等构成的体育发展格局。课外体育活动是体育课程的重要组成部分,学校把开展丰富多彩、形式多样的学生课外体育活动作为学校日常教育工作的有机组成部分,做到日日有活动、周周有比赛,月月有计划。学校定期开展校运会、足球杯、篮球杯等大型赛事活动,充分发挥学生体育社团的作用,开展各种体育活动,把学生课外体育活动作为校园文化建设的重要组成部分,大力营造良好的校园体育文化氛围,使校园充满朝气和活力。

积极鼓励学生开展体育锻炼,每年举办校运动会和校长杯足球班级联赛等赛事,围绕体能和技能项目对大课间活动进行重新设置与规划,提升了运动氛围,促进了学生体能的增长。同时,将普及性体育的实施作为学校重点工作,以期提高学生体质水平。在课上,体育教师增加运动强度和练习密度,结合体能和技能检测项目展开教学,分项目、分层次做辅导;在课间,班主任教师针对班级学生的薄弱项目和班级体能较弱的后 30% 的学生,利用每天早上和大课间的时间进行个别学生的培优补差训练。目前学校还规划以足球、跆拳道、乒乓球作为校级体育特色项目,通过一年一度的体育节,将特色项目通过趣味竞赛、班级联赛、吉尼斯挑战赛等多种推广方式,鼓励全员参与,提高学生对特色项目技能的掌握,从而形成特色体育文化。

四、以"劳"树德,共融五育

新时代背景下,国家教育方针提出了"德智体美劳"全面发展的要求,强调了劳动教育的地位。学校应积极响应国家要求,创造性地开展劳动教育活动,充分发挥劳动育人的重大价值。花园小学积极响应教育部和省教育厅要求,不断探索和建设富有特色的劳动主题教育课程。

(一)劳动教育的目标定位

1. 促进学生的全面发展

在开展"1＋X"家校合育劳动课程过程中,我们始终以学生的发展为基本追求,让学生成为劳动教育的主体,着眼于"以劳强体,温暖家庭;以劳益美,温暖他人;以劳增智,提升自我;以劳辅德,让生命有爱"四个方面的具体目标,整体上实现劳育与其他四育的融合,从而促进学生的全面发展。

2. 增进学生的实践体验

通过主题化内容课程的建立,学校为学生提供了各种丰富的实践体验环境。不论是校内班级值日、包干区打扫、学校的保洁等,还是家里的基本劳动和社会的实践劳动等,都为学生提供了不一样的实践体验场所,促进学生的生活实践,实现知与行的统一,真正引领学生未来的劳动生活。

3. 推进劳育的家校合作

通过家长指导力量提供的资源库,学校为学生的个性化体验和实践提供了可能。丰富、多元的家长资源,为学生体验不同劳动技能提供了更为多元的选择,包饺子、捏泥人、修扫把等,为学生打开了社会之窗。同时,也让家长通过活动指导、联系专家、提供场地等多种方式,给学生更多的尝试机会,使其体验更为广阔的社会活动内容。

(二)劳动教育的内容架构

学校积极响应新时代号召,不断探索和挖掘富有特色的劳动主题教育课程——"1+X"劳动技能课程。该课程分为三大领域——自理类课程、赏艺类课程以及智探类课程(详见图 2-2)。其中,自理类课程的开设是为了培养小学生基本的生活自理能力,包括技能训练(整理书包、扫地、排课桌、拖地等)、健康防护(认识病菌、七步洗手、戴口罩等)、家庭体验(便当制作、"一周小管家"等);赏艺类课程的开设是为了让小学生通过多种方式记录自

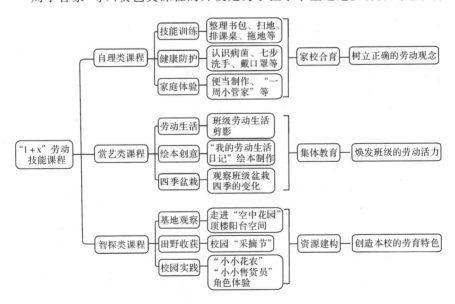

图 2-2 "1+X"劳动教育课程框架

己的劳动生活，包括劳动生活（班级劳动生活剪影）、绘本创意（"我的劳动生活日记"绘本制作）、四季盆栽（观察班级盆栽四季的变化）；智探类课程的开设是为了培养小学生的实践探索、发现问题并思考的能力，包括基地观察（走进"空中花园"顶楼阳台空间）、田野收获（校园"采摘节"）、校园实践（"小小花农""小小售货员"角色体验）。

2020年疫情期间，如何在"停课不停学"的要求下，帮助学生利用好居家时光充实、提升自我，是学校需要考虑的现实问题。学校积极拓展思路，将疫情导致的"危机"有效转化为开展劳动教育的"契机"，切实培养学生的劳动意识，提升学生的劳动能力。学校以思想品德核心素养为纲，以各劳动教育主题为内容，以学生为主体，理论与实践相结合，在家校合作中开展智慧化"1+X"劳动教育课程（课程框架如图2-3所示），体现教育方式智慧化、劳动主题多样化、评价反馈多元化的特点。"1+X"劳动教育课程中，"1"指的是一位劳动教育指导老师或指导家长通过钉钉、腾讯、之江汇等智慧化网络教育教学平台线上和线下教学，"X"指的是结合学生身心发展的特点所制定的各年级不同的劳动教育主题，使学生通过线上线下不同平台与教师、同伴进行交流，同时在家长的指导下展开劳动实践，并在家校多元评价主体及多形式的反馈交流中培养劳动意识，提升基本劳动技能。

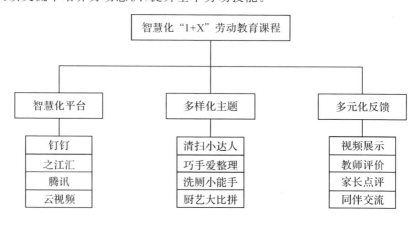

图2-3　智能化"1+X"劳动教育课程框架

1."三个层面"固定化

为帮助不同年级学生树立正确的劳动观念,该课程通过学校劳动、家庭劳动和社会劳动三个层面固定化的学习和锻炼,从学生的"童心"出发,让学生从"愿劳动"到"会劳动"再到"爱劳动",从而引领学生迈向更美好、更快乐的学习境界,提升学生的劳动素养。

2."由点及面"主题化

根据劳动教育课程的学校劳动、家庭劳动和社会劳动的三个层面,并结合学生实际情况,制定了主要的主题。以学校、家庭、社会为支点,制定了指向学校层面、家庭层面、社会层面的主题,如我是班级劳动小能手、厨艺大比拼、爱心义工,等等。

3."线上线下"多样化

课堂模式:每周设有一节劳动教育知识课;每节课15分钟,主要是依据不同年级学生的年龄,进行基本的劳动操作指导,以指导实践劳动的操作。同时,引导学生分享劳动智慧、提升劳动认知,意识到自己不仅仅掌握了劳动技能,更培养了多方面的能力。

线上模式:每月以班级为单位,各年级固定主题,通过智慧化平台,由家长和老师协同开展云上家务劳动班级大比拼。比如,我们已开展了"云上叠衣服""云上收纳衣柜""云上水果拼盘"和"云上我烹饪"等丰富有趣的活动。学生在线学,在线做,在线赛,在线展示,乐在其中。

家庭模式:引导学生积极主动地学做家务,帮助他们树立家务劳动观念,让学生通过该课程的学习转变家庭观念,让他们作为小主人参与家庭的劳动。

家校协同模式:每月以劳动主题为目标,班级为单位,从该课程家长资源库中挑选适合的家长进校开展面对面的劳动教育。

线下实践模式:乐于在校内做好劳动,走出校门积极参与家庭劳动,走进社区参加公益或服务劳动,让学生践行劳动技能,进一步深化劳动情感,自觉形成持之以恒的劳动精神,培育更美好的劳动品质。

(三)劳动教育的评价方式

评价是课程实施的重要环节,它是保障课程实施质量以及判断能否达成课程目标的重要环节。在劳动教育的评价方面,学校强调多元价值取向和多元标准,肯定学生通过多元学习方式获得的对于劳动的认知与体验。此外,我们也对课程指导老师的教学过程及效果进行评价。

1. 对学生的评价

劳动课程评价的重点在学生的发展层次和发展水平上,引导学生进行自我反思性评价。因此,在评价的内容上主要强调三个方面:一是学生参与该课程的态度;二是活动过程中的合作态度和行为表现;三是创新精神和实践能力。

在评价方式上,课程重视对活动过程的评价,重在参与和体验。中低年级活动评价中设计有自我评价、父母评价、教师评价和同学评价等。评价以定性评价为主,分别在活动过程中和活动结束时进行。对每个主题活动的评价先采用"星级制",后累积计算作为教师对学生写评语及奖励分的依据。对高年级学生的评价中则增加了"档案袋评价"的形式。下面是二年级"我会收雨伞"课程活动的实施方案以及评价方式。

案例 2-4 "1+X"家校合育校本课程活动方案
——二年级"我会收雨伞"

【活动时间】

2021 年 3 月 17 日

【活动地点】

各班教室

【活动对象】

二年级师生

【活动准备】

学生自备一把非自动雨伞,教师准备收雨伞教程、课件。

【活动内容】

我会收雨伞

【活动目标】

1. 学会将撑开的雨伞整齐地收好,做到速度较快。

2. 提高动手能力、生活自理能力。

3. 在活动过程中培养合作交流的意识,对技能的学习产生一定的兴趣。

【活动过程】

一、导入

雨天过后,我们的雨伞总是不能像下雨之前那样被收好,该怎么办呢? 今天我们一起来学习收雨伞。

二、技能学习

有哪些小朋友已经学会收雨伞了呢? 你能教教别的同学吗? (如果会的人多可让学生分组进行自主学习,如果会的人少可以让一个学生先进行展示。)

反馈:收雨伞需要我们有耐心,很仔细。关于收雨伞你有什么好经验吗? 你可以边收边说。(学生上台说。)

教师总结:

第一步:将打开的雨伞折叠起来。

第二步:收紧雨伞的骨架,并将骨架插入雨伞把手内部。

第三步:将伞竖着放置,找到伞上留下来的折叠痕迹。

第四步:用手顺着折叠痕迹将伞叶(伞布)全部理顺,整理整齐?

第五步:找到有魔术贴的一面,顺着有魔术贴的一面用手卷雨伞。

第六步:收卷后贴好魔术贴,再对雨伞边缘稍作修整即可完成。看看是不是和新雨伞一样整齐?

三、技能检验

来看看你们学得怎么样? 我们一起来比赛吧! 分组进行收伞比赛。

四、总结收获

你学会了什么知识,收雨伞的时候我们要注意什么呢? 你有什么想和同学们说的呢?

【活动评价】

课程结束时下发学生自评表。

学生自评表:

我是( )班的( ),我为自己这节课的表现打分:

	☆	☆☆	☆☆☆	我给自己的评分
我的掌握情况	雨伞好像不听我的话,我总是收不好	我收得比较整齐	我能将雨伞收得很整齐	
我的掌握情况	我要花很长的时间还收不好	我收得有点慢	我收得很快	
学习的时候	我只想自己一个人尝试	我偶尔听老师(或同学)的讲解	我会很认真地听老师(或同学)的讲解	
和同伴交流的时候	我只想自己学习,不想帮助别人	我偶尔帮助有困难的同学学习	我会主动帮助有困难的同学学习	

教师评价表:(仅作参考,可根据实际情况自行调整)

评价标准:

技能掌握 A:雨伞收得整齐,并且速度较快

技能掌握 B:雨伞收得比较整齐,速度适中

技能掌握 C:不会收雨伞

学习过程 A:认真倾听,会主动帮助有困难的同学学习

学习过程 B:较认真倾听,偶尔帮助有困难的同学学习

学习过程 C:不认真倾听,不帮助有困难的同学学习

学号	姓名	技能掌握(A、B、C)	学习过程(A、B、C)
1			
2			
……	……	……	……

【活动记录】

1. 至少三张全景照片(学生学习照片＋学生交流照片＋学生比赛照片)

2. 三张特写照片

3. 学生自评表

4. 教师评价表

2. 对教师的评价

对教师的评价侧重于对教师在整个课程中的组织、规划、管理、指导等方面的能力及实效的评价。教师要深刻领会劳动课程的实质,并以负责的态度参与这门课程的实践;不断完善和更新自己的知识结构以应对学生的需求。根据课程特点、课程安排,就教师对该课程的实施情况进行评价:

班级		劳动课程内容				
调查内容	表明你的看法(请在相应的表格中打"√")					
	非常同意		同意	一般	不同意	备注
我的指导老师态度和蔼,是我们的好朋友,我很愿意完成所负责的劳动项目						
我的指导老师经验丰富,是帮助我们劳动实践的好顾问						
指导老师经常为我们出谋划策,是使我们劳动更有收获的好帮手						
我们需要这样的指导老师						

五、以"心"养德,感悟人生

(一)心理嘉年华活动

5月25日是心理健康日,每年在这一周,笕桥花园小学都会迎来心理嘉年华活动。为了培养学生良好的心理素质、稳定的情感,较好的适应能力、和谐的人际关系,我们以心理健康周为教育契机,以"我爱你,我爱我"为主题,通过黑板报、广播站、心理展板、团体心理活动、心理测试、树洞聆听、心情物语等形式,加强学生心理素质教育,促使学生科学地认识心理健康、了解心理健康知识,学会感恩、学会更好地爱自己。

1. 亲子游戏

良好的亲子关系是亲子教育的基础,父母可以通过耐心倾听孩子的诉求,主动分享自己的感受,采用拥抱、抚摸等肢体语言让孩子在亲子关系中获得理解和安全感。对此,学校心理站针对每个年级孩子的发展特点开展了不同类型的周末亲子游戏,通过有趣的亲子活动有效地拉近了父母和孩子之间的距离。

2. 主题班会

学校根据不同年级学生的特点开展系列性、主题性的心理健康教育辅导活动,如针对一至六年级学生的心理特点,开展复学衔接、卫生防疫、理性辨识、生命教育、环境保护、期末学习心理等多堂主题鲜明、贴合学生实际的心理健康课。

3. 板报展示

学校利用黑板报展示的机会,鼓励孩子们在 5 月 25 日心理健康日来临之际通过文字和画笔表达自己的内心感受,表达对自己的爱。各个班级抓住机会,在 5 月份的黑板报布置中,展出学生的画作,反映孩子们丰富的内心世界(见图 2-4)。

图 2-4　"5.25 心理周"板报展

4. 心灵广播

学校充分发挥校园广播站的作用,加大心理健康教育的宣传力度,普及宣传心理健康知识,培养学生的心理健康意识,从而营造积极向上、健康和谐的校园文化氛围和心理健康教育环境。比如,"小喇叭广播"推出"小网虫,Stop Stop Stop""心跳变变变"两期有关开学心理调适和亲子沟通主题的心理广播,受到学生和家长的一致好评。

5. 心理驿站

心理周的每天中午和下午,学校还会组织各年级小朋友分批参观心理知识展板,参与各类心理调查与游戏。心理知识展板包括"关注心灵、快乐成长""心理效应知多少""心理趣图赏析""看看你是哪种气质类型""艾宾浩斯遗忘曲线""六种最有效的学习方法"等内容。学生还可以在"心理驿站"做心理小测验,填写气质量表,对自己的个性、学习能力、人际关系、责任心等方面进行认知,并听取建议。另外,学校还设置了"树洞""心情物语"等环节,让学生将自己的疑惑和烦恼写下来,并和心理老师预约时间进行心理咨询与答疑解惑。我们还为孩子们准备了"心有千千结""我们是最棒的""大风吹""人椅""进化论"等有趣的心理小游戏。丰富的活动既丰富了孩子们的心理知识,又疏导了孩子们的烦恼。更重要的是,孩子们通过参与各类活动获得了快乐,懂得了生命如此美好,学会感恩身边的人和事,也懂得如何更好地爱自己。

(二)开设心理团辅课

学校定期开设心理团辅课,重视常规的心理辅导,关注学生的心理健康。学校根据不同年龄阶段学生的具体情况,开展具有针对性的心理团辅课,课程内容以螺旋式上升的方式进行组织,使之更符合学生的身心发展规律以及适应不同年级学生的要求(详见表2-3)。

表2-3　2020年花园小学主题心理团辅课

日期	一年级	二年级	三年级	四年级	五年级	形式
2020年4月	个人防护我能行,我为健康打call	危机过后,点亮心灯	调整作息,积极迎接返校生活	理想便是阻断"心疫"		线上
2020年5月	"以爱之名,感恩有你"——我生命中的_____					线下
2020年6月	和"仔细"交朋友	做时间的小主人	和干扰说"不"	记忆小窍门		线下
2020年9月	我是小学生啦	我会专心听	遵守纪律我能行	保持我的注意力	不做"小火山"	线下

续表

日期	一年级	二年级	三年级	四年级	五年级	形式
2020 年 10 月	我是班级的一员	快乐的集体	1＋1＞2	众人划桨开大船	班集体以我为荣	线下
2020 年 11 月	我是父母的小帮手	我喜欢和父母聊天	我和父母做朋友	应对父母的唠叨	换把椅子坐坐	线下
2020 年 12 月	我喜欢的课	为什么要学习	我有学习好习惯	我的计划表	三言两语话网虫	线下

（三）开放个体心理咨询室

学校开放个体心理咨询室，接受学生个体或小组的咨询。学校逐步实现心理咨询室有专任教师负责，并有固定的开放时间。同时，克服"等学生上门"的被动思维，心理老师主动深入所在年级组，与所在年级的班主任积极交流，了解各班需要帮助学生的情况，主动邀请学生交流辅导，协助班主任开展心理健康教育。

（四）设置"心灵信箱"

考虑到有些学生可能对于心理方面的问题羞于启齿，为此学校特别设置了"心灵信箱"。学生可以通过写信的方式和学校的心理老师进行书面沟通以及预约咨询，一般的问题由心理老师转交班主任回复，特殊的问题则由心理辅导老师安排个别咨询。

第四节 协同式育人场域的重构

"德育场"一词最早是在研究德育环境时被提出。学校运用"场"这一概念，重新探讨德育场中的相关因素，即学校环境、同学关系、师生关系、家庭教育等，重构相互之间的关系，并探索家校协同育人的模式。

一、以家为基,办好"人生第一所学校"

健康的家庭德育环境对小学生道德认识和道德行为的培养具有潜移默化的影响。家长作为孩子的第一任老师,能够为儿童的德育发展打下坚实的基础。因此,家长首先要对德育知识有一定的了解,提高自身的德育能力。同时,家长要不断更新自己的家庭教育理念。学校要通过家长学校、家庭教育指导中心等帮助家长树立正确的家庭教育观念,掌握科学的家庭教育方法,提高科学教育子女的能力。

我们要积极总结汲取传统家风家训的优良思想,探寻优良家风在当下的传承与创新途径,促进孩子全面发展、健康成才。首先,家长要给孩子创造参与家务劳动的机会,让孩子做一些力所能及的事,比如随手关灯、节约用水、倡导光盘等,让孩子从小养成勤俭节约的好习惯。其次,父母在家庭教育中,要引导孩子养成正确的消费观,制订合理的消费计划,养成理性的消费习惯。再次,家长在平时的教育中要引导孩子关注时事,了解社会发展和生态环境保护的相关知识,帮助孩子形成理性的公共意识和积极的社会能力。最后,家长还要积极将优秀传统文化的基因植入家庭教育当中,并随着时代的发展吸纳新的先进思想并予以创新。中华优秀传统文化的传承需要一代又一代人的言传身教,家长要积极传承、借鉴传统文化中的美德思想,从而帮助孩子塑造健全的人格,培养孩子高尚的思想道德品质,帮助孩子养成良好的行为习惯。当然,家长也需严格规范自身的行为,发挥自身的道德榜样作用。

二、家校合作,共同奠基孩子的未来

为深化家校合作模式,提高家校合作的效率,学校开展了多种活动,让家长在积极参与活动的过程中实现与学校的真正的沟通与互动。

（一）家长学校

为促进学校与家庭的联系,真正达到家校携手共同培养孩子的目标,学校定期开设家长学校,邀请家长们与老师们一起共话教育。为进一步提高家长学校管理工作的科学化、制度化、规范化水平,切实提高家长学校的办学质量,倡导和普及科学的家庭教育观念,培育家长科学育儿的能力,学校不断提高家长学校的办学质量,于 2020 年 1 月成功申报区级示范家长学校。家长学校每次都会邀请家庭教育方面的专家、指导老师、具有丰富经验的班主任老师、优秀家长等帮助家长们解答疑惑,讲授家庭教育的一些理论知识与方法,用科学的理论武装家长的头脑,助力家庭教育。

（二）家长开放日

学校经常性地开展家长开放日活动,让家长走进学校、走进课堂,零距离体验学校生活,感受孩子的成长。在家长开放日,学校通过展示学校实施素质教育的办学成果,让家长更好地了解学校的办学理念、治校特色、管理要求、育人氛围。同时,学校还邀请家长参加学校丰富多彩的活动,调动家长教育子女的积极性,促进家长文化素质的提高。通过家长开放日活动,家长全面地观察和了解子女的学校生活,了解教师的教学方法,发现子女存在的问题,从而更好地与学校配合。通过家长的亲睹、亲历,不仅能够拉近家校距离,更重要的是能够让家长更全面地了解孩子的在校表现,拉近家长与孩子之间的心理距离。

（三）家长会

学校常规性地开展家长会,家长会主要由年级统一要求,班主任具体负责组织。班主任通过向家长传达教育理念,与家长进行深层次交流与互动,引导家长形成正确的教育观,密切家庭与学校的联系,共同关注孩子的健康和成长。另外,家长会也可以扩大学校对外宣传的力度,进一步推动学校的发展,使学校工作更上一个新台阶。

（四）家校协同委员会

早在 2017 年 10 月，笕桥花园小学就成立了家校协同委员会，开展了"背靠背"行动。"背靠背"行动基于"校园即花园，教育即生长"的办学理念，展示了花园小学"幸福像花儿一样"的办学文化。它寓意着协同、榜样、力量与共生，泛指一切支持花园小学教育的社会资源；也寓意着花园生命共同体的向善与共善、同行与共情、乐育与共生的内涵。通过"背靠背"行动，培养家长养成"幸福力""悦纳""尊重"与"责任"四大素养，实现家校协同，促进共生共长，构建幸福共生体。

（五）承办教育咨询会

为了解家长在家庭教育方面的困惑，帮助家长解决家庭教育中存在的问题，学校特别邀请区内外名班主任开展名班主任教育咨询会活动。名班主任们针对家长关心的亲子关系、家教概念、作业问题、习惯问题等内容，耐心地对有需求的家长进行了一对一的家庭指导经验分享。教育咨询会为学校家庭教育指引了方向，更新了家长的教育观念，丰富了家长的教育智慧，家校联手，共同解决教育问题。

（六）家访

有人说："家访，是一场行走的教育。"为了进一步关注疫情期间学生思想和心理健康，教师走进学生的家中，将阳光送进学生的心灵。在家访的过程中，老师细致地与家长反馈学生在校学习生活等方面的实际情况，以学生的心理健康为目标，交流孩子返校后遇到的问题，并积极从正面引导家长的教育方式，同时也听取家长对孩子的期望与对学校的建议。

三、社会支持，提升社会教育的能力

自我们出生到老去都离不开社会，人的一生跟随着社会发展而一步一步地向前。社会对学校教育具有十分强大的影响力，我们应当积极开发社会教育资源,谋求社会对学校工作的支持,确保教育的效果。全社会都要积极为少年儿童的成长营造良好氛围、提供必要条件,并参与教育过程,学校与家庭也都要积极争取社会各界的支持。陶行知先生的教育观强调"生活即教育,社会即学校",不管是学校、家庭、还是个人,都是构成社会母体的细胞,也是社会的缩影。学校所在地的街道办、社区、物业,还有工委、妇联、司法机构、公交公司、交警队、消防队、博物馆、纪念馆、电视台等各级各类与教育相关的单位,都是协同育人的必要支持者。学校积极加强与社会、社区的联系,通过举办各种活动,进一步提高社会教育的能力,扩大教育辐射范围。

案例 2-5 献礼七十年,唱响中国梦暨柳浪闻莺 第二课堂拓展活动

杭州西湖风景名胜区湖滨管理处和杭州市笕桥花园小学五年级师生共同举办"献礼七十年,唱响中国梦暨柳浪闻莺第二课堂拓展活动"开幕式。在活动中,各班组织合唱了《红星歌》《龙的传人》《追梦赤子心》《红领巾飘起来》《七子之歌》等五首经典歌曲。501、504班的歌舞《红星歌》,508班的音乐剧也给观众们带来了新颖独特的感受。五年级全体学生合唱的《我和我的祖国》将现场气氛推入高潮,赢得现场观众的阵阵掌声,现场气氛异常活跃,大家用别样的方式表达了对党的忠诚和对祖国的热爱。在飘扬的五星红旗下,一段最熟悉的旋律,表达了最由衷的祝福。二、三、四年级的同学们也拿上小红旗,纷纷前往不同的地点为祖国妈妈庆生。

案例 2-6 6.26 国际禁毒日活动

学校以"6.26 国际禁毒日"为契机,联合笕桥街道禁毒办,于2021 年 6 月 17 日下午在笕桥花园小学风雨操场组织开展青少年禁毒知识竞赛活动和青少年预防教育活动。三年级全体学生和四

年级部分学生在风雨操场共同观看禁毒宣传短片,从视频中对毒品种类、毒品危害、禁毒法律法规等知识有了更直观的了解,四年级的18名学生代表还参与了此次知识竞赛。通过此次活动,进一步提高了师生识毒、防毒、拒毒的能力,强化了师生的守法意识,为扎实推进毒品预防教育工作,共同构建无毒和谐校园打下了坚实基础。

学校主动加强与社区的联系,发挥社区的教育意义,扩大教育范围,让学生亲身感受社会、体悟社会,培养学生的法律意识、爱国意识等。在未来发展中,学校也将进一步加强与学校附近社区的联系,挖掘有益于学生发展的教育素材。

小　结

学校基于"校园即花园,教育即生长"的办学理念和育人目标,构建了花园式的德育理念,秉持着让学生在学校中自由生长的态度,构建和谐、平等的师生关系,努力为学生创设良好的德育环境。在独具特色的德育理念的引领下,从德育目标、德育课程、德育活动、德育环境四个方面构建丰富完整的德育体系。德育目标以育人目标为基础,开展"最美学生"推荐评选活动,通过这些评选活动为其他学生树立学习的榜样;提炼"家校新共同体"德育助力生长的教育课程理念,着重打造"多元共生"助成长的德育课程;大力发展社会实践、第二课堂和少先队活动,为德育实践活动奠定坚实基础;以绿色学校为基础,营造适宜的德育环境,培养学生保护学校环境、建设学校环境、美化学校环境的能力。另外,学校整体上构建了立体式的德育实践活动,将德育融入到学校的各项活动中,促进学生全方面发展。在重视学校德育的同时,也进一步加强了与家庭、社会的交流,充分挖掘家庭和社会的德育力量,形成教育合力。

第三章　课程密码:建设五力"生长课程"

学校面向全体学生,以师生的可持续发展与幸福成长为宗旨,创新育人模式,推进因材施教,结合地域文化和校本资源,开发、实施并不断完善"内力生长"课程体系,打造"内力生长"课程品牌,最大限度地发挥课程的整体功能,提升学校的办学品位,全面深入推进素质教育。依据国家《义务教育课程方案和课程标准》以及《浙江省教育厅关于深化义务教育课程改革的指导意见》,立足学生学习水平和学习层次差异,建立分层分类的"基础+拓展"课程体系,形成指向学生生命力、道德力、学习力、交往力、创造力五力生长的"内力生长"课程群,以"生长"为核心不断推进"内力生长"课程体系的建构,开展"生长课堂"的建设,探索课堂的新形态,培养"自然、自信、自觉"的花儿少年。

第一节　五力"生长课程"的顶层设计与建构

学校基于教育即生长和适性教育的理念,以师生的可持续发展与幸福成长为课程建设之宗旨,结合学校的地域文化和校本资源,开发与实施具有活力的学校课程体系——"内力生长课程",从而推进适性教育,提升教育教学质量。

一、"生长课程"的内涵要旨

（一）教育即生长

"教育即生长"是美国著名教育家杜威对教育本质的见解，是其教育哲学的内核与基石。所谓"生长"，是儿童本能、习惯、身体、智慧、道德、情绪等方面的全面生长，其核心是本能地生长，即杜威所言之"教育即生长，除生长之外别无目的"。

著名教育学家杜威认为，在教育成为促进儿童生长和美好生活的一种手段的同时，教育本身也是一种美好的生活。正是在这种美好的生活过程中，良好的教育能够扩大并启迪儿童的经验，刺激并丰富儿童的想象，发展和提升学生的内在潜能。笕桥花园小学的教育使命就是让每位学生的天性和能力得到健康成长，培养和提高学生的生命力、道德力、学习力、创造力、交往力，让学生在自然和谐的"花园"里如花儿般自由绽放。

（二）适性教育

适合的教育才是最好的教育，站在尊重孩子、服务孩子的视域审视当代教育，"适性"是最恰当的理论指引，"体验"是最有效的育人方式。正视孩子的个体差异，掌握孩子的发展需求，创新孩子的活动体验，是将教育做实、做细、做深的重要路径。适性教育是真正关注素养，为孩子终身发展奠定基础的教育理念。在其引领下的课程学习体验必将挖掘和激发孩子们生命中更多的闪光点和可能性。

"适性教育"是一种教育指导思想和理念，而不是一种具体的教学方法或手段，是"个性化教育"，是"人本教育"。其思想核心主要体现为：根据学习者自身的差异性来实施与之相适应的最优质的教育或学习行为。可见，适性教育是因材施教的体现。人是有个性的，特别是针对未来存在多种可能性的小学生，对其个性特点的把握显得更加重要。

二、"生长课程"构建的实践依据

(一)政策支持

为了进一步推进和深化中小学课程改革,2015 年 3 月 26 日,浙江省教育厅公布了《关于深化义务教育课程改革的指导意见》(浙教基〔2015〕36号),针对现行中小学课程学习中存在的不足,提出了从"完善课程体系""加强课程建设""改进课程实施""变革教学方法""深化评价改革"等五个方面深化课程改革的主要任务。根据全省义务教育学校课改实际,时隔 5 个月,浙江省教育厅办公室在 2015 年 9 月 15 日连续印发相关文件,就"拓展性课程""课程整合""幼小衔接""科学课改"提出了针对性的指导意见。如浙教办基〔2015〕78 号文件进一步明确了拓展性课程的分类,拓展性课程应涉及三级课程的所有学科和学习领域的指导思想,以及"保证教学时间""体现学段特点""加选课指导"等课程实施的要求,使学校在深化课改工作中在整体框架建构方面有章可循、有据可依,也给学校自主进行课程建设预留了一定的空间。

时隔一年,省教育厅办公室于 2016 年 4 月 5 日印发《关于切实做好深化义务教育课程改革工作的通知》(浙教办基〔2016〕33 号),再次就课程改革工作发文。这些都从宏观层面为学校课程的实施提供了政策保障,并在技术层面指明了改革的方向。

(二)组织保障

学校成立以校长为组长,分管教学的副校长、分管德育的副校长、浙师大专家团队为副组长的课程改革领导小组,下设课程规划领导小组、课程评审领导小组、课程实施领导小组。

1. 课程规划领导小组

该小组负责基础性课程的校本化方案规划,根据学校的办学理念、培养目标和可利用的资源在学校层面规划基础性课程体系,并根据社会需求、家长需求和学生需求调整学校基础性课程体系的规划。另外,还邀请校外专家参与学校教师的拓展性课程开发指导,组织教师参加课程开发的相关培训,提高教师的课程开发能力。

2. 课程评审领导小组

该小组对开发成功的拓展性课程进行审定,对各类拓展性课程的开发、开设质量、开设过程进行指导,不断改进和完善拓展性课程的课堂教学模式和学生学习方式,推进各类拓展性课程的有效实施。

3. 课程管理领导小组

该小组对学校现有课程资源进行整合,调查可供利用的社会资源,负责沟通、协调、管理各方资源,有目标、有规划地建设一批课程资源,合理地提供给师生使用。

(三)师资保障

笕桥花园小学现共有六个年级,35 个教学班,1349 名学生,专任教师88 名,高级教师 6 人,省优秀教师 1 人,市优秀教师 3 人,区级以上优秀教师 15 人。市级教坛新秀 5 人,区级教坛新秀 15 人。其中,拥有区级以上综合荣誉的教师 40 人,占比 45%。

优良的教师队伍建设是课程改革成功的关键。为保证学校课程改革工作具备良好的教师资源,学校建立了"新园丁成长营"教师培训体系,确立了学校整体教师专业发展规划和个人计划。学校基于本校教师的专业发展进阶性目标,开展周二晚堂、班主任培训、各学科培训等各类园丁培训,并定时定期组织教研组、备课组活动,创设锻炼机会,搭建各级各类平台。同时,为满足不同年龄、不同发展阶段教师的不同发展需求,促进他们多层次、多维度的专业成长,学校整体设计了阶梯式"园丁成长营"培训体系。这不仅实现了对不同发展阶段教师的针对性培养,而且有助于为学校储备各层次教师以及岗位干部，从而推进学校教师队伍素质的整体提升以及管理水平的提高。我们还重视引导教师对自己的专业成长进行总体规划，为他们提供更多的支持，积极引进专家、学者入校研讨，诚聘校外导师给予专业指导，从而不断发展、提升教师队伍质量，为推进课程改革提供师资保障。

（四）资源保障

近年来，学校投入了近200万元改善办学条件，新建了数学体验馆与教师研训中心、食堂与教师学习中心、室内体育馆与学生会演中心等复合型场馆，还新配置了部分实验室和专用教室，增添和更新了设施设备。

在校外资源方面，学校与笕桥机场、西子电梯、江干区教育综合实践营地等单位或机构加强合作，搭建学生的实践基地。学校与浙江大学、浙江师范大学等高校，杭州市教研室、上城区教育学院等教研机构建立联系，指导与协助学校开发拓展课程。

三、"生长课程"的基本理念

（一）课程建设的基本目标

学校始终把"立德树人"作为根本任务，在课程建设中融合浙江省"深化义务教育课程改革"的理念，结合学校的办学愿景，全面构建指向综合素养培养的"内力生长"课程体系；推进指向"简远·生长课堂"建构的课堂新形态建设；致力于培养富有自信、自然、自觉的"花儿少年"。

"内力生长"课程指向学生生命力、道德力、学习力、交往力、创造力的培养，并在此基础上形成了五大课程领域。其中，"生命力"课程指的是学校树立健康第一的教育理念，帮助学生在体育锻炼中享受乐趣、增强体质、健全人格、锤炼意志，进一步培养身心健康、独立自信，能与自然社会和谐相处、共生成长，以及积极乐观地完成生命成长过程的花园学子。"道德力"课程指的是在区"德育三原色"理念的指引下，通过系列德育活动，培养具有谨信诚恳、志存高远、意志坚韧、泛爱亲仁品格德行的学生。"学习力"课程指的是学校要引导学生学会学习、丰富学识、增长见识、系统思考,激活持续学习和发展的能力。"交往力"课程指的是锻炼学生独立自信地与他人交往的能力,在交往的过程中能有效地理解他人,善于同他人交往合作,并发展积极健康的人际关系。"创造力"课程指的是引导学生提升思维素养、激发创造潜能、发展创新创造的能力。

(二)课程建设的基本原则

1. 夯基础

基于适性生长理念,学校面向学生,建设支持学生的学习和发展的生长课程。以夯实学生基础知识、基本能力、基本素养为课程建设的价值取向,建构引导学生夯实基础的课程内容,设定适宜学生发展水平的课程目标,倡导培养学生基本素养的课程实施方式,助力学生掌握扎实的基础知识和基本技能。

2. 激潜能

"内力生长课程"体系有根有梦,根植"适性生长",梦即"静待花开"。学校将花朵喻人,每个学生都蕴含着丰富的生长潜能。"内力生长课程"体现的正是对学生天性的尊重和潜能的激发,"内力生长课程"指向建设"基础+拓展"的课程体系,努力探寻孩子潜能的唤醒之路,以期实现培养生命成长自觉的目标,将综合素养落到实处。

3. 扬个性

学校课程遵循"适性生长"的育人理念,将国家层面课程计划和课程内容转变为适合本校学生学习需求、学习经验的课程,实现国家课程校本化的创造性实践,并进一步建构多样化特色课程,旨在多视角、全方位地培养学生兴趣、展现学生个性,给学生搭建更丰富的成长舞台。同时,学校充分给予学生自由选择课程的机会,充分尊重学生的自主选择,彰显了学校的办学特色。

四、"生长课程"的体系构建

(一)课程模型

杭州市笕桥花园小学基于"校园即花园,教育即生长"的办学理念,着力建构指向学生内力生长的"生长"课程,建立"基础＋拓展"的课程体系,形成了培养学生生命力、学习力、道德力、交往力、创造力的课程领域,在此基础上又构建了正身笃行等十大课程群。

该课程模型以学校校花——凌霄花——为设计基础,凌霄花色彩耀眼而美丽,花形伸展而奔放,象征着顽强的生命力和坚定的信念。以凌霄花为学校课程模型寓意着花园小学以高质量的课程体系为基础,致力于培养奋进向上、积极有担当的新时代好少年。

课程模型内核指向内力生长的"花儿少年",内力生长集中表现为自然、自信、自觉三种核心品质,具体包含生命力、道德力、学习力、交往力、创造力。该课程模型体现"基础＋拓展"的两级课程体系,具体包含十个课程群(见图 3-1)。

(二)课程体系

学校课程体系总体上由基础性课程和拓展性课程两部分组成。基础性课程是国家课程标准中规定的学习内容,学校依据国家课程标准与学校培养目标的要求,建立分层分类的"生长的基础课程"结构体系。拓展性课程是以"生长"为核心的多学科整合的课程,包括正身笃行等十大课程群。

1. 基础性课程

按照国家要求,依据学生学习水平和学习层次的差异,建构具有"生长性"的基础性课程。对国家基础性课程内容进行整合,在遵循学科逻辑的前提下,通过改编、重组、增减等方式,将课程内容进行单元统整或优化,使之更适应学生的生长需求。并依据国家课程标准与学校培养目标的要求,建

图 3-1　筚桥花园小学"生长课程"模型

立分层分类的"生长性"课程结构体系,使基础课程的建设有目标、有计划地展开。

2. 拓展性课程

学校建设以"内力生长"为核心的多学科整合的拓展性课程体系,注重基础性课程的外延开发,以某一学科的学习为主,打破相关学科课程之间的界限,实行教育教学目标、内容、方法的整合。并在此基础上不断丰富学科课程资源,扩充课程内容,拓宽师生学习视野,营造校园多维度的学习氛围,以发挥教师智慧、激发学生潜能,以发展学生的综合素质和个性特长为目标,构建翰墨启美、强身健体等十大课程群。

(三)课程设置

依据学校课程整体设计,学校在保质保量实施基础性课程的基础上,开发类型多样、门数众多、指向学生内力生长的拓展性课程,学校整体课程设置如下(详见表 3-1)。

表 3-1 学校整体课程设置

课程层次与类型			具体课程
基础性课程			品德 语文 数学 科学 英语 音乐 美术 体育 信息技术
拓展性课程	道德力	正身笃行课程群	军风故事汇、爱心微公益、小小环卫员、学做小标兵、法律小讲堂、现代礼仪
		博闻强识课程群	汉服与汉礼绘本阅读、杭州民俗文化、历史名人录、榜样少年、博物馆研学、花儿与少年、儿童哲学、国际生家长课程、国际礼仪、国际研学、小语种课程
		诗书雅韵课程群	阅读·阅美、朗读者、见字如面、故事大王、诗意行走、光影品鉴、童书有约、经典咏流传、小小诗人、儿童文学
	学习力	乐享数趣课程群	小小数学家、动手玩数学、绘本数学、数学萌芽班、华容道、数学实验室、数学棋社、数学生活体验馆、数独
		趣味英语课程群	英语趣配音、英文绘本鉴赏、英语歌谣汇、我爱记单词、英语演讲家、Show Me the English、花园 Magic、口语训练营
	创造力	解密科学课程群	科学实验"变变变"、创意实验室、我爱发明、变废为宝、电子小制作入门、气象观测员、创意植物观察
	交往力	巧思妙创课程群	思维实验室、Scratch 编程、心理拓展训练、童话故事、大改造、多彩黏土、编绳入门、布的初体验、多彩的超轻黏土、快乐象棋、百变魔方、"编"玩边导边演、思维体操、STEAM、创客、动漫、编程机器人
	生命力	歌舞童年课程群	彩虹之谣童声合唱、活力街舞、少儿拉丁、中国舞、小天鹅芭蕾舞、绽放表演唱、笛韵悠悠民乐团、尤克里里、古筝、DA 舞团、啦啦操、儿童戏剧
		翰墨启美课程群	方块字·"临"距离、软笔书法、"巧心巧手"画绘本、衍纸入门、茶香满溢、梵高花园、钻石画
		强身健体课程群	武动花园、趣味乒乓、力挽狂"篮"、逸动羽毛球、飞驰滑轮、足球小将

(四)特色课程建设

学校自建校以来一直在进行特色课程建设的探索,经过多年的努力,开发出了具有可操作性、可持续发展的本土化特色教育活动,如"WE-steam"主题德育特色项目等。2018 年,学校进一步整合研究力量,在前期已有成果的基础上,全面系统地开展学校特色课程建设工作。根据学校的办学目标与培养目标,特色课程将以"儿童化""智慧化""国际化"为建设维度,开创儿童哲学、思维体操、国际研学等特色课程,如图3-2所示。

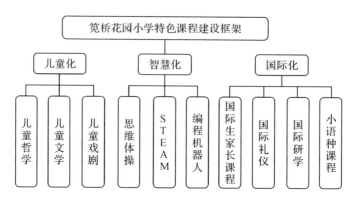

图 3-2　笕桥花园小学特色课程建设框架

1. 儿童化特色课程群

坚守儿童立场、守护儿童天性,让学生自然、自信、自觉地生长是学校特色课程建设的出发点。基于此,学校开发了适应学生身心发展规律的三门儿童化特色课程——儿童哲学、儿童文学和儿童戏剧。其中儿童哲学课为儿童提供哲学思维训练,主要包括思考以及行事的方法,让儿童亲自体验哲学讨论的过程,发展儿童思维能力;儿童文学课是以专为少年儿童创作的文学作品为载体,扩展儿童的阅读面,丰富儿童的精神世界;儿童戏剧课采用儿童观看或参与表演的戏剧教学形式,教师引导儿童用语言、肢体、表情等表现形式进行富有教育性质的表演。

儿童化特色课程从学生的视角建构学科内容,以学生喜闻乐见的方式开展课程,重视学生的童心童趣、尊重学生的感性体验、鼓励学生的个性化解读,让学生在轻松、愉快的心理状态下学习。

2. 智慧化特色课程群

学校紧跟时代潮流,发展智慧教育,创建智慧型学校。以智能化校园建设为载体,拓展学习资源,增设思维体操、Steam、编程机器人三门智慧化特色课程。其中,思维体操课程主要由种类繁多、灵活多变的益智类活动组成;Steam 课程是将科学、技术、工程、艺术、数学多学科融合的综合课程;而编程机器人课程则是让学生初步掌握编程技术,能够自由地定义机器人的行走路线,学会开发人脸识别、语音识别、图像文字处理等功能。

这三门智慧化特色课程将复杂的知识以简洁明了、充满乐趣的方式展现出来,在开发少年儿童的智力、锻炼动手动脑能力、启迪创造意识方面具有独特的教育价值。

3. 国际化特色课程群

学校积极响应国家教育对外开放战略,在对不同国家的优秀教育资源进行优化配置、合理整合的基础上建构课程,特设国际生家长课程、国际礼仪、国际研学三门国际化特色课程。通过第二语言、国际礼仪文化课程的学习,学生进一步理解国际差异、提升国际化素养。国际生家长课堂和国际研学课程,是学生踏出国门与异国友人进行跨文化交流的过程,有助于开阔学生的国际视野,提升跨文化交际能力。

国际化特色课程让学生丰富了知识,拓宽了视野,了解了异国的自然人文景观、历史文化和风土民情,培养学生的个人认知能力和多元创新精神,使其在各国优秀文化的熏陶下健康成长。

五、"生长课程"的实施方式

根据浙江省教育厅下发的《关于深化义务教育课程改革的指导意见》,结合学校课程建设现状,为进一步助推学生的个性发展与学习成长,将基础性课程和拓展性课程相结合,探索了学校课程的实施方式。

（一）基础性课程的实施

在学校课程开发中,做到以学生为主体,以学生的发展为核心,以课改为载体,以培养学生创新精神与实践能力为目标,充分利用学校现有的教学特色以及丰富的资源优势，给学校的发展、给教师专业的发展、给学生个性的发展提供新的舞台，全面落实素质教育，让师生与课改同成长。

1. 基础性课程的结构体系

学校根据国家要求从整体设计课程门类和课时比例，按照浙江省教育厅《关于深化义务教育课程改革的指导意见》设置基础性课程和拓展性课程两大类课程，以适应学生发展的需要，体现课程结构的均衡性、综合性和选择性。在基础性课程方面，开设道德与法治、语文、数学、英语、科学、体育、音乐、美术、信息技术、综合实践活动等课程。

2. 基础性课程实施的指导原则

（1）人本性原则。学校以尊重学生的个性为根本出发点，把促进学生各项基本素质全面发展作为课程实施的中心，重视学生的学习需求，尤其重视不同层次学生的学习需求，使学生的学习需求得到尊重和满足。

（2）系统性原则。基础性课程的关联性不仅体现在一门课程的不同阶段上，还体现在课程与课程之间。课程建设要加强课程内容与学生经验、社会生活的联系，强化学科内知识整合，统筹设计综合性课程和跨学科主题学习。因此，各学科课程实施应该实现跨学科融合，开展跨学科主题教学，强化课程协同育人的功能，保持课程的整体性和系统性。

（3）发展性原则。发展性强调学生潜力的发掘，注重发展学生个性特长，满足学生未来的发展需求。学校课程实施应充分尊重学生的差异性、满足学生的多样化需求，促进学生充分、自由、全面地发展。学生的个人经验、认知能力以及已有的知识和技能的水平都存在差异。因此，在课程实施中要根据学生的水平和能力，利用好学生的最近发展区，助力学生发展。

（4）科学性原则。学校工作人员深入系统地学习与课程改革相关的理论，借鉴外来的有益经验，结合本校实际，实事求是，以科学的精神和严谨的态度,解决遇到的实际问题和困难,坚持调查研究与科学决策,边实验边总结,创造性地开展工作。

3. 课程实施的方法和措施

(1)适应学生发展需求的课时安排。为适应不同年龄阶段、不同认知水平发展阶段的学生学习的需求,学校对课时进行了整体改进。采用了微课时、中课时、长课时、个性课时相结合的课时安排方式:微课时 20 分钟,便于学生进行晨读、早会等;中课时 40 分钟,服务语文、数学、英语、科学等国家基础性课程;长课时主要用于综合课程,注重学习情境的连贯性,例如美术拓展课程的课时联排;个性课时则针对支撑课程的内容和实施方式灵活设置,使学生能够更好地运用自主、合作、探究的学习方式开展学习。

(2)主题式多学科融合的课程设置。学校致力于将课内知识和技能与社会生活相整合以培养学生理解问题的能力、综合运用知识解决实际问题的能力,激活、调动学生的生活经验,为学生提供自主实践平台,引导学生在实践中自主建构知识,提升其解决实际问题的能力。

(3)平等自由和谐的生长课堂氛围。课堂是学校育人的主渠道,是学生生命生长的原野。学校秉持"教育即生长"的理念,打造具有"生命性、生本性、生活性、生成性、生趣性"的生长课堂。尊重学生主体地位和创新能力,在课堂教学中为学生留下思考和讨论的空间,允许学生大胆质疑,鼓励引导学生深入探究,促进师生共同成长。

(二)拓展性课程的实施

1. 拓展性课程的结构体系

花园小学拓展性课程主要由限定拓展课程和自主拓展课程两部分构成。限定拓展课程主要由综合实践学习领域的各类活动构成,主要包括学校文化活动(如学校科技节、艺术节、运动会等)、班团队活动、社会实践、自我服务与公益劳动等活动，以及国家规定的各类专题教育，是全体学生必修的课程。自主拓展课程主要由基础性课程延伸的学科课程内容和满足学生个性发展需要的其他学习活动组成，是学生自主选修的课程。

2．课程实施的基本方式

拓展性课程属于校本选修课程，选修课程原则上采用"选课走班"的方式实施教学，允许学生跨班选课、跨年级选课，采取网上选课的方式。"走班"就是打破原来常态下的年级和班级组织，学生依据自己的兴趣、爱好、特长，自主选择拓展性课程，根据拓展性课程的具体要求建立新的、临时的教学班级开展教学。

3．课程实施的指导原则

（1）有序性原则。为了组织师生安全、有序、高效地进行走班上课，学校本着"从小处着眼，积极稳妥，有序推进"的原则，分学段选课走班。

（2）自主性原则。学生根据学校提供的选修课程，自主填报选修课程的选择志愿，学校根据学生志愿并结合师资与场地条件，组建所开设课程的教学班。

（3）导师负责制。选修课程教学班实行课程导师负责制管理。课程导师是教学班的核心，是选修课程教学班中教学、纪律、财物、安全管理的第一负责人。

六、"生长课程"的评价管理

笕桥花园小学的课堂尊重教师和学生在各学科课程中的探究过程，强调学习过程的生长性，因而倡导过程性评价；尊重教师和学生在课堂学习中的独特发展，因而倡导多元化评价；尊重学生的课堂行为与表现，因而倡导激励式评价。在实施"内力生长"课程过程中努力落实各类课程的"教—

学—评"一体化,使课堂评价逐渐成为记录学生学习、促进学生综合发展的一种优化手段。总体上,构建包含过程性评价理念、多元化评价主体、激励式评价方式的课堂评价体系。

(一)"生长课程"评价理念

1. 过程性评价理念

为实现课堂教学的有效开展,在教师评价方面,学校根据《浙江省教育厅关于深化义务教育课程改革的指导意见》指导构建了由课程目标与课程计划的评价、课程准备与投入评价、课程实施过程评价、课程实施效果的评价四部分组成的综合评价体系,设置教师听课评课表,及时总结、提炼教师的课程实施经验,促进其持续发展。在学生评价方面,密切关注学生平时的表现,例如出勤率、学习态度、学习主动性、作业完成情况、合作学习等,以"成长型评价"为理念指导,重点实施过程性评价,发挥好评价的诊断、激励、调节作用,推动学生的内在生长。

学校所实行的过程性评价理念,改变了传统教学期末终结性评价的方式,旨在帮助提升教师的教学质量与学生的学习质量,同时不断提升教学评价的客观性与全面性,使其更加科学、完善,更好地满足学生个性化发展的需求。

2. 多元化评价主体

笕桥花园小学坚持以教师为主导的教学评价,在评价过程中注重对学生行为的引导。同时学生、家长和教育主管部门都不同程度地参与到评价中来,实行学生定期自我评价、学习合作小组互评、家长开放日等多种评价方式,通过多方评价促进学生的学习与发展。

多元化评价主体的具体表现为:在平时的课程实施中,注重对学生言行举止和学习的评价,以此促进学生品德和学习的发展;注重优秀成果展示,对成果及作品制作过程中反映的学生的学习能力、创造能力、合作能力及自我思考能力等进行评价;定期开展家长交流会,让家长参与学生的日常过程性评价,收集家长对学校各类课程的建议。

3. 激励性评价方式

在基础课程外,学校开设了种类丰富的拓展课程与特色课程。针对各类课程,学校提出以激励式的评价方式促进学生的幸福生长。激励是出于实现教学目标的需要,提高学生学习效率和成绩的需要,也是出于充分挖掘学生潜在学习能力的需要。

教师要重视对学生思想观念的研究与理解,要善于使用灵动多样、富有智慧的激励式评价语言感染学生,在感受到学生发展潜能和需求的同时给予适当的指引和帮助。评价语言能够让学生感受到被欣赏、被肯定,在评价之前要让学生学会倾听,让学生在倾听他人的基础上充分表达自我。

(二)拓展性课程评价体系

拓展性课程评价体系由四个部分的评价组成:课程目标与计划的评价;课程开设准备与投入评价;课程实施过程评价;课程实施效果评价。通过评价对课程实施全程的质量管理和质量保障,并评选出年度精品课程。

1. 课程目标与计划的评价

课程性质、任务的设计要符合课程目标,教学目标要明确,以学生的知识基础和生活经历为基础,体现学校的课程特色。另外,也应关注到课程目标实现的基础以及课程纲要的科学性、适用性、时代性等。

2. 课程开设准备与投入评价

课程开设准备与投入评价主要评价开设课程的准备程度,包括教师个人的知识准备、教学资料的准备、教学组织与教学安排、教室安排等。

3. 课程实施过程评价

课程实施过程评价包括对教师的评价和对学生的评价。在对学生的评价方面,任教教师应结合教学活动的多元评价方式,了解学生的学习兴趣和学习感受,注重过程而非结果。而对教师的评价则侧重了解教师的教学态度、教学方法、教学水平。

4. 课程实施效果的评价

课程实施效果的评价包括课堂教学模式、教学效率、教学目标的达成度、学生主动学习情况、课外作业质量、教师辅导情况等维度(详见表3-2)。

表3-2　拓展课程评价表

评价内容	评价形式	评价结果
能开发挖掘有意义的课程内容,满足学生兴趣发展的需求,促进学生互助共进交往,内容有可学性、迁移性等,并能及时修正。(满分15分)	看活动方案、学期活动小结等	
能制定简要的课程纲要,并根据课程纲要制定一份课程实施计划。确定适合学生特点与课程特点的教学目标,目标明确、具体、切实可行,符合学生实际。(满分20分)	看活动记录本中的课程纲要	
能根据教学计划,精心准备,坚持因材施教,认真指导。活动认真,活动方案制定规范细致,可操作性强,活动过程安排较详细。(满分20分)	看课程方案	
课程开发实施能满足学生的兴趣发展需求,重视发展学生的个性特长,教师充分履行指导的职责。社团活动过程中,教师能进行有效的指导,帮助学生发展特长。内容生动有趣,贴近学生的生活,能被学生所理解和掌握,有利于学习目标的达成。(满分10分)	看学生活动感受记录	

续表

评价内容	评价形式	评价结果
按照课程要求制定出个性化的学生评价方案,组织好对学生的发展评价,认真做好评价工作。学期结束时,社团能以个性的方式展示社团活动成果。活动效果显著,受到好评与关注,影响深远,社团知名度提高。(满分20分)	看评价方案、学生成果展示	
做好活动收尾工作,场地打扫干净,注重环境卫生,使用场地按时归还校方。(满分15分)	看过程表现	

第二节　指向学习力生长的基础性课程建设

在遵循国家课程的基本要求以及各课程的学科逻辑的前提下,学校对国家基础性课程进行了整合,通过改编、重组等方式将课程内容进行单元统整或优化,使之更适应学生的学习特点与发展需求。在此基础上开设了语文的多文本阅读、数学的"玩好数学"、英语的"戏剧风采"和科学的"玩转科学"等特色课程,丰富和拓展了基础性课程的内涵和形式。

一、语文:多文本阅读课程

多文本阅读的教学实践不同于常规的课堂,它的特别之处在于能让学生在探索多篇文本的过程中发现文字的奥秘,感悟故事的内涵,提升写作技巧。花园小学语文组开展了多文本阅读教学探究活动,聚焦诗歌教学,在诗意的语文课堂中,引导学生感受诗歌之美。多文本阅读可以让学生提升阅读速度,感受文字之美,学习文学表达。学校将继续探索在常规课堂教学中渗透多文本阅读教学方式,从而最大限度地培养学生的阅读能力。

(一)增加阅读量,转换单一文本阅读模式

多文本阅读是增加学生的阅读数量、拓展学生知识面的有效方式。在阅读教学的过程中,教师要重视通过多文本阅读的方式提高学生知识的储备量,同时也要注意学生的阅读质量。通过多文本阅读,增加学生对文章的写作技巧、写作内容的了解,提高阅读水平,并为其今后的写作打下良好的基础。

(二)进行语言实践,注重培养整合型思维

在多文本阅读学习中,学生会进行多方面的语言实践,能够产生自己的阅读见解,并在阅读过程中不断提高想象能力和思考能力。这种方式打破了传统阅读中知识零碎化的呈现方式,让学生突破了简单记忆的学习行为,从而进行高阶思维的训练,逐步形成整合型思维。

(三)课内外结合,激发学生语文学习兴趣

教师要帮助学生合理选择课外书,鼓励学生阅读高质量的书籍。值得一提的是,多文本阅读不只需要从"量"的层面进行扩大,更需要在"质"的方面显著提升。在选材时,教师需要考虑学生的学情以及兴趣,还需要注重篇幅、题材以及体裁等方面,同时紧紧围绕议题进行选择。这样才能确保筛选出来的素材符合多文本阅读的要求,从而夯实多文本阅读的基础。

案例 3-1 古诗中的月亮
——初步理解事物的情感象征

杭州市笕桥花园小学 张佳伊

一、教学目标

1. 能够一边读一边想象画面,体会作品中作者借月亮抒发的不同情感。

2. 通过比较知道月亮的象征情感,理解象征的初步内涵。

二、本质议题

事物的情感象征

117

三、议题综述

象征,一种修辞手法,指借助于某一具体事物的外在特征寄寓艺术家某种深邃的思想,或表达某种富有特殊意义的事理的艺术手法。象征的本体意义和象征意义之间本没有必然的联系,但通过作者对本体事物特征的突出描绘,会促使读者产生由此及彼的联想,从而领悟到作者所要表达的含义。月亮是中国古代文化的重要元素之一,中国古代诗人对月亮的歌吟,单从数量上而言是无与伦比的。月亮是美丽的象征,创造了优美的审美意境。同时,它也是人类相思情感的载体,它寄托了恋人间的相思,表达了人们对故乡和亲人朋友的怀念。在失意者的笔下,月亮又有了失意的象征。月亮安宁与静谧的情韵,能够创造出静与美的审美意境,从而引发许多失意文人的空灵情怀。高悬于天际的月亮引发人们的哲理思考,月亮成为永恒的象征。

通过对月亮本身的特征和形状的分析,初步让学生理解事物的情感象征。同一事物,阐释的内涵不同,加上个人的情感体验不同,抒发的情感也就不同。

四、教学重点

品味诗词中作者表达的不同情感。

五、教学难点

为什么"明月"相同但抒发的情感却不同?

六、教学思路

由歌曲《明月千里寄相思》引入议题。再通过一首词《山居秋暝》作为引子,引导学生通过想象,体会诗歌的整体画面,感悟品读。重点在于让学生探究作者通过月亮投射了一种怎样的感情?然后,引导学生进入自学环节,通过自学自悟《泊船瓜洲》《枫桥夜泊》两首古诗,体会作者通过月亮要表达的情感,填写在文本材料单的空格中,再进行分享交流。接着整合文本所表达的不同情感,组织学生分组讨论:月亮为什么能代表不同的情感? 再理解象征的初步内涵,引导学生达成共识:是由月亮本身的特征和形状决定的。最后,进行阅读拓展。

七、文本组织

《明月千里寄相思》《山居秋暝》《泊船瓜洲》《枫桥夜泊》

八、教学流程

(一)引入议题:

议题节点:以歌曲《明月千里寄相思》为切入点,为进入议题阶段做铺垫。

问题设计:在歌声中,你看到了什么? 感受到了什么?

活动方式:自由举手进行提问和回答。

教师发言:

看来,月亮可以寄托人们的情感,这首歌就叫《明月千里寄相思》。

从古至今,天空中的那轮明月,寄托了人们太多的情思,月亮有着丰富的意象,包含着深厚的意蕴,那明月的意蕴到底有哪些呢? 今天,老师就和你们一起探寻古诗中的月亮。

(二)速读三首古诗《山居秋暝》《泊船瓜洲》《枫桥夜泊》

议题节点:学生自由诵读三首古诗,发现古诗中都有写月亮。

问题设计:

这三首古诗,借"月"表达的情感一样吗? (板书:明月相同情不同)

(三)研读《山居秋暝》

议题节点:学生想象画面并描述,感悟作者通过月亮所表达的悠闲自在。

问题设计:

(1)用你喜欢的方式读诗,将诗读对,读顺。

(2)边读边想象画面,然后描述你看到的场景(4个场景)。

"空旷的群山沐浴了一场新雨,夜晚降临使人感到已是初秋。"

"皎皎明月从松隙间洒下清光,清清泉水在山石上淙淙淌流。"

"竹林喧响知是洗衣姑娘归来,莲叶轻摇想是上游荡下轻舟。"

"春日的芳菲不妨任它消歇,秋天的山中王孙自可以久留。"

(3)在这首诗中,作者借月亮投射了一种怎样的感情?(板书:悠闲自在)

(四)四人小组合作,自读《泊船瓜洲》《枫桥夜泊》

议题节点:学生想象画面并描述,感悟两首诗通过月亮所分别表达的思亲思乡、失意孤苦。

问题设置:

1. 请学生朗读两首古诗,重点吟诵带"月"的句子。

2. 教师介绍两首诗的创作背景。

张继于"天宝十二年(753)礼部侍郎杨浚下及第",也就是说考取了进士。而就在天宝十四年(755)一月爆发了安史之乱,天宝十五年(756)六月,玄宗仓皇奔蜀。因为当时江南政局比较安定,所以不少文士纷纷逃到今江苏、浙江一带避乱,其中也包括张继。一个秋天的夜晚,诗人泊舟至苏州城外的枫桥。江南水乡秋夜幽美的景色,吸引着这位怀着旅愁的客子。

年过半百、对政治早已心灰意懒的王安石,已经历了两次因推行新法而被罢相的坎坷遭遇。他曾两次辞官而未获准,因而他的赴任是勉强的、违心的。就在他上任后,又多次请求解除宰相职务,最终在复出后的第二年再度被罢相。显而易见,在这种际遇心境下,王安石写作《泊船瓜洲》,就难免在字里行间贮满忧郁、伤感、消沉之情,也难免对即将远离的家乡怀有深深的眷恋之意了。

3. 自学阅读要求:

①重点研读写月的诗句,一边读一边想象画面。

②尝试用几句话,描述想象到的画面。

③完成文本单侧面的填空。

4. 活动方式:自读、想象、同桌交流、自由举手回答、填表。

5. 板书设计:思亲思乡　失意孤苦

(五)构建文本,分析对比

议题节点:为什么在中国诗人笔下,月亮有如此丰富的意象,能借助月亮表达不同的情感?

问题设置:

1. 基于黑板上板书的月亮所象征的这些情感,同学们分组讨论其中一至两种情感,并讨论为什么在中国诗人笔下,月亮有如此丰富的意象,能借月亮能表达不同的情感?(小组讨论)

2. 达成共识:月亮本身的特征和形状决定了月亮是美的象征,是人类相思情感的载体。

3. 教师小结:

月有阴晴圆缺,人有悲欢离合。地上相隔千里,却能用月亮表达人们对故乡和亲人朋友的怀念。在失意者的笔下,见月亮孤零零地挂在空中,就又有了失意孤苦的象征。月亮本身安宁与静谧的情韵,创造出静与美的审美意境,引发了许多失意文人的空灵情怀。所以,月亮是中国古代文化的重要元素之一,在中国古代诗人笔下,月亮有着丰富的意象,包含着深厚的意蕴。

(六)阅读拓展

1. 中国古代诗人对月亮的歌吟,单从数量而言是无与伦比的。你还知道哪些描写月亮的诗句吗?它们表达了作者怎样的情感?

2. 列出带"月"的古诗，教师抽选其中 3 首进行解说。（再次梳理因月亮本身的特征和形状而表达的不同情感）

3. 全班齐读并摘录。

二、数学："玩好数学"课程

新课程标准指出，有效的数学学习活动不能单纯地依赖模仿与记忆，动手实践、自主探索与合作交流是学生学习数学的主要方式。学校也希望学生在游戏与体验中，享受快乐，感受数学；在游戏与体验中，思考知识的内在规律，激发学习的兴趣，提升对知识的探索欲望。因此，我们探索将游戏与体验融入到数学教学中，以激发学生对数学学习的热情。

（一）学习兴趣：从畏难情绪转向迎难而上

数学概念相对比较抽象，小学生容易对数学学习产生畏难情绪，而丰富多样、有趣的数学学习材料能有效地激发学生的学习兴趣。多样的数学学习材料拓宽了学生的视野，让学生感受到了数学的奇妙与魅力。同时，创造性的数学活动课程设计丰富了学生的学习活动，激发了学生学习数学的兴趣，使得学生能在操作探索、体验的过程中享受到成功的乐趣。

（二）学习意愿：从被动学习转向主动参与

云技术平台日新月异地发展，让学生的学习方式也在不断变化。通过可视化、游戏化、信息化的方式，让学习更好玩、更有效，交流更便捷，表达更多元。回家主动学习数学的学生人数增加了，学生做作业需要提醒的情况也减少了。据学校某学期某班的内部调查，有 65％的学生认为现在学数学比原来简单，有 95％的学生认为现在的数学比原来有意思，还有 82％的学生在学习中感受到了数学的应用价值，认为需要好好学数学。

（三）学习能力：从被动接受到主动探索

数学学习的过程是一个需要调动学生主动探究意愿的过程。在传统的课堂教学中,普遍存在以教师讲授为主,学生实际操作不足的状况。这导致学生没有充分理解知识的过程,思维得不到培养,知识的获得主要是被动接受,存在死记硬背的现象。如果课程基于有趣的学习体验和学习活动进行,那么学生对知识的理解更容易从被动接受转向主动探索。

"玩好数学"是学校的一门特色课程。正如《数学课程标准》指出:数学教学,要紧密联系学生的生活实际,从学生的生活经验和已有知识出发,创设生动有趣的情境,然后再展开一系列的教学活动。教师平时要注意多留心生活中的有关数据,也可以鼓励学生通过小组合作,积极主动查阅、收集生活中的数学信息,自主编题、解题,从而激发学生学习数学的兴趣。

案例 3-2 "玩好数学"之风筝制作教学设计

一、教学目标

1. 利用对称、垂直等数学知识,通过量、剪、扎、糊等过程制作风筝,感受数学与生活的紧密联系。

2. 通过介绍风筝发展史,体会风筝在我国民间传统文化中的价值,提高民族文化认同感。

3. 通过制作风筝,增强动手能力,提升学习数学的兴趣。

4. 通过两人合作,感受团结的力量和乐趣。

二、教学重难点

教学重点:明确对称在风筝制作中的应用与价值。

教学难点:应用对称、垂直等数学知识,通过量、剪、扎、糊等过程制作风筝。

三、教学准备

教师:课件,实物风筝和手工风筝若干、活动材料(竹条、平纹纸、剪刀、棉线、双面胶、白乳胶、软尺等)

学生:笔、直尺、三角尺

四、教学过程

(一)发现对称知识的应用

1.实物引入,通过观看视频了解风筝的发展史。

2.呈现不同形态的风筝,找到共性——对称:风筝有各种各样的形态,其中都隐藏了数学知识,你知道是什么吗?

3.回顾数学中的对称知识:在数学中,什么是对称呢?

4.说明风筝中对称的重要性:为什么风筝一定要对称呢?

【设计意图】通过了解风筝的发展史,增强民族文化认同感。同时通过观察不同形态的风筝,发现对称、回顾对称知识、说明需要对称的原因。

(二)研究风筝,分析对称

1.认识风筝结构,找出风筝在哪些部位应用了对称:风筝面、骨架。

2.分析风筝面和骨架的对称特点:风筝面和骨架中哪些部位是对称的呢?

3.分析骨架的类型:刚才这个风筝的骨架是十字形的,你们觉得骨架还可以有什么形状呢?

【设计意图】通过认识与分析风筝结构,找到风筝中的对称(风筝面、骨架),并为制作风筝做铺垫。

(三)应用对称,制作风筝

1.设计骨架示意图(骨架类型+长度)。

2.反馈学生设计图:这里有几幅小朋友设计的图,你们觉得怎么样?

3.播放风筝制作步骤的微课;总结风筝制作步骤。

4.布置任务:两位学生合作完成一只风筝。

【设计意图】一方面培养学生做事要有计划,另一方面检测学生是否已经了解了风筝制作的关键点,并明白制作过程。

(四)评价反馈,拓展延伸

1. 组织学生评价(将学生的作品展示在黑板上)

(1)你最喜欢哪只风筝? 为什么?

(2)你觉得这只风筝对称吗? 请你验证。

(3)在制作风筝的过程中,你有什么感受?

2. 联系生活

除了风筝,我们生活中还有其他的对称现象吗?

3. 课堂结语

今天这节课,我们利用数学中的对称知识,制作了风筝。我们要善于把数学中的知识运用到我们的生活中。放风筝特别有趣,放学后大家可以拿着做好的风筝试着去放一放。

三、英语:"戏剧风采"课程

在英语教学过程中,应注重培养学生的学习兴趣,提高学生的口语交际、阅读、听力和书写能力。因此,学校开发了英语"戏剧风采"校本课程,期望通过学习英语戏剧,为学生的后续学习打下良好的基础。"戏剧风采"作为尝试开发的校本课程,虽然尚在摸索阶段,但是它深受小朋友们的喜爱,并得到了家长们的认可,同时也可以提高英语教师的自身素质。

(一)课程目标

"戏剧风采"课程的总目标是凸显学科核心素养的基本要求(课程目标详见表3-3)。在总目标的统领下,根据四至六年级的儿童身心特征,进而设计了不同层次、不同要求的三维目标,增强目标的适切性。

表 3-3 英语"戏剧风采"课程目标

课程总目标:

通过英语校本课程的学习,学生的英语学习兴趣得到发展,良好的语音、语调、语感初步形成。通过多种表演形式的学习与实践活动,学生的综合语言应用能力进一步发展,英语的综合素质得以提高。通过中西方文化的差异对比,让学生树立起全球化的思想观念。通过趣味内容的学习,提高英语学习的兴趣和自信心,拥有一定的综合语言运用能力。通过多种途径的英语学习,初步具备较为熟练的语言技能、丰富的语言知识、良好的英语交际能力、科学探究的学习方法、团队合作意识及中西方文化意识。

知识与能力	过程与方法	情感态度与价值观
通过课程学习,培养观察、发现及探索求知能力,学习英语的兴趣得到更好发展,进一步提高综合语用能力。通过相关语言活动,学生进一步掌握语音语调,促进英语特长的发展,培养学习兴趣,增强口语交流能力,提高口头表达能力及表演能力。	通过朗诵和解读英语剧本,学生学习英语的兴趣大大提升,自主学习能力和合作能力进一步发展。在纯正的英语语音环境熏陶下,学生初步了解了不同语言环境下的文化、风俗,增强对不同文化的包容性。	通过听、说、演英语剧本,提高认读能力,初步形成良好的语音、语调和语感,口语表达能力和表演能力进一步提高。学生在审美能力、意志品质、人际交往、社会责任感等方面的综合素质不断提高。

(二)课程内容

该课程尝试将戏剧元素融入语言学习,旨在让学生在戏剧实践中运用语言,从中获得学习英语的新体验,从中感受和领略语言的意蕴与魅力。课程内容主要分为三大板块。

1. 英语戏剧的基本知识

英文戏剧活动是充实、复杂的。一出完整的戏剧,需要布景、服装、道具、音乐、音效、灯光、舞台调度、演员表演等多方面、多层次的融合。学生首先需要了解英语戏剧表演的主要构成要素。因此,在基本知识板块中,设计了戏剧概述、戏剧起源、戏剧要素、戏剧常用语、戏剧情境等方面的内容。

2. 英语戏剧表演培养

戏剧表演是一个团队协作的活动,学生在活动中学习合作,培养自信。一方面,教师引导学生欣赏英语戏剧剧本,感受角色,对中英文化进行对比思考,从而开阔学生视野,塑造良好三观。另一方面,学生不仅要提升自己的个人表现力和表演才能,而且要通过体验戏剧表演组成中的不同角色和分工,更好地理解台前幕后人员的职责,实现在合作中理解,在协作中成长。

教学内容主要分为两个阶段,即模仿表演阶段和自主表演阶段。模仿表演阶段分为观看表演视频、观赏优秀作品、模仿面部情绪、模仿肢体语言;自主表演阶段分为学生练习特定角色表演、学生学习相关英语表达、师生共同赏析理解剧本、学生分角组队练习剧本。

3. 英语口语综合练习

英语戏剧融合了英语学科知识与戏剧表演能力,促使学生在情境中使用语言,更好地理解和运用英语。良好的发音和正确的语调是表演成功的重要因素。因此,教师应有意识地引导学生进行提升英语语言表达能力、交际能力和应用能力等方面的训练。

基于上述目标,该板块设计了发音练习、语调练习、台词练习三大英语口语训练。发音练习包括开闭口练习、气息练习、绕口令练习等。语调练习则利用学生感兴趣的童话电影,引导学生模仿英语电影中的短对话,双人对话进行练习。在台词练习中,教师以组为单位和以个人为单位指导学生练习台词。

(三)课程实施

实施对象:4—6 年级。

实施时间:每周一 3:50—4:30 基础性托管、每周五下午 1:00—2:20 拓展课。

实施方式:该课程以教师辅导为主,学生表演实践与之相结合,采用讲解、启发、讨论以及演示相结合的教学方法。具体课程安排如表所示(详见表3-4)。教师依据学生的综合素养，4～5人分成一组。每组选设一位组长，担任"导演"，协助教师完成排练工作。首先，由教师挑选剧本，教学英语词汇，讲解戏剧情境。学生小组合作进行自由讨论和表演。在小组活动期间，教师以组为单位进行指导。然后，以小组为单位进行表演。最后，由教师和全体学生一起给出评价和建议。通过知识学习与表演实践的结合，学生能够更好地领悟角色，锻炼口语能力。

表3-4　英语"戏剧风采"课程实施安排

课时顺序	课程内容	课时
第一讲	戏剧知识讲解	2
第二讲	剧本创作与改编	2
第三讲	分组表演实践	6
第四讲	指导评价与讨论	4
第五讲	整体联排	2
总计		16

（四）课程评价

学校对学生的评价坚持整体观、多元化和过程性的基本理念，强调多元价值取向和多元标准。英语戏剧课程的评价严格遵守基础性原则，即坚持以《英语课程标准》为依据，以充分调动学生积极主动性、发挥学生的主体作用为目的，充分考虑学生的年龄特点、现有知识技能水平。在评价过程中，牢牢把握知识、应用能力的基础性方向。注重评价学生知识技能应用能力最基础层面的内容，以此达到引导学生关注知识技能应用的目的。

1. 评价内容

评价内容主要包括三个方面：第一，学生参与英语"戏剧风采"校本课程的态度。重视对学生是否认真参加校本课程活动，努力完成自己所承担的任务等方面进行评价。第二，活动过程中的合作态度和行为表现。评价强调合作意识,对学生是否乐于帮助同学、主动和同学配合、认真倾听同学的观点和意见,对班级和小组的学习活动做出积极的贡献等进行评价。第三,创新精神和实践能力。对学生在实践活动过程中的实际表现予以全面客观的评价。

2. 评价方式与指标

英语戏剧课程的评价是以"学生自评""学生互评"和"教师评定"相结合(详见表3-5)。"学生自评"是由学生根据自己的实际情况给星星涂色评定。"学生互评"是由小组之间根据实际情况评定。小组内部就个人部分的完成质量、成员配合度、交流度等对项目的所有阶段进行自评和反思,总结小组在项目中的表现,反思在合作过程中出现的问题、失误和不足。小组间还需要进行互评,要求各组不仅要打出分数,还要阐述具体的评价,如该组表现的突出之处、需要改进的地方以及建议等。教师要引导学生从角色分配、表演时的语音语调、神情神态、投入程度、流利程度等方面开展评价。

表3-5　英语"戏剧风采"课程评价表

评价标准	评价细则	满意	一般	待改进
语言水平 (★★★★★)	发音清楚正确、语音 语调自然流利	★★★★★	★★★	★
表演技巧 (★★★★★)	大方自然、表情丰富; 有戏剧(夸张)效果; 有一定的创造性和发挥	★★★★★	★★★	★
舞台效果 (★★★★★)	运用一定的服装和 道具、配音效果好	★★★★★	★★★	★
综合效果 (★★★)	演员相互配合性、默契 性;观众的反应效果	★★★	★★	★
总　评				
教师寄语:				

"教师评定"分两部分：第一部分由教师根据评价标准给星星涂色认定，第二部分"老师寄语"包含三个方面：①对学生的优点给予肯定；②指出学生的不足；③提出下一阶段的建议。

评价的根本目的是全面考查学生所习得的知识技能的应用状况。通过评价学生将所学的知识、技能应用到学习活动中和日常生活中的能力，引导学生不仅关注知识技能的掌握，更要重视知识技能的应用，树立创新意识、提高实践能力，从而达到促进学生全面发展的目的。

另外，通过评价学生知识技能的应用能力，也促使教师对教学进行反思，从而改进教学方法，在课堂中能够给学生提供更多的练习机会和运用英语的场景。学生学了知识就是为了运用，而脱离运用场景的知识只会让孩子感觉到枯燥、无实际意义。因而，只有通过不断反思与改进，才能达到提高教师教育教学水平的目的。

四、科学："玩转科学"课程

科学就是生活，生活就是科学。我们倡导在生活中学习科学，在学习过程中细心体验科学。"玩转科学"是为花园学子精心开发的科学拓展课程。我们的"玩转科学"课程把生活与科学有机地融合起来，让学生在动手探索的过程中，快乐地学习科学原理、使用科学原理。

（一）课程目标

"玩转科学"课程在总目标的统领下进行目标设计，根据不同年级学生的学习能力与心理特征，还设置了知识目标、探究目标、情感态度与价值观等方面的具体目标。

1. 课程总目标

学习和了解科学的基本概念，初步掌握基础性实验的操作步骤。通过实验活动，体验科学的快乐，感受科学的魅力；通过小组合作、同学交流，提高交往能力、合作能力等;学会学习,习得批判性思维与创新思维。

2. 课程具体目标

"玩转科学"包含奇趣大自然、生活中的科学、科技与工程、科技的应用四大领域的内容,根据不同领域的内容进一步具体确定了学段目标(详见表 3-6)。

表 3-6　"玩转科学"课程的具体目标

年级	奇趣大自然	生活中的科学	科技与工程	科技的应用
一、二年级	观察、描述大自然中常见的物品的特征;辨别生活中常见的自然材料,了解自然现象;知道常见的科学知识。	认识周边常见的动物和植物,能简单描述其外部主要特征。	认识身边的人工智能世界;了解常见的工具,知道简单工具的功能和使用方法;利用身边可加工制作的材料和简单工具动手完成简单任务。	了解人类生活和生产需要从自然界中获取资源,同时会产生废弃物,有些垃圾可回收利用;珍爱生命,保护身边的动植物,意识到保护环境的重要性。
三、四年级	测量、描述物体的特征和材料的性能;描述物体运动,认识力的作用;了解不同形式的能量。	初步了解植物体和动物体的主要组成部分,知道动物的生命周期;初步了解动物和植物都能产生后代,使其世代相传;能根据有关特征对生物进行简单的分类;初步认识人体的主要生命活动。	知道人工智能世界是设计和制造出来的;意识到使用工具可更加精确、便利、快捷;知道工程涉及一系列步骤,完成一项工程设计需要分工和合作,需要考虑很多因素,任何设计都受到一定条件的制约。	了解生活和生产可能造成环境破坏,具有参与环境保护活动的意识,愿意采取行动保护环境、节约资源。

续表

	奇趣大自然	生活中的科学	科技与工程	科技的应用
五、六年级	初步了解物质的变化；知道不同能量之间的转换；能基于所学的知识，运用分析、比较、推理、概括等方法得出科学探究的结论，判断结论与假设是否一致。	初步认识人体的主要生命活动和人体健康；初步了解动物和植物之间的相互关系；了解生物的生存条件和生物的多样性。	了解技术是人们改造周围环境的方法，是人类能力的延伸，工程是依据科学原理设计并制造物品、解决技术应用难题、创造丰富多彩的人工世界的一系列活动；了解科学技术推动着人类社会发展和人类文明的进程。	认识到人类、动植物、环境的相互影响和相互依存关系，了解地球上的资源是有限的，人类活动会对环境产生正面和负面的影响，自觉采取行动，保护环境。

（二）课程内容

学校开设了奇趣大自然、生活中的科学、科学的应用、科技与工程四个领域科学知识的相关课程。目前课程总共有 12 级，每学年分两级，每级 15 个课时。部分课程如表所示（详见表 3-7）。

表 3-7 "玩转科学"课程内容安排

奇趣大自然		生活中的科学		科技与工程		科技的应用	
四季星空	人体克隆术	自制地雷	好吃的膨糖	光明小使者	逃不过的电流	小小医生	旋转的玩偶
铁树开花	遗传密码	滚筒甩干机	节能小台灯	莫尔斯电码	偏心爬虫	飞出的音符	潜水艇的眼睛
跳起的磁铁	月球漫步	灌篮高手	会导电的溶液	声控娃娃	吸尘宝贝	机械手臂	视觉游戏
救护车	放大的音乐	护手专家	彩线穿梭	化学中的足球	节日探戈	磁悬浮	敲出的音符

续表

奇趣大自然		生活中的科学		科技与工程		科技的应用	
无字天书	影子戏	夜晚小帮手	随身的凉爽	多变小金刚	滑轮组	节日烟花灯	光的变化
试纸的秘密	旋转的灯	空气大力士	彩色粉笔	奇特的结构	扑翼鸟	时光定格机	镜中的画面
消失的颜色	迷人的气味	清凉一下	音乐可乐瓶	龙摆水晶球	国际时钟	消失的磁力	三兄弟赛跑
果蔬发电	竹签杂技	车辆管理员	牙齿清洁刷	雨中的蜂鸣声	红灯高挂	海底世界	荷兰风车
夏威夷快艇	好玩的鼻涕虫	勇敢者的游戏	投影仪	空中运载者	干净的水	水上风动船	空中滑翔
大海的精灵	蝴蝶水晶皂	古老的计时器	多角彩球	反冲小车	再生纸	红军铁索桥	神奇千里眼
跳舞的刷子	地下博物馆	公平交易	空中花园	团结的小分子	空气炸弹	移动战车	疯狂的轮子
飞舞的蝴蝶	地震报警仪	激情翻翻乐	真假易辨	攀爬的车	双轮王国	摇摇发电	眨眼猫头鹰

在课程实施过程中,我们精心设计了许多简单易做、妙趣横生的科学小游戏,包括简单小实验、趣味小制作、观察测量等。这些小游戏涵盖动植物、水、空气、光、运动、力、电、磁场、魔术、人体等各个方面的科学知识。科学游戏将科学知识蕴含在有趣的实验中,寓教于乐。它们不仅妙趣横生,而且设计巧妙,用的都是生活中随手可得的材料,步骤虽然简单,却能得到惊奇有趣的结果。在实施过程中,我们还注意将探究学习、体验学习、合作学习有机地结合起来,促进学生学习方式的多样化。

（三）课程评价

1．评价导向

通过建立学生成长记录袋，把握学生学习与发展的整个过程，及时从中发现学生在学习过程中存在的不足，逐渐培养学生的观察、实验能力。同时，积极促进学生自主参与、主动进行科学探究，培养学生的科学素养。

2．评价方式

"玩转科学"课程的评价采用自评、互评和教师评相结合的评价方式。学生自我评价指的是学生对自己科学实验的表现、掌握科学知识的情况、合作学习的情况进行自我评价；小组相互评价是在小组内部对组内成员学习态度、合作与交流情况进行相互评价；教师评价则是由教师根据学生课堂参与度、活动完成情况、科学素养培养等方面的表现进行评价。

"玩转科学"课程的评价还将课后即时评价和期末总评价结合起来。课后即时评价主要包括活动达标、学习态度、合作与交流和学习常规四个维度的评价（见表3-8）。"今日活动达标"主要评价学生每日活动目标是否达成，科学小制作或有趣小实验是否成功。"学习态度"注重评价学生是否积极观察、思考、回答问题。"合作与交流"注重评价学生在小组中是否积极表达、善于倾听。"学习常规"则规定学生上课要专心，不做与学习无关的事情，爱护实验器材，主动收拾、整理实验器材等。课后即时评价主要由老师根据学生在课堂上的具体表现情况来评定。

表3-8　拓展课程课堂评价表

	今日活动达标	学习态度	合作与交流	学习常规
姓名：				

学期末的评价采用综合评价的方式评比"科学小博士"。具体做法是从课堂常规、合作精神、课堂参与度、学期成果四个维度（见表3-9）对学生的学习表现进行评价。四个维度中取得三个以上优秀评价的同学就可以被评

选为本学期的"科学小博士"。

表 3-9　拓展课程学期评价表

"科学小博士"评价表				
	课堂常规	合作精神	课堂参与度	学期成果
优秀				
良好				
及格				

第三节　基于五力特色的拓展性课程建设

以"内力生长"为核心的多学科整合的拓展性课程体系，一方面注重基础性课程的外延开发，打通相关学科课程之间的界限，实现教育教学目标、内容、方法的整合；另一方面加强"内力生长"的拓展性课程建设。学校拓展性课程由限定拓展课程和自主拓展课程两部分构成。限定拓展课程主要由综合实践学习领域的各类活动构成，主要包括学校文化活动（如学校科技节、艺术节、运动会等）、班团队活动、社会实践、自我服务与公益劳动等活动，以及国家规定的各类专题教育，是全体学生必修的课程。自主拓展课程主要由基础性课程延伸的学科课程内容和满足学生个性发展需要的其他学习活动组成，是学生自主选修的课程。学校整体上以促进学生"内力生长"为内核，构建了以生命力、道德力、学习力、交往力、创造力为基本领域架构的拓展性课程体系。

经过几年努力，笕桥花园小学"五力"课程已呈现出良好的发展态势，在促进学生全面而有质量的发展方面显现出了重要作用。下面分别介绍每个领域中富有代表性且成效明显的课程建设案例。

一、生命力成长——"旋趣乒乓"课程

"旋趣乒乓"作为学校尝试开发的第一门校本精品课程,以乒乓球课程作为突破口,有效带动了其他体育精品课程的开发。学校拥有专业的师资力量,任教教师有国家乒乓球队集训的经历以及15年的专业运动生涯,保证了该课程高质量实施。另外,通过班级教学和社团训练的方式达到全校普及进而促进了学校体育特色的形成。在这个过程中,不仅达到了提高学校体育教育教学质量的目标,而且充分落实了学生每天一个小时体育锻炼的要求,切实提高了学生的体育素质。

(一)课程目标

"旋趣乒乓"课程的总目标:学习和了解乒乓球运动的基本技术,初步掌握基本技术的动作框架。通过参与乒乓球运动,体验运动的快乐,热爱体育锻炼,提高身体素质;同时通过生生之间和师生之间的对练,提高学生们的交往能力、合作能力等。

目前,"旋趣乒乓"课程主要在一、二年级开设。因此根据一、二年级的儿童身体特征与心理特征,将三个维度的目标设计为不同层次、不同标准,从而循序渐进地推进课程实施(见表3-10)。

表3-10 "旋趣乒乓"课程实施标准

年级	知识与能力目标	过程与方法目标	情感态度与价值观目标
一	能说出基本技术动作的名称	通过多球、单球、游戏训练的方法,激发对乒乓球的兴趣,建立手感,能做出标准的正反手攻球动作	培养坚强的意志品质和合作精神
二	能说出基本技术的动作方法	通过生生对练、师生对练等方法,固定基本动作的框架,建立良好的空间感、球感和手感	养成在团队中公平竞争的意识,永不言弃的精神,同时培养互相学习、互相帮助的优良品质

（二）课程内容

该课程基于传承我国国球精神,为实现促进学生的身体健康、提高意志品质和团队合作等核心素养目标而设计。根据年龄特征以及学情分析编写适宜的学习内容,利用多种形式的教学手段以及学科整合的方式加以实施。包括以下四个维度。

1. 传承国球文化以及乒乓球运动的基本常识

一是注重"乒乓精神"的传承。乒乓球是我国"国球",我国运动员在乒乓球界长期占据着世界之巅的位置,其精神值得我们所有人学习并延续下去。二是引导学生学习和掌握乒乓球项目的基本常识,为日后掌握技术打下基础。

2. 乒乓球运动基本技术以及身体素质

基于儿童的身心特点,参考课程标准,在水平一(一、二年级)阶段里主要以感受乒乓球运动的快乐,激发学生的兴趣为主要目标,以游戏的方式来促进学生的体能发展。

3. 跨学科的融合

我们可以以不同的形式和不同的方法来激发学生的兴趣。比如,融入音乐,练习学生的节奏感;融入自作画,提高学生对球拍特性的掌握程度;还可以融入数学知识,提高学生对数字的敏感度和反应能力。

4. 个性化竞技体育的学习

在阳光体育的基础之上,以拓展课的形式打造培养专业技能、走向竞技体育的平台,对选修拓展课的学生进行针对性的训练,以赛促练,为学生开通另一条成长道路。

（三）课程实施

"旋趣乒乓"的实施分为常规课和拓展课两大类型,每周一至周五,各个班级在常规课中调整出 1 个课时上乒乓课;每周五下午 1:00—2:20 依托拓展课开展训练。

1. 趣味乒乓课

乒乓球的球性练习以及乒乓球的基本技术是作为常规课的重点来教学的。每周一节的乒乓课主要通过球性训练以及基本技术动作的框架学习来提高学生的灵敏性、协调性等各个方面的身体素质。课堂多以游戏学习为主激发学生的兴趣,培养学生之间互相帮助、互相配合的精神,以多门课程的融合来培养学生的创新能力。例如,将音乐融入准备活动或者是垫球练习,跟着音乐节奏进行准备活动或者进行垫球,从而发展学生对节奏的把控能力。再如,将自作画融入乒乓球课堂学习,通过画出横拍与直拍,帮助学生在课堂中快速分辨出横、直拍,并作出相对应的握拍姿势。多学科课程的融入不仅激发了学生的兴趣,而且极大地提高了他们的学习积极性。

2. 拓展课前:创建快乐"乒乓世家"

根据常规课中学生的表现情况以及对球的感知能力挑选出一些优秀的乒乓"苗子"。再根据一些小测试,例如跳绳、跑步、模仿动作等,观察学生的反应能力、协调性,进行第二次筛选。通过筛选,确定入选学生,并组建以微信平台为依托的"乒乓世家"。通过"乒乓世家",老师不仅可以通过微信群布置家庭作业,让家长配合监督并及时反馈学生训练情况,更加深入了解每个孩子的训练特点,从而提高训练效率;而且可以用短视频的形式记录学生每天的训练情况,对视频动作进行慢动作分析,每天指点学生在技术上有所进步,也让家长能随时了解到孩子的训练情况。学校、家长、孩子三位一体,形成合力,朝着共同的目标努力。

3. 旋趣乒乓拓展课

为了给优秀的乒乓"苗子"打开成长之路,我们开设了旋趣乒乓拓展课。课程主要针对一、二年级的学生,以基本功练习为主,根据学生的情况逐渐提高难度。通过多球练习、生生对练以及师生对练等形式巩固动作的基本框架。通过组织一些个性化的比赛,培养学生公平竞争的意识。旋趣乒乓拓展课将比赛作为一个载体,以赛带练,扎实提高学生的基本技术,培养学生刻苦训练的精神,促使学生全面进步。

(四)课程评价

1. 评价目的

该课程的评价目的主要包括:掌握学生学习情况和表现,并达到目标程度;及时地发现学生在学习过程中存在的不足及其原因;为学生提供展现自我的机会,并鼓励和促进学生的进步与发展;提高学生的自我认知以及对乒乓球技术的认知水平。

2. 评价内容

以过程性评价理念为指导,开展每堂课的即时评价。评价内容分为技术达标、配合程度、比赛情况和课堂参与度四个维度(见表 3-11)。

表 3-11 拓展课课堂评价表

	技术达标	配合程度	比赛情况	课堂参与度
姓名:				

其中,技术达标主要记录当天所学习的技术动作数量,一个月以后进行计算,挑选出班里前三名的同学予以两颗星的积分奖励。配合程度主要考察两人对练的成功接发数量,在此过程中学生训练态度友好认真,则酌情加分。比赛情况记录到每节课结束时比赛中取得胜利的局数,由学生自行记录。课堂参与度则由老师根据学生的表现情况评分。

在过程性评价基础上,对学生的学习情况进行期末综合评价,评价出每学期优秀学员。优秀学员的评价从四个维度进行,包括课堂表现、合作精神、技术达标、意志品质(见表 3-12)。在四个维度中达到三个以上"优秀"等级的学生就可以获评优秀学员。

表 3-12　优秀学员评价表

	课堂表现（训练积极认真）	合作精神（尊重对手、配合默契）	技术达标（例：正手攻球一次性完成 60 个）	意志品质（顽强拼搏、不气馁、不放弃）
优秀				
良好				
及格				

3. 评价方式

评价方式采用学生自评、同伴互评和教师评价三种形式。学生自我评价主要是让学生对自己掌握技能的程度、配合默契度以及比赛情况进行自我评估；同伴间相互评价则是由两人对练的同伴相互评价对方的技术水平和情感态度；教师评价是由教师负责对学生技术达标的情况和课堂参与度、积极性进行评价。

二、道德力发展——爱国爱党课程

爱国爱党教育是学校德育和思想政治工作的重要内容，是教育和引导学生树立正确的国家观、增强爱国情感和民族精神的重要途径，坚定学生对中国共产党的领导、改革开放事业、全面建成小康社会目标的认同，培养学生为实现中华民族的伟大复兴而勤奋学习、建功立业的强大动力。

（一）课程目标

学生在爱国爱党教育的熏陶下，感受爱国爱党思想，培育爱国爱党情感，进而培养爱国爱党情操；学习"四史"、传承红色基因，争做担当民族复兴大任的时代新人。

在知识和能力培养方面，一是使学生了解什么是爱国主义，有哪些英雄人物和爱国故事；二是了解中华民族历经的百年沧桑，了解中国共产党带领华夏儿女奋力抗争的光辉岁月,凝聚实现中华民族复兴梦的力量。

在过程和方法培养方面,学生通过参与知识讲解、英雄人物介绍、讲故事、做游戏、知识竞赛、演讲比赛等活动,逐步了解爱国主义在现实生活中的不同表现;培养积极进取、奋发有为的意识和百折不挠、永不放弃的精神,增强实现中华民族伟大复兴的历史使命感和时代责任感。

在情感、态度与价值观培养方面,使学生树立热爱祖国,遵纪守法的信念,争做合格少先队员,争做合格小公民;颂扬中国共产党的丰功伟绩,加深热爱祖国、热爱人民、热爱中国共产党的深厚感情,牢固树立"爱我中华,兴我中华"的坚定信念。

(二)课程内容

学校开设爱国爱党教育课程,组织学生阅读线上平台刊发的各类爱国爱党文章,观看相关视频,开展党史学习教育,并结合国旗下讲话、专题演讲、知识竞答、主题征文等活动,引导学生读懂历史;组织学生深入学习习近平总书记的重要讲话精神,将阅读文章与学科教学、班团队活动、校园文化建设等相结合,持续深入开展时事政策教育。另外,学校充分利用红船精神等红色文化主题,组织学生进行主题实践体验活动,开展红色研学实践活动,引导学生追寻红色记忆,学习英烈事迹,弘扬革命精神,传承红色基因。学校经常性组织学生走进革命历史博物馆,走近老红军、老战士、英雄模范、时代楷模、道德模范、抗疫先锋等,亲耳聆听党的故事,亲身感受中国共产党人的政治品格。同时开展劳动教育,引导学生树立马克思主义劳动观;学校还利用新生教育、入学教育的契机,以"开学第一课"节目为载体,组织多种形式的开学教育活动。

学校的爱国爱党课程丰富多样、形式各异,为学生创造了良好的教育环境,增进了学生爱国爱党的思想情感。爱国篇的课程内容如表所示(详见表 3-13)。

表 3-13　爱国篇课程内容

基本板块	主要内容
国旗、国徽、国歌的认识	1. 学习国旗的相关知识,了解国旗的构成、象征意义 2. 通过学习国旗的相关知识,对国家的标志有更清晰的认识,懂得在参加升国旗仪式时应衣着整洁、脱帽肃立,行队礼或注目礼,在升国旗时态度更加严肃、庄重
	1. 了解国徽的构成要素及其内涵 2. 明白国徽的象征意义,了解国徽的使用场所
	1. 了解国歌的创作历程及创作精神 2. 懂得唱国歌时应更加严肃、庄重,声音更加响亮
爱国英雄人物的了解	1. 了解雷锋的生平、事迹以及雷锋名言、雷锋精神 2. 明白雷锋精神永不过时,树立向雷锋同志学习的决心
	1. 了解邓小平的生平、事迹,以及他对改革开放、对新中国的发展所做的贡献 2. 树立努力学习、报效祖国的信心
	1. 了解周恩来的生平、事迹、语录,以及他勤奋好学、从小立志"为中华崛起而读书"的故事 2. 感受一代伟人的风采,要从小立志、立长志
	1. 了解李四光的生平、事迹、科研成果以及对祖国建设所做出的卓越贡献 2. 感受伟人的伟大在于不懈追求
	1. 了解宋庆龄不平凡的一生,以及她为妇女解放事业、为世界和平、为少年儿童的文化教育福利事业所做的贡献 2. 感受一名女性领导人的不平凡,培养学生树立正确的价值观
	1. 了解小英雄雨来的英勇事迹 2. 感受小战士的机智与顽强,并思考当今和平幸福生活来之不易,要更加珍惜

续表

基本板块	主要内容
爱国英雄人物的了解	1. 了解狼牙山五壮士的英勇事迹，以及五壮士的生平 2. 感受五壮士为掩护主力和群众的转移，而不惜牺牲自己生命的大无畏精神
	1. 了解鲁迅的生平事迹、作品与写作目的 2. 从鲁迅弃医从文的事迹里感受旧中国人民思想的愚昧，明白要多读书、多思考
	1. 了解李大钊的生平事迹以及他为新文化运动、共产党的成立和发展所做出的贡献 2. 感受一名共产主义者大无畏的革命精神
	1. 了解詹天佑的生平事迹以及他克服重重困难修成京张铁路的故事 2. 感受归国学子报效祖国、不畏艰难的精神
	1. 了解华罗庚的生平事迹和他勤奋成才的故事 2. 理解华罗庚所说的"聪明在于勤奋，天才在于积累"的精神，坚定勤奋学习、奋发图强的决心
	1. 了解杨靖宇的生平事迹和关于他的故事 2. 感受英雄人物不畏牺牲的革命精神
	1. 了解郑成功的生平和收复台湾的英雄事迹 2. 感受郑成功的伟大，让学生明白台湾自古就是祖国不可分割的一部分

（三）课程评价

该课程注重学生自我评价与学生相互评价相结合。通过自我评价，帮助学生树立正确的价值观、人生观，从小就树立热爱祖国、奉献祖国的意识，促进学生自身的健康成长，提高学生的综合素质。通过学生相互之间积极的评价，提高学生作为评价者的主体地位，将评价变成主动参与、自我反思、自我教育、自我发展的过程，在积极、友好、平等、民主的气氛中，让被评价者愉快地接纳和认同评价的结果，从而使评价者和被评价者都能在这种互动的评价过程中得到进步与发展。

三、学习力提升——"幸福启航"课程

随着科学技术的快速发展，当前社会处于高度科技化的知识经济时代，国家迫切需要更多的优秀人才作为科学发展、经济增长、民族兴旺的储备力量。人们自身也需要持续不断地学习各方面的知识来适应高速发展的社会。因此，学校教育的培养目标应当注重帮助学生开发智力和潜能，提高学生的学习能力并培养优秀品质，使学生具备未来社会生活必需的素质和学习能力。学校通过设置"幸福启航"课程，帮助孩子更快地适应小学生身份，让他们获得成功的体验和信心，为其后续的学习和成长奠定良好的基础。

（一）课程意义

该课程是新生入学适应性教育课程，致力于培养一年级新生的"学习力"，全方位、多角度地为他们进入小学、适应小学学习生活保驾护航。

孩子从幼儿园进入小学以后，面对陌生的环境和教学方式，难免会有一些不适应。这种不适应容易造成一年级新生的畏惧情绪，会影响其后续的学习和人格的发展。该课程以儿童的身心发展特点为基础，旨在帮助一年级新生减轻对陌生环境的畏惧心理，培养孩子的学习积极性，使其保持乐观心态，帮助他们悦纳老师、喜欢学校，从而顺利迈出就学之路的第一步。

除此之外，该课程可以帮助小学摒弃传统的班级管理模式，不只限于班主任一个人管理，而是由全年级教师共同承担一年级新生儿童教学规则管理工作。全年级教师在参与过程中给出课程的设计意见和改进方案，不仅可以继续完善已有的入学课程，还可以在实施过程中更积极主动地去了解学生的性格特点。这种做法不仅能够更好地帮助儿童适应新的学习环境，而且有助于教师更好地开展后续学科教学工作，达到双赢效果。

（二）课程目标

"幸福启航"课程是专门为新入学的一年级孩子量身定制的课程。该课

程从儿童个性健康发展和身心全面发展的根本目的出发,以儿童为核心构建模块化课程,精心设计课程结构、课程内容,精心组织教学活动,缓解孩子的畏学情绪,实现幼小顺利衔接过渡,从而帮助一年级新生快速平稳地适应全新的小学生活。

1. 知识与技能

学生能从行为方面习得良好的学习生活习惯,具体体现为:进校礼仪,整理书包桌仓的方法,上课坐姿,通用课堂口令等的习得养成等。

学生能掌握学科学习基本习惯储备,具体体现为:各学科课前准备,课堂要求,课堂作业本书写标准等方面。

2. 过程与方法

学生在观察、感受和体验小学生活的过程中,养成良好的生活行为习惯,习得学科学习的基本习惯;在教师引导下,学生能尽快适应幼儿园阶段与小学阶段的转变。

3. 情感、态度、价值观

学生通过适应性课程的缓冲和过渡,减少直至消除对陌生环境的焦虑与恐慌等心理;培养喜欢学习,积极向上、自信乐观的正确心态,期待和向往成为一名优秀小学生。

(三)课程内容

"幸福启航"课程是为花园学子精心编撰的学习适应力课程,课程精选了多个简单易做、妙趣横生的小游戏,将游戏融入到课程当中,激发学生的学习兴趣,自觉篇和自信篇课程内容。

1. 自觉篇——常规先行

(1)快快回到座位上,自我介绍齐分享。教师根据身高排好队形,并安排座位。在学生排好座位以后,通过学生的自我介绍活动,增进学生之间的熟悉度,消除陌生感。

(2)书包饭包我会理,收发作业我最快。培养孩子的习惯,我们要从简单的行为做起。如初步掌握整理物品的基本方法和规则,明确书包饭包的摆放位置;规范书包的整理,养成整理书包的好习惯;通过反复练习收发作业,培养学生有序、快速地收发物品。

(3)午餐管理秩序好,课间文明我遵循。通过细化午餐的准备、分饭、吃饭、打扫环节,帮助学生掌握午餐常规,从而合理有序地吃午餐。在此过程中,强调采用分工合作的方式,让学生感受团队分工合作的力量,并提升小干部的责任心与管理能力。

(4)制定班规人人有,值日任务出色做。通过观察、讲授和实操的方式让学生掌握打扫卫生的方法,安排值日工作;借助绘本《大卫去上学》和学生一起讨论不符合规矩的事情,共同制定班级公约;通过组织交流与讨论,渗透培养学生遵守班规、爱卫生的好习惯以及热爱劳动和吃苦耐劳的精神。

2.自信篇——快乐学习

(1)我爱学语文。学习正确的读书、写字姿势和执笔方法;引导学生单独讲故事或合作讲故事,锻炼学生的口头表达能力,同时也培养学生学习语文的自信心。

(2)数学学习,我最棒。教学常规主要分为课堂常规和作业常规,课堂常规的要求主要有课前准备有速度、课中问答有秩序、课后作业有效率;作业常规主要是书写格式要注意、解题过程要规范等;了解数学课堂的常规(课前准备、课中、课后),规范学生学习习惯;学会直尺、橡皮等的使用,规范写字姿势;练习掌握数学课堂口号指令,巩固数学学习规范;了解课堂作业本、口算训练的使用;通过目录了解本册教材的主要内容,学会看目录找到相应的页码;学会认题号,找到相应练习题;初步了解并体会数学来源于生活,生活中处处都有数学,激发学生学数学的兴趣。

(3)体育规范,我遵循。通过游戏体验让学生"认识自己",讲究仪表美,强化课堂中的自我保护意识。进行教学队列队形的练习,教会学生出操队列要走得快、静、齐。通过队列队形的练习,让学生学会"管理自己",为今后的体育课堂常规及日常出操做好铺垫。

(4)争做小小艺术家。通过绘画以及语言展示,让教师了解学生的美术基础、观察力、口才和逻辑能力。在此基础上,让学生初步掌握美术课的纪律和规则,告诉和引导什么是负责任的和得体的美术课课堂行为,比如在老师和别的小朋友发言时,保持安静、举手发言,等等。同时,引导学生能够使用美术用语(构图、大小、形状、颜色)介绍自己的作品。此外,向学生介绍课程内容和工具,激发学生的兴趣;组织适当的活动,创建有助于形成集体的心理环境。

(5)音乐的魅力。通过"造型木头人"的游戏,带领孩子们认识木鱼这个打击乐器,激发孩子们对音乐课的兴趣。同时,要求学生能够认真聆听老师的指令并按照要求完成,也要学会倾听同伴的声音,培养良好的聆听习惯。

(四)课程评价

教学和评价是课程实施的两个重要环节,相辅相成。评价既检测教学的效果,又融于教学过程,从而促进与保证学生的发展。该课程评价关注学生在学习过程中不同阶段的表现和进步情况,关注不同个体发展的需求,采用过程评价、结果评价等多种方法,以适应主题式课程的多样性特点。

教师通过学生的学习表现、学习感受交流、学习情况记录、作业分析以及其他学习过程的证明、记录等,对学生的课程学习进行综合评价。其中,特别重视引导学生根据学习活动记录档案,以及完成作业(作品)过程的记录或结果进行自我评价。

该课程主要采用现实性评价和奖励性评价,依据学生的现实表现作为评价学生学习质量的依据,综合评价学生在活动中的表现。奖励性评价即进行口头表扬与贴纸表扬。采用自我评价、小组评价和教师评价相结合的评价方式,激发小朋友的学习兴趣与欲望。

案例3-3　我爱学语文

【教学目标】

1. 了解语文学习的基本内容和意义。依据画面提示,初步体会正确的读书、写字姿势和正确的执笔方法。

2. 通过讲故事、演故事,感受语文学习的快乐。

【教学重点】

能够初步掌握正确的执笔方法、写字姿势和读书姿势,在平时写字读书中养成良好的习惯。

【教学难点】

在平时练习中注意正确的执笔方法、写字姿势和读书姿势。

【教学用具】

PPT、奖励贴纸

【教学过程】

一、导入

同学们,大家喜欢语文吗?老师今天在上班的路上遇到一只小花猫,它也非常喜欢学习语文。我们一起把它请出来好吗?(老师佩戴头饰)

二、听故事

老师要讲故事了,请小朋友们准备好啰! 小眼睛——看老师! 小耳朵——竖起来! 老师讲——仔细听! 小脑袋——动起来!

同学们,大家好,我的名字叫咪咪,是一只可爱的小花猫。我的爱好是吃鱼,我的本领是抓老鼠。我和其他的猫最大的不同是:我爱语文,喜欢读书和写字。别的小动物只要有不懂的问题都会来请教我呢!

可是,我读书写字时不注意姿势,有时躺着看书,有时走路看

148

书。写字的时候,身子趴在桌子上,脑袋搁在本子上。时间一长,我就成了近视眼,整天戴着厚厚的眼镜,非常不方便。别的小猫能跑能跳,天天能捉到老鼠。可是,我一跳,眼镜就要掉。老鼠在我眼前跑,我也看不清。只好整天饿肚子了。我真后悔啊!小朋友们,你们可不要像我一样,要从小注意读书写字的姿势哦!

(老师摘头饰)

故事讲完了,老师高兴地发现,刚才同学们的眼睛一直认真地看着我,小耳朵也一直在认真听。(老师板书:听)

会听故事的孩子们,谁开动脑筋回答老师的问题呢?

1. 小花猫咪咪得了什么病,所以看不清东西了?

评价:(回答正确,奖励你一枚爱语文勋章。)

2. 咪咪为什么会近视?(因为它不注意看书和写字的姿势。)

(也奖励你一枚爱语文勋章。)

接下来,让我们一起来帮助咪咪改正缺点好吗?

三、读书

1. 观察图片。

请大家仔细观察书上的小朋友,她的读书姿势哪些方面做得好?

(老师板书:读)

(手扶书,脚放平,肩不斜,身坐正)老师同时训练举手姿势。

评价:(奖励大家爱语文勋章。)

2. 老师把正确的写字姿势编成了儿歌,请跟老师读。

读书时,要注意,手扶书,脚放平,肩不斜,身坐正,书声琅琅真好听。

3. 小朋友们可以自己试着读一读吗?老师来检查你们的坐姿。

很棒,请你们翻看语文书第四页,一边读这首读书歌,一边检查一下自己的读书姿势。

4.智慧星来了,它想到我们每个组中间去。读书姿势端正,读书声音洪亮的组就可以得到智慧星,大家加油吧! 上学歌,一大组起……(四个组学生赛读)(评价并贴星)

四、写字

1. 观察。

在同学们的帮助下,小猫咪咪学会了怎样读书,现在让我们一起来教它怎样写字好吗?(好) (老师板书:写)

大家一起来看,这位小男孩的写字姿势哪些方面做得好?(训练举手)

(身体坐正,手离笔尖一寸,眼离桌面一尺,胸口离桌子一拳)

评价:(奖励学生爱语文勋章)(掌声送给所有积极回答问题的孩子们。)

2. 我们也有一首朗朗上口的写字歌,大家跟老师读。

背要挺,字看清,头摆正,肩放平。

手离笔尖一寸,胸离桌子一拳,眼离桌面一尺。

3. 要写得一手好字,掌握正确的握笔姿势很重要,请大家看老师的幻灯片。

(学习握笔,找点)

4. 拿出铅笔来试一试。削掉漆的地方不要握,就是一寸的距离。大家用大拇指和食指捏住铅笔,中指抵在下面,铅笔往右靠在虎口处,无名指和小指自然收拢。

5. 拿出书写纸,纸离眼睛一尺,就是你手臂的距离,大家量一下。还要注意胸口离桌子一个拳头的距离。

6. 保持好书写姿势,认真写自己的名字。(评价,加星)

五、说

1. 在同学们的帮助下,小花猫咪咪改正了不正确的读书、写字姿势。我们也要学习它表现好的方面,就是小花猫好学、爱看书。

书是知识的海洋,乐趣的天堂,你最近读了什么书? 书中有什么有趣的故事,谁愿意来说一说呢?（老师板书:说）

(《西游记》是一本很不错的书,故事很不错,你在说的时候,声音很洪亮,表达很清晰,同学们听得也很认真。掌声响起来,送给你,也送给认真听的同学们。)

2. 大家还看过其他什么有趣的书吗?

《格林童话》《伊索寓言》《一千零一夜》……

六、结语

我们爱语文,我们爱读、爱写、爱听、爱说、爱看,我们徜徉在知识的海洋,我们享受着快乐的一年级的学习生活。（歌曲配音）

四、交往力进步——"乐于交往"课程

交往能力是经济合作与发展组织（OECD）在全球开展社会与情感能力测评的五大能力之一。OECD在其报告中指出交往能力是个体与他人接触并建立和维持社交关系的能力。在人的社会性发展过程中,社会交往是非常关键的能力,也是重要的需求。人的一生中大部分的时间是在与人的交往中度过的。所以说,交往既是个体的需要,也是社会对个体的要求。而今天住在城市水泥森林中的孩子们往往与电子产品为伴,缺乏全面的交往圈,缺乏与人交往、合作的机会,走出家门后胆小、自卑、孤僻、不合群,交往能力明显不强。

杭州市笕桥花园小学一直以"幸福像花儿一样"为办学理念,旨在培养具有感悟幸福并创造幸福能力的社会公民。交往力就是幸福力中极其重

要、不可或缺的一环。学会处理好自己与自己、与父母、与兄弟姐妹、与老师、与同伴、与社会等的关系是使他们受益终身的重要能力。学校开设交往力课程正符合当下的时代需求,旨在引导和帮助学生健康成长,不断提升心理健康素养,培育自尊自信、理性平和、积极向上的心态,活出当代学生真正的精气神。

为更好地开设交往力课程,学校建设起了一支专业的师资队伍。其中,浙江省心理健康教育 C 证持证率达 100%,心理健康教育辅导成员中五位持有全国心理咨询师三级证书,一位持有全国心理咨询师二级证书。课程实施通过班级心理团辅课、谈话课、拓展课等方式达到全校普及。

(一)课程目标

1. 总体目标

通过系统课程的学习,以及参与漫画、游戏、表演、小队活动等多种形式的活动,增强对社会交往的认识,明白社交对自己成长和发展的特殊意义,在交往中学习社交经验,掌握社交规范,认识自我,完善自我,使个人发展与社会需要和谐统一。

在系统课程的学习中,学生科学地认识自我、认识他人、认识社会;在小组讨论中,积极参与集体交往活动,感受思维的碰撞,体会集体的力量和温暖;在心理漫画中,找到内心的真情实感与外界连接的窗口;在情境表演中,学习换个角度看问题,培养交往共情能力;在小队活动中,培养学生关心他人、关心集体、关心社会的好品质。通过不断努力,逐步养成参与社会交往的自觉性。

2. 阶段目标

(1)第一学段(一、二年级)目标。①知识技能:了解自己的优点和缺点。了解怎样的行为才能得到大家的赞许。能友好地与同学、老师等打招呼及寻求帮助。②过程与方法:在活动中感受友情和亲情,学会礼貌地表达自己的情感。学习与同伴、兄弟姐妹相处时如何正确地欣赏、赞美对方。③情感态度与价值观:从小树立感恩的心,并以自己的行为带动身边的人,共同营造和谐的家庭、集体氛围。认识到生活中与他人合作的重要性,明白与他人合作需要相互理解、信任。培养辨别是非的能力,有意识地注意交往中自己言行的适当性。

(2)第二学段(三、四年级)目标。①知识技能:承认并正视自己的情绪和情感,学会监控、调节自己的情绪。初步掌握倾听、赞美的基本技能。了解说话之前要先想好,不能急躁,而且要懂得换位思考,并能掌握一些与他人沟通交流的技巧。②过程与方法:通过画漫画,主动向父母等表达爱。通过演情景剧,将学会的说话技巧运用到生活实践当中去。通过玩游戏,体验不同的倾听态度和倾听习惯带给别人的不同感受,明白什么是良好的倾听行为,学做合格的倾听者。③情感态度与价值观:养成拥有愉快、美好的生活体验和积极的生活态度。养成参与探究活动的兴趣和初步能力。养成初步的助人成就感和集体责任感。

(3)第三学段(五、六年级)目标。①知识技能:了解情绪的各种表现,知道不良情绪会对自身的身心健康造成不同程度的危害;掌握人际交往的技巧,在生活中学会与人合作。增强对异性同学的了解,树立性别差异的意识。②过程与方法:学习掌握有效的沟通技巧并运用于实际生活中,有效改善人际关系。学习如何应对父母、祖辈的唠叨,实践换位思考,正确表达自己的诉求。③情感态度与价值观:能在人际交往中有效控制自己的情绪,形成稳定的、良好的心理素质。在全面、客观地认识自己的基础上悦纳自我,树立自信。融洽与异性同学之间的关系。

(二)课程内容

"乐于交往"课程是基于学校系统心理团辅课程开发的,是校心理团辅课的进一步深化与拓展。学校心理组通过分析1—6年级学生的心理特点,梳理了系统的课程内容,从"学习心理""性格品质""人际交往""生命观价值观教育""情绪管理"等维度,确定各年级心理课主题。同时,建立起配套的教学资源库。研究原来的团辅课课程,选取其中"自我认知""人际交往"等与交往力关联性较强的主题内容,并根据新的时代背景增加更加多元的项目组成,使"交往力"这一主题涉及面更加广泛,内容更加丰富。

"乐于交往"课程主要分为七个板块,"认识我自己""与爸爸妈妈做朋友""牵起爷爷奶奶的手""我的兄弟姐妹""老师,你好""朋友和我""大大的社会,小小的我"。每个板块包含 2~3 个课时,各个年级的具体内容有所不同。

"认识我自己"是通过认识自己,发现自己的优缺点、察觉自身的变化,学会客观地评价自己,学会与自我相处,学会悦纳自我,从而变得更加自然、自信、自觉。"与爸爸妈妈做朋友"是通过回忆体悟生活点滴中父母对自己的爱,学习换位思考,学习与父母正确沟通,表达自己的看法。"牵起爷爷奶奶的手"引导学生对爷爷奶奶多一份关怀和体贴,力所能及地帮助爷爷奶奶,并学会礼貌应对祖辈的唠叨。"我的兄弟姐妹"帮助学生在与兄弟姐妹的相处中,学会互相帮助扶持,处理嫉妒情绪、解决日常矛盾,做一位优秀的哥哥姐姐或弟弟妹妹,避免家庭纷争。"老师,你好"帮助学生学会面对威严或和蔼的老师,学习如何与老师相处,如何表达与老师不同的观点。"朋友和我"帮助学生学会正确处理和解决校园生活中的烦恼与困惑,例如,做错事如何向朋友道歉?与朋友意见不一时怎么办?想要拒绝朋友却开不了口时怎么办?等等。"大大的社会,小小的我"帮助学生在广阔的社会生活中积极了解社会、参与社会活动,学会保护自己,学会正确与陌生人交往。

(三)课程实施

根据课程特点,课程组在实践中积极创新实施方式,形成了以下几种主要的模式。

课堂模式:课堂模式是交往力课程的一种基本形式。学校每两周有一节心理健康团体辅导课,每节课40分钟;每周有一节心理交流谈话课,每节课20分钟。

游戏模式:在每天上午的大课间,我们创造性地将体育运动与心理游戏融合起来,形成了学生们喜闻乐见的趣味活动。在活动中学生与同伴进行挑战、互动、合作,不仅一扫学业上的负担,得到了精神上的放松,而且在活动中提高了交往力。

漫画模式:以生活或学习过程中发生的、常见的故事为创作背景,以认识交往、学习交往技能为创作基础,以漫画的方式呈现同学们在与家长、与同伴、与老师、与社会等交往情境中可能出现的情绪、困惑以及应对策略。漫画模式通过幽默风趣的方式引导学生接纳自我,建立积极向上的良好心理品质以及对美好生活的向往。

实践模式:组织学生以小队形式走出校门,走进社区,开展心理健康知识的宣传,与陌生的叔叔阿姨问好,与陌生的同龄人介绍自己,关心周围的工作、服务人员,进行交往力技能的实际训练。

表演模式:以自我认知为点,以点带面,认知自己与家长、与同伴、与师长、与社会的关系,联系现实生活,编创与排练有内心冲突、有情节起伏、有启示作用的心理情景剧。学生们在创作、编排、讨论、表演中再现生活中的交往困境,在情境中实践交往技能。

（四）课程评价

"乐于交往"课程评价以"发展、促进、提高"为依据,采用量化评价和质性评价相结合的评价方式,做到评价指标全面、评价方法灵活、信息收集多元、评价反馈及时。

1. 评价原则

对学生的评价坚持发展性原则、拓展性原则、科学性原则、适用性原则和动态评价主体多元性,评价主体至少包括任课教师、班主任、学生自身、同伴。评价主体间具有互动性,学校不以评比为目的,而以促进学生发展为根本目的进行评价。

2. 评价内容

交往力课程的评价更多地关注学生实践能力的发展,以及身心素质、学习潜能、积极情感体验等方面的发展。重点考察以下方面:一是学生的课程参与程度,学生是否积极主动参与活动,是否有漫画、记录等反映自身学习变化的资料、作品;二是活动过程中的合作精神和行为表现,学生是否乐于分享自己的看法,是否能服从分工并完成任务,是否能热心地帮助别人并进行互动;三是学生的拓展能力,对学生在活动过程中和日常学习生活中的实际表现予以全面客观的评价。

3. 评价方式

该课程的评价方式分为三个维度,即教师评价、学生自评、同伴互评。每学期期末总评价一次,采取星级制的评价办法。

案例 3-5　左手和右手

【活动目标】

1. 认识到在生活中与他人合作的重要性。

2. 培养初步的合作精神。

【活动重点】

认识生活中与他人合作的重要性。

【活动难点】

活动中引导学生明白与他人合作需要相互理解、信任。

【活动准备】

1. 画好表格的投影片一张。

2. 尺子、白纸及水彩笔。

3. 每两个学生一套针线。

【活动过程】

一、揭示课题

1. 教师举起自己的左手,问:同学们,这是什么?

教师再举起右手,问:这又是什么?

2. 请学生伸出左手和右手,双手相互抚摸,问:喜欢你的左手和右手吗? 为什么?

二、赛一赛,谁的小手最能干?

1. 教师过渡语:小朋友们,今天我们要进行一个比赛,看谁的小手最能干!

第一轮:画表格。

(1)(投影出示画好的表格)教师提问:你能复制一份和投影片一样的表格吗? 又好又快者为优胜。(工具:尺子、水彩笔)

(2)比赛结束,宣布优胜者,请优胜者说说是怎样利用好自己的左手和右手把表格画好的?

2. 第二轮:同桌合作,用"我"的左手和"你"的右手,画一份同投影片一样的表格。

3. 小组讨论:哪"一双手"更快,为什么? 两个人组成的"一双手",怎样配合,动作才能协调一致?

三、听故事,交流

1. 教师过渡语:小朋友们,让我们一起来听这样一个故事。认真、仔细地听,说说你听到了什么? 懂了什么道理?

2. 听故事《三只羊》。

3. 交流:在小组里说说你听到了什么? 懂了什么道理? 三只羊是怎样战胜大灰狼的?

四、游戏

1. 游戏:穿针引线。

(1)教师过渡语:我们现在来做一个小游戏,用刚才两个人的"一双手",把这根线穿在这枚针里。计时,开始!

(2)学生开始穿针引线比赛。

(3)宣布游戏结果,请优胜者谈谈自己成功的经验和体会。

(4)教师归纳:合作的伙伴,就像我们的左手和右手,互相理解、信任和支持,才能配合默契。

2. 游戏:冲出包围圈。

(1)教师宣布游戏规则:将全班同学分成两组,一组为包围者,一组为突围者。所有包围者手臂相勾围成圆圈,形成包围状。突围者则都在包围圈内,然后每次一个队员想办法冲出包围圈(不得用手协助突围),包围者齐心协力阻挡突围者。半分钟后,换其他突围队员,所有突围者都有一次突围的机会。

(2)全班分组开始活动。

3. 小组交流,在游戏中:

(1)包围者成功了几次? 失败了几次? 为什么会失败?

(2)突围者几人成功了? 几人失败了? 为什么会失败?

(3)包围者在游戏中有怎样的体会? 是否感受到团体合作的重要性?

(4)突围者在游戏中有什么样的感受? 一个人冲出包围圈容易吗?

五、情境表演

1. 教师过渡语:同学们,你们认为,在班级中做哪些事情也需要大家合作?

2. 学生讨论、回答后,教师过渡语:遇到下面情况你会怎么做?请你任意选择一个情境,和小组里的同学进行商量,用表演的形式告诉大家,你是怎么做的。

(1)写作业时忘了带橡皮。

(2)做数学练习题,遇到了实在解不出的难题。

(3)看到同学摔倒了。

(4)六一儿童节到了,学校要进行文艺表演,让同学们自己准备、自己报名。

3. 请你谈谈体会。

六、小结

如果缺少合作,我们将会遇到很多困难和烦恼。希望小朋友们在校内、校外都能积极与人交往,主动和他人合作。同时,也希望大家记住:相互支持,是合作成功的金钥匙,正如我们的左手和右手。

参考资料:

故事:三只羊

美丽的大草原上住着三只羊,他们是足智多谋的老山羊、身材魁梧且力大无比的大绵羊和机灵的小山羊。他们生活在水草肥美的大草原,过着无忧无虑的生活。

有一天,他们平静的幸福生活被一只恶狼给破坏了。从山上下来了一只凶残的大灰狼,狼看到三只羊后一心想吃掉他们。有一天,小山羊正在吃草,大灰狼轻轻地、一点一点地接近小山羊。机灵的小山羊听到草动的声音,警觉地抬起头,看到大灰狼已经离自己很近了,立即拼命地往家里跑,总算没有被大灰狼抓住。

　　第二天，老山羊和大绵羊低头在河边喝水，大灰狼从山上猛扑过来，老山羊和大绵羊游过了河才保住了性命。三只羊觉得这样下去早晚得被狼吃掉，他们在一起商量了对付恶狼的办法。老山羊说："羊多力量大，我们必须团结起来，共同对付恶狼。"大绵羊说："我的力气大，我用头上的羊角能把狼顶晕。"小山羊说："我去把狼引出来，绵羊大哥用你厚实的角顶狼的头，山羊大叔用你尖尖的角扎狼的肚子，我们一定会打败大灰狼的。"

　　第三天，大灰狼看到小山羊一个人在草地上吃草高兴极了，心想：今天我可要品尝美味了！狼猛扑过去，小山羊拔腿就跑，眼看就要追上了。大灰狼毫无防备，这时埋伏在草丛中的大绵羊猛冲出来顶了狼的头，大灰狼被顶晕了。一旁的老山羊把他锋利的羊角顶进了狼的肚子，把狼的肚皮划了个大口子，肠子流了一地，大灰狼再也站不起来了。三只羊胜利了，他们用集体的智慧，战胜了强大而凶狠的敌人。

　　从此，他们在一起过着平静而幸福的生活。

五、创造力提高——"凌霄创客"课程

　　人工智能、3D打印、激光切割、机器人编程等新技术进入课堂，极大地改变了教室的面貌和教学的手段。学校创建凌霄创客空间，将信息化应用与教学改革深度融合，促进教学组织方式重构和教学方法创新，推动实现规模化教育与个性化培养的有机结合。该课程旨在进一步推动学生的学习从浅层学习转向深度学习、从学科讲授转向跨学科学习。在课程内容的设计上，将机器人、无人机、人工智能等科技创新变成课程主题，让学生发现学科之间的内在联系，鼓励学生运用多学科知识解决问题。同时，打破照本宣科的教学方式，把知识学习和动手实践结合起来，鼓励学生像科学家一样思考问题，像工程师一样解决问题，成为复合型创新人才。

（一）课程目标

1. 知识

初步了解电子电路基础、机械动力、科学与物理学常识、信息技术、智能技术、美工等方面的知识。

2. 技能

初步学习电子技师的操作技能,信息技术和智能技术的应用技能、工程技能等。

3. 素养

初步养成较全面的跨学科素养。科学素养:运用科学知识(如理、化、生、地)理解并参与影响自然界的过程,基本的技术素养包括使用、管理、理解和评价技术的能力。工程素养:对技术工程设计与开发过程的理解、实践。数学素养:发现、表达、解释和解决各种情境中的数学问题的能力。

（二）课程内容

凌霄创客中心具有丰富的个性化课程资源。学校着力建构指向学生内力生长的"生长"课程,开发了一到六年级的进阶性课程内容体系,让孩子在快乐学习中收获更丰富的成长,在趣味学习中发展创意思维。具体课程安排与课程简介见表3-14。

"凌霄创客"课程改变了学生原先单纯接受式的学习方式,充分调动、发挥了学生的主体性,在研究性学习、参与性学习、体验性学习和实践性学习中实现学习方式的多样化,从而促进学生知识与技能、情感、态度与价值观的整体发展,极大地培养了学生的创造意识、实践能力、分析和解决问题以及交流合作的能力。

表 3-14 "凌霄创客"课程安排与简介

年级	名称	所需材料	课程简介
一年级	花名插牌	妙学连连套件	该课程设计包括了:结构与力、简单机械、动力机械、能源转化等科技内容。综合运用科学、技术、工程、艺术、数学等多学科知识,涵盖了体育健身、智能生活、智慧交通、实验探究等主题课程,以锻炼孩子的意志以及恒心毅力。学生在进行组装搭建时,需要用到一些科学原理以及定律,而且需要多次探究和思考才能完成作品。这一过程锻炼了孩子做事的耐心,有利于意志力的培养。同时,组装搭建可以开发右脑并释放学生的想象力,培养孩子全方位的综合技能
二年级	创意花盆(创意 3D 设计)	3D 打印机、耗材包	该课程设计包括了:软件积木基础模型搭建、创意模型搭建、切片原理与软件使用、3D 打印机的使用等科技内容。可以通过软件原有的积木块来搭建所需要的模型,培养学生的创新能力、空间想象力,激发学生对产品设计的兴趣和自信心
三年级	智能花盆(创客基础课程)	Mixly1.0 套件、激光切割套装、耗材包	该课程设计主要是学习应用 Mixly 软件编程,通过 Mixly 主板对硬件进行控制。包含程序编写、灯光亮灭原理、超声波传感器、光敏传感器、旋转电位器、蜂鸣器、按钮原理、结构与力、简单机械、动力机械等科学知识。该课程在学生掌握程序编写方法的基础上进行设计创新,拓宽了学生的知识面,发展了学生的逻辑思维能力

年级	名称	所需材料	课程简介
四年级	个性识花（创客提升课程）	创客工具套装、木工工具套装、3D打印机、激光切割套装、耗材包	该课程设计主要是将创客基础知识运用到实践中去,结合 Mixly 图形化编程以及激光切割和 3D 打印技术,利用各种传感器,制作出复杂的创客作品,比如各种花类展板、养花工具,等等。在此过程中,让学生在实现自己的想法与设计中,体会创客的乐趣,并培养学生的创新能力、团队配合能力等
五年级	智能花房（App Inventor）	App Inventor 学生端、创客工具套装、3D 打印机、激光切割套装、耗材包、木工工具套装	该课程设计主要是通过手机端 App 进行自主设计,美化 App 界面和功能,结合各类传感器,实时检测花房内的环境,智能控制、调节花房内的环境,包括温度、湿度、光线、水分等。在学习过程中,培养学生对于物联网的认知,同时也能够强化学生的逻辑思维能力和审美能力
六年级	人工智能	人工智能套件	该课程设计主要是通过学习人脸识别、语音识别、颜色识别、智能学习等技术,引导学生从图形化编程切换到纯代码编程的学习。在学习过程中,既能让学生体验高科技的人工智能技术,学习最前沿的新兴产品,又能锻炼学生的专注力、耐心和细心等学习习惯

(三)课程评价

1. 评价原则

"凌霄创客"课程在评价过程中注意坚持以下原则:第一,客观性原则:进行教学评价时,从测量的标准和方法,到评价者所持的态度,要符合客观实际。第二,指导性原则:对评价的结果进行认真分析,从不同角度查找因果关系,确认产生该结果的原因,并通过信息反馈,使被评价者明确今后的努力方向。第三,整体性原则:要对组成教学活动的各个方面作多角度、全方位的评价,不能以点代面,以偏概全。第四,参与性原则:将学生的课程参与情况作为学生学分考核的重要依据。第五,科学性原则:要用科学化的评价标准以及科学化的评价程序和方法。

2. 评价指标

在坚持以上评价原则的基础上,"凌霄创客"课程从五个方面制定了较为具体的学习评价指标体系(详见表 3-15)。

表 3-15 "凌霄创客"课程学习评价体系

课程学习表现评价	
聆听、表达和分享能力	1. 能够安静聆听他人意见 2. 敢于表达并且表述清楚、简洁明了 3. 能够分享自己的观点和想法
思考、解决问题和决策能力	1. 善于、勤于思考,能够主动参与思考 2. 在面对问题时能够尽力解决问题 3. 能够在活动中做出决策
设计/创造能力	1. 有创造能力,有创新意识 2. 有一定的设计能力、审美能力
协作能力	1. 学会和小组其他成员一起协作 2. 有聆听、表达、分享和协作的能力 3. 能够学会演示和建模 4. 意识到自己的工作对其他人有一定的影响 5. 信任老师和同学
自我管理	1. 能够讲述自己在这个活动中做了什么和学到了什么 2. 有集中注意力和坚持的能力 3. 能够处理任务中遇到的问题 4. 能够在活动中做出选择和决策 5. 在活动中敢于向老师和同学寻求帮助

基于上述评价指标,"凌霄创客"课程进一步形成了学生学习表现评价表(见表 3-16),以便对每一位学生予以较为全面的评价。

表 3-16　学生学习表现评价表

学生姓名	聆听、表达和分享能力					思考、解决问题和决策能力					设计/创造能力					协作能力					自我管理				
	1	2	3	4	5	1	2	3	4	5	1	2	3	4	5	1	2	3	4	5	1	2	3	4	5
1																									
2																									
3																									
4																									
5																									

小　结

根据浙江省教育厅关于深化义务教育阶段课程改革的要求,学校建立了分层分类的"基础＋拓展"课程体系,形成了内容丰富、类型多样,指向学生"内力生长"的个性化课程体系。在学校的不断创新下,基础性课程有所突破,转变了师生对基础性课程的认知,不断激发学生对于基础性课程的学习兴趣。另外,学校还形成了指向学生生命力、道德力、学习力、交往力、创造力五力生长的拓展性课程群。通过这些拓展性课程的建设,进一步培养了学生各方面的能力,促进了学校独特育人目标的实现。在未来课程建设中,学校将进一步推动教师开发具有特色的课程,继续丰富内力生长课程体系,为学生提供更多样、更有意义的课程选择。

第四章　课堂密码：构建内力"生长课堂"

课堂是传递知识的主阵地、实施素质教育的主渠道，也是学生发展的原点。课堂教学质量的提升是深化教学改革的追求，它在很大程度上会影响师生的幸福和未来的发展。为了促进学生的发展，课堂教学应当回归生活、回归现实、回归学生，培养学生好学深思的学习习惯，教给学生学习的方法，让学生乐学、善学。花园小学生长课堂以学生知识、能力和素养生长为目标导向，从学生的长远发展出发，通过开展课堂教学改革，着力打造"生长课堂"，帮助学生更好地理解知识、发展能力、拓展素养，切实提高课堂教学的质量。

第一节　"生长课堂"的构建

自建校以来，学校一直致力于课堂教学方式的探索和变革，旨在以立德树人为根本宗旨，改善沉闷、效率低下的传统课堂教学，追求和探索充满鲜活生命力的生活化、多样化的教学模式，让学生学会自主学习、自我管理，让课堂成为师生共同成长的花园。

一、生长课堂的理念

生长课堂立足于学生现实,着眼于学生发展,建构以生长为核心价值的课堂教学组织模式,是真正实现以学生为本、重视学生生长的课堂。生长课堂注重学生生命力、道德力、学习力、交往力、创造力的全面生长,以达到学生能力培养的全方位与一体化的目标。

(一)聚焦课堂

教学的主阵地是课堂,素质教育要求教师实施新课标、用好新教材、推进新课改。在课堂中,教师是导演,学生是演员,应当把表演的机会留给学生,让学生亲自实践,主动探索。生长课堂要求教师聚焦于课堂,注重课堂讲授与学生学习之间的关系,从学生的角度出发,以简要的问题贯穿课堂,以简洁的语言清晰地表达知识点,以简洁的方式教会学生学习,让学生在单位时间内少学精学,夯实学力,扎实基础,从而促进学生的可持续发展。

在生长课堂中,教师通过凝练教学目标,将教学环节以一定的逻辑串联起来,引导学生进行深度思考和探究。让学生在主动探究中进行语言的运用和思维的训练,从而体验到学习的成就感。以"导—问—探—练—评"的简约教学模式开展各学科教学,回归教育的本真。"导"即导入,导入环节简短而富有趣味性,将学生的注意力迅速地吸引到课堂中。"问"即问题,教师依据教学目标,创设相应的问题教学情境,通过启发性的话语,抛出简洁、精准、有效的主干问题,问中育人,题中喻义。"探"即探究,这是培养学生思维能力和问题解决能力的核心环节。教师在课堂中引导学生自己动手、动脑进行探究、解决问题,让学生在交流探究中会学、敢学、乐学,提高解决问题的能力。"练"即精练,所谓"熟能生巧",唯有通过精练、多练才能巩固课堂教学的成果。教师通过对重点、难点、易错点、易混点的分析,精心设计练习题,让学生在题中求论、论中求理,明辨是非,开拓思路,加深印象,深入理解所要解决的问题。"评"即评价,评价作为课堂教学最后且重要的环节,往往容易被教师忽视，但其对学生的影响却非同小可。在生长课堂中，教师通过正面积极的评价语言激发学生的学习内驱力，提高学生的学习兴趣。综上，"导—问—探—练—评"环环相扣，步步为营，稳扎稳打促进学生对知识的理解和运用，实现整体性、引导性、逻辑性的课堂教学。

教是为学做准备的，生长课堂通过"导—问—探—练—评"的教学模式，在个性化的思考过程与结果中让学生形成属于自我的独特思考方式与表达方式，发展思维力和学习力，从而形成兼具灵活性和敏捷性的深度学习思维。

（二）聚力生长

孟子的性善论中最早出现关于生长的论述，他认为生长既是对先天仁心的延展，也是后天道德的养成和发展。其理论将人的生长分为自然环境和社会环境中的生长，将内在生长需求与外在环境支持相结合。而在心理学中，生长指的是个体从"未成熟状态"到"成熟状态"的发展过程。这就意味着个体的生长和发展有其自身的规律。在教育学领域，杜威首次将"生长"这一概念运用于教育中，他认为教育即生长，教育的作用就是促进学生本能和心理机能的生长。因此，学校教育就是要通过各种途径和手段促进学生的继续生长。

花园小学生长课堂的提出立足于"以生为本"的新课改理念，结合了"用力生长"的校训以及"适性生长，静待花开"的育人理念。课堂是教学的主阵地，是学生知识、能力、素养发展的场所，也是教师素质提升的舞台。精心设计的课堂教学能帮助学生形成自主学习和自我管理的能力，推动学生可持续发展。同时，也磨砺着教师的教书育人本领。生长课堂以促进学生渴望生长的内在动机为基本取向，以提升学生的学习力为根本目标，通过改进教学方式和教学行为，优化整体教学过程，促进学生知识、能力和素养的生长。它有两个生长点：一是生长的"基础点"，所谓"基础点"就是基于学生当前的知识水平和能力水平需要进一步实现的"最近发展区"，也就是所谓的"跳起来摘桃子";二是生长的"向心点",所谓"向心点"就是基于适性教育的理念,根据学生的个性特征,引导学生生长的方向,帮助学生理解生活、理解生命,实现教育的最高价值。

用生长性理念来建构课堂,教学应是教师与学生在教学互动中共同发展且具有生长意义的活动。叶圣陶先生说:"儿童像种子,儿童的成长像植物的生长,有其内在的规律;教师应和种植家一样,给学生提供适宜的生长环境,精心呵护其成长。"生长课堂意味着课堂教学应当具有生命力、生长力和生活力,从学生的实际水平和生活出发,实现生命与生命的互动交流,实现生命个体在活动中的体验与成长,实现生命个体的完善和超越。

二、生长课堂的内涵

生长课堂以学生知识的生长、能力的生长和素养的生长为导向,是充满活力的生命课堂,是回归现实的生活课堂,是尊重儿童的生本课堂,是拓展学生思维的生成课堂,是寓教于乐的生趣课堂。

(一)充满活力的生命课堂

生命课堂是一种以追求人的发展为本的教育理念,是一种充满生命活力的文化、情感、思想的交流活动,[1]它以尊重学生人格为保障,以师生情感为纽带,以超越自身为张力,促进学生身心健康发展。它建立在师生彼此平等、协商互助、民主的关系上,师生之间生命相互理解,彼此对话,共同享受生命的智慧和生命的意义。[2] 生命课堂的智慧和活力来源于教师精心设计的教学内容,在课堂中用心呵护每一位学习者,尊重每个孩子的人格,关爱每个孩子的生命,用生命感受生命。生命课堂不像传统的课堂,只有单向的知识灌输、惯性问答,而是充满活力的,是师生生命平等对话的"交流场"。

---

① 何银兰.生命课堂[J].新课程,2020(44):235.
② 赵丹妮.生命课堂让"离场"的生命重新"返场"[J].中国教育学刊,2020(3):107.

我们鼓励教师利用独特的教育智慧、充满生命关怀的语言,呵护孩子的生命成长,让每一个孩子的生命故事缓缓流淌,让每一个孩子的生命活力被充分激发。

(二)回归现实的生活课堂

杜威认为,所谓教育原则和教育方法无非是在日常生活教育和学校教育之间寻找平衡点。生活是教育的源泉,脱离生活的教育犹如无源之水、无本之木,无法存在。因此,教育改革发展的趋势必然是回归生活。教育回归生活是解决纷繁复杂的教育问题的根本。如何更好地将生活与教育教学结合起来? 生长课堂要求教师善于抓住生活中的例子将之与教学结合,从而让学生感受到生活中处处有学习。当教育教学与孩子们的生活结合在一起时,他们的学习兴趣就能得到提升,解决问题的能力也能增强。

生长课堂是回归现实生活的课堂,它将学生身边司空见惯、生动活泼的例子引入课堂教学,从学生的实际生活出发,让课堂成为学生探索世界的窗口,充分激发学生对知识的渴望和追求。回归生活的课堂让学生体味到学习不仅仅局限于课堂,生活处处有知识,生活处处有学习,让学生感受学习与生活的紧密联系。

(三)尊重儿童的生本课堂

生本课堂的教学要求以学生的发展为本,要求在课堂中尊重学生,以学生的需要和发展进行教学设计并实施教学,将教学过程视为解决学生问题的过程、满足学生需要的过程和促进学生发展的过程。教是为了学生更好地学,这是生本课堂教学的最高境界。[1] 生长课堂充分相信学生的主观能动性,高度尊重学生,坚持以学生的发展作为课堂追求;它相信儿童是天生的学习者,是教育过程的主人和主力,教师在课堂中将"教"的职能转化为

---

① 常华锋.生本教学论.[M]北京:首都师范大学出版社,2012:106.

"导"的职能,让教皈依于学。① 此外,生本课堂拒绝灌输式的教学,主张将活动、游戏、合作学习、交流讨论等发挥学生主观能动性的方式引入课堂,通过开展各项活动,争取让每一个孩子都能主动地、最大程度地参与到课堂中,在参与过程中增强对学习内容的理解,感受作为课堂学习主人的快乐,学会将知识"同化"为自己的思想、能力和素质。

(四)拓展思维的生成课堂

叶澜教授说:"要从生命的高度,用动态生成的观点来看待课堂教学。"课堂教学应被看作师生人生中一段重要的生命经历,是他们生命有意义的构成部分,要把个体精神生命发展的主动权还给学生。因此,课堂教学中的动态生成是必要的。教学不应按教学设计按部就班地实施,而应充分考虑到学生思维的多样性和复杂性,关注课堂教学的活力。没有生成的课堂是没有活力的课堂,也不会是精彩的课堂。生长课堂是注重生成的、开放的和思维拓展的课堂,教师要充分地意识到学生思维方式的不同,在课堂教学中不可避免地会出现与预测目标不一致的情况,这就需要教师机智地加以引导,将各种情况转化为促进学生思维发展的资源。因此,在生长课堂中,教师的教育机智显得尤为重要,教师需要根据学情的变化,及时、适当地调整教学内容,灵活使用课堂生成资源,让师生、生生在生成课堂中产生新体验、新感悟。苏霍姆林斯基曾说:"教育的技巧并不在于能预见到课的所有细节,而在于能根据当时的情况,巧妙地在学生不知不觉中做出相应的调整。"②生成课堂能活跃学生的思维,拓宽学生的视野,但生成课堂也需要教师充分的预设和高超的教育智慧。唯有如此,生成课堂才能达到生命的高度。

(五)寓教于乐的生趣课堂

有趣的课堂能激发学生的学习幸福感,满足学生追求知识的渴望。生

---

① 李翔翔.王崧舟语文生本课堂研究[D].杭州:杭州师范大学,2016.
② 苏霍姆林斯基.给教师的建议[M].杜殿坤,编译.北京:教育科学出版社,1984:227-228.

趣课堂通过创设情境,让学生在实践中学,在游戏中学,在生活中学,在思考中学,以理激趣,以智引趣,以疑启趣,把情与趣有机融合。① 生长课堂旨在激发学生对学习的好奇心和求知欲,转变学习态度,变"要我学"为"我要学",引导学生自学、实学、好学的风气和劲头。生趣课堂包括三个层次的内涵:兴趣、情趣、志趣。"兴趣"是培养学生对学习的喜爱,让学生在轻松愉悦的气氛中学习,让学习活动成为一种享受,一种愉快的体验;"情趣"是在"兴趣"的基础上落脚到情感和认知,培养学生的学习态度和情感;"志趣"是志向、意志、兴趣和情趣的总称。有了兴趣的吸引、情趣的深入,学生便能积极、主动地投入到学习中,形成乐学、会学、有主见地学,到达学习的志趣层面,培养人生志趣。②

三、生长课堂的特征

《学记》中提出"教学相长"的理念,教育教学是师生的共同活动,其结果必然是师生的相互影响、共同成长。因此,生长课堂也正是通过课堂的"教"与"学",促进师生的共同成长和提高。生长课堂关注知识内容的"生发",指向教学方式的"创生",推动师生能力的"共生"和课堂内涵的"生彩"。

(一)关注知识内容的"生发"

"知识是'生长'出来的,学生的学习过程是知识不断积累和能力不断提升的过程,新知识的学习是在原有认知基础上进行的'老枝发新芽',学生对新知识的理解是由模糊逐步到清晰,由零碎到完整并逐步融入原有知识体系之中。"③任何一门学科都有它根本的知识结构,这些结构反映了知识之间的联系,因此必须要关注学科知识的逻辑和结构。学科知识之间具有严密的逻辑体系,要让知识生长,首先应该找到知识之间的生长点。从生长点

---

① 张文华.营造生趣课堂　提高课堂实效[J].新课程(教育学术),2010(11):69-70.
② 曹成.构建"生态、生趣、生命"的课堂[J].小学语文教学,2011(23):7-8.
③ 李国峰.发展数学思维　提高数学素养[J].中国民族教育,2017(11):64-66.

出发,利用恰当的方式,巧妙地激活它,让学生产生探索知识的主观愿望和冲动。知识的生长点简单而言就是学生现有的知识经验。建构主义学习理论认为,学习者的学习不是被动的,而是基于已有的知识和经验建构的过程。因此基于学生学习经验的课堂才能促进学生知识的理解和认知结构的发展。

以数学中"平行四边形的面积"的教学为例,学生知识的生长点是长方形和正方形的面积计算。因此,抓住学生知识的这个生长点进行课堂设计并实施教学,让学生能够推演出平行四边形面积的计算公式,从而加深对平行四边形面积的理解。

在课堂中不可忽视的是,知识的生长是自然的,而不是强加的。它注重知识点之间的内在联系,让知识自然地生长。教师应在学生已有的知识基础上不断补充、扩展,举一反三,灵活变式,从而帮助学生建构完整系统的知识体系。

学科知识的生长点是学生理解新知识的根基,也是对新信息进行加工的依据。因此,教师应在了解学生身心发展规律和现有水平的基础上,对知识进行溯本逐源,弄清知识的生长点,厘清知识的来龙去脉,基于生长点进行教学设计并实施教学,让生长课堂成为点亮学生思维火花的阵地。

(二)指向教学方式的"创生"

最有价值的知识是关于方法的知识。"未来的文盲不再是目不识丁的人,而是没有学会学习的人。"[①]所谓的学会学习,就是掌握学习方法,能够自主、高效地学习,对知识融会贯通。生长课堂基于此目标,致力于进行教学方式的"创生",在课堂中不仅教给学生知识,还引导学生探索获取知识的方法和途径,使其成为"会学习"的学习者。

"创生"教学方式主要在于优化教学过程,点燃学生热爱学习的火花,引

---

① 　阿尔温·托夫勒.未来的震荡[M].成都:四川人民出版社,1985:461.

导学生学会学习。生长课堂教学方式的"创生"改变了单一的讲授式教学模式，引导学生自主参与课堂，引导其发现知识、探索知识，使得教学内容由"静态固定"向"动态生成"转变，教学过程从"程序性"向"体验性"转变，教学方法由教师的"单向传递"到"多向互动对话"转变。

生长课堂既教给学生知识，也注重教给学生获取知识的方法，让学生学会学习。在注重终身学习和终身发展的时代，掌握学习方法、学会学习是适应社会、保持自身发展的动力源。正确的、合适的教学方式不仅能让学生更好地掌握知识，还能让学生学得轻松，提高学习的积极性。学生具有个体差异性，在学习方式上也具有个体适应性的差别。因此，不同学习方式的效果因人而异，选择合适的学习方式才能真正让学生享受到学习的乐趣。

（三）推动师生能力的"共生"

课堂是进行教学活动的场所，也是师生共同成长的地方。生长课堂不仅关注学生的生长，也关注教师素养和育人水平的提升。

首先，生长型课堂，必定是学生自主学习的课堂。儿童是主动的学习者，真正的学习不是教师将知识灌输给学生，而是学生在主动探索中获得知识。如果教师只是单纯地将每个知识点都教给学生，不仅不利于学生的发展，反而会妨碍学生能力的生长，导致学生成为接受知识的"机器"。教育的最终目的也不在于让学生掌握多少知识，而在于学生能力和素养的发展。学生在探索知识的过程中学会学习，提升实践能力和创新能力才是教育的根本。要在课堂中引导学生思考、想象、表达和实践，并内化为个人品质，从而促进学生核心素养的形成，实现能力的生长。

其次，教师是学生学习的指路明灯，其教学贯穿学生学习的始终。老师的设问、启发起到了奠定基础的作用，给予学生在"思"中创造、质疑、历练的空间，自然地使知识"发出新芽"，茁壮成长。因此，学校在注重学生发展的同时，也关注教师的职业发展和业务能力的提升，注重激发教师成长的内生动力。无论是课前备课，课堂教学，还是课后对教学的反思重建，教师都要不断地学习,提升自身素养。课堂是教师专业发展的根本阵地,教师通过对课堂教学过程进行反思、对学生的学习状况进行分析和研究,能够发现学生学习的特点,从而进行有针对性的教学。

比如,数学教师李老师和陈老师在教学中注重学生计算能力的培养。李老师深入分析学生在"整十整百整千相加"中的错误原因,借助画图表征,发展巧算策略。陈老师留心观察课堂练习中多次出现的"数位多少"错题,分析补救措施并进行强化练习,巩固数位理解。学生的易错点就是教师的生长点,通过分析学生的易错点,教师能有针对性地进行教学,从而更好地促进自身的发展,让课堂教学驾轻就熟。

教师们积极地分析课堂、分析学生,在成为教学能手的基础上成长为科研先锋,在教育过程中与学生一同生长,成为勇于突破、敢于创新的"研究型教师"。

生长课堂不是教师或学生单一成长的场所,而是师生共同成长的地方,学生通过教师传授知识而得到发展,教师通过分析学生而促进专业技能的提升,实现教师与学生在课堂中共同成长的目标。

（四）追求课堂内涵的"生彩"

在"双减"背景下,追寻与探问课堂教学的理想境界,追求课堂质量的提升是学校和广大教师共同关注的问题。学校积极贯彻落实"双减"政策,努力提升课堂教学的质量,减轻学生的学业负担。为此,追求课堂内涵的"生彩"就成为生长课堂努力的方向。生长课堂以预学单的方式先学后教,以学定教,将课堂还给学生,促进课堂生成,促进师生的共同成长。

课堂内涵的"生彩"在于课堂提问的精彩。问题是课堂的灵魂,好的问题能促进学生思维的发展和提升。生长课堂中,教师注重精心设计主问题,一步一步地引导学生思维的发展。

例如,语文陈老师执教的《桥》以"通过速读、跳读的方式找出本课中描写环境的句子""雨、水、桥之间有什么关系?""圈出描写洪水的词,想一想作者是如何写水的？这样写有什么作用？"三个问题串联整堂课，紧紧围绕本单元的语文要素"读小说，关注情节、环境，感受人物形象"进行教学，从而促进学生素养的提升。

精彩的课堂不在于问题的多与少，而在于问题的精与准。精准合理的问题能够有效指引学生思考的方向，促进学生思维方式的转变。

提升课堂内涵，让课堂服务于学生的生命成长是新课改的要求，也是落实提升义务教育质量的要求。课堂内涵的"生彩"源自于教师对教材的精确研读、对课标的精心钻研、对学情的准确把握，精心设计教学流程，对课堂教学中可能出现的生成点做好充分的估计，预测生成事件和生成方向，做好相应的预案。有内涵的课堂以学生为本、充满人文关怀、站在生命的高度与学生进行对话，实现灵魂和思维的碰撞。

四、生长课堂的模式

课堂教学模式的转变旨在提升教育教学质量，保证学生在校内学足学好。课堂教学模式具有稳定性的特征。这种稳定性是指教师受一定教学思想或教学理论的指导，将教学内容各要素之间的联系结合起来，建构起较为固定的教学活动框架或程序。同时，教学模式也是多样的，可以因个人风格和教学内容的变化而产生不同的课堂教学模式。探求新的高效课堂教学模式是学校生长课堂研究的一个重要方向。经历多年的探索，在"一核三程"的总体架构下，学校建构出了"导学—自学—合学—享学""提问—猜测—探究—求证""倾听—表达—对话—交流""整合—联结—建构—应用"四种课堂教学模式，实现了课堂模式的多样化。

（一）"一核三程"的基本架构

自主学习、自我管理，是学生未来学习中所需的最重要的能力。如何利用好课堂40分钟，关注学生自主学习、自我管理能力的培养，为学生未来的学习奠定基础，是需要深度思考的问题。为此，学校致力于探索以"一核三程"为基本架构的课堂教学模式(见图 4-1),积极创设想象、探索的空间,引导学生深度学习,增加课堂学习的宽度,实现生长课堂的目标。"一核三程"是以教学目标为核心,以课前、课中、课后三个阶段为过程,以此发展学生的学习能力和管理能力的一种架构。

　　课前——预备程。通过预习单,以任务式、项目式、探究式等形式进行课前学习,把课堂学习向课前延伸,引导学生自觉、自主地学习。

　　课中——经历程。以"提质增效"为抓手,重新安排课堂时间,将教学过程去繁就简,把更多的时间留给学生,让学生有更多的时间去体验、去探索、去发现、去总结,在学习体验中实现提升与发展。同时,通过将时间留给学生自主学习、合作学习,培养学生的思维品质,培养学生的自主学习和自我管理能力。

　　课后——提升程。通过形成性练习、项目式活动、知识性小报等方式,进行个性化、差异化指导,多角度、全方位提升学生自主学习能力。

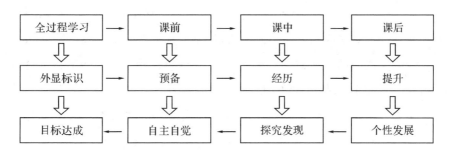

图 4-1　生长课堂"一核三程"的基本架构

　　通过重新安排课堂学习时间,优化设置学习任务,培养学生自觉、自律的能力,提高学习效率,增强学习自信。

　　(二)"导学—自学—合学—享学"模式

　　新课改强调学生是学习的主体,教师是教学活动的组织者和引导者。以往的课堂过于强调讲授式教学,长此以往,学生容易缺乏主动思考的意识,且容易产生思维定式。因此,通过问题导学的方式引发学生的学习和思考,借助问题调动学生学习的兴趣,将学习的主动权还给学生,这有助于学生思维的活跃和发展。

自学是指学生在教师的组织、引导和激励下,进行自主学习的过程。[①]儿童是天生的学习者,天生对未知世界充满好奇,天生具有探索新知的欲望和获取知识的能力。鼓励自学能发展学生的学习力和创造力,培养学生独立自主、探索实践的精神。教学贵在"学",学习是学生自己的事情,教师要学会"扶"和"放",凡是学生能做的,一定让他自己做;凡是学生能思考的,一定让他自己思考;凡是学生能自主表达的,一定让他自己表达。让学生自己去发现和解决问题,让学生自己去运用方法,让学生自己去探索规律,让学生自己去建构知识体系。自学是在问题导学的基础上,让学生经历阅读、思考、探究的过程,从而获得对问题的见解,并能够将思考的过程以及问题的答案与同学和教师分享,建立自己对知识的理解,从而实现思维的生长。

合学是由自学向群学转变的过程。合学是指学生经过自学之后,利用小组合作的方式对问题更加深入地探讨、研究和分析,了解问题的本质,从而实现学生之间的互帮、互助、互教、互学。分组合作学习改变了学生之间的竞争关系和学习地位。"组内合作""组际竞争""以优带差"是分组合作学习的主要元素,师生之间、生生之间的多向交流是分组合作学习的主要形式,学生主动学习是分组合作学习的主要目标。在合作学习中,学生的积极性得以调动,学习动力和能力得到提高,高阶思维得到发展。分组合作学习不仅能提高学生学习的主动性、独立性和创造性,还能为学生提供更多锻炼自我的机会,推动学生之间良好的人际合作关系的发展,提高社会适应性,提高学生心理品质和实现社会技能的进步。

将课堂还给学生并不意味着教师要彻底放手,而是循循善诱,于学生的

---

① 刘建文.生长课堂 人人生长——小学数学生长课堂校本研究的实践与思考[J].吉林教育,2016(48):17-19.

迷茫处进行点拨,于重、难点处进行分析。由此,教师才能有针对性地施教,从而提升课堂效率。

例如,陈老师教学的《桥》,让学生使用跳读、速读的方式找出环境描写的句子,思考这样的环境描写有什么作用?学生立马拿起书开始阅读、划出有关环境描写的句子。给予学生一定的阅读、思考时间后,让学生分享自己划出的句子。在分享过程中,陈老师对学生找出的不属于环境描写的句子适当地进行点拨,引导学生理解环境描写到底是什么?通过小组合作讨论雨、水、桥之间的关系,让学生明白环境有推动情节发展的作用。

享学是生长课堂的目的,通过教师引导学生自主地学、自由地学、自发地学,从而达到让学生享受学习、热爱学习的目的。

"导学—自学—合学—享学"的课堂模式是一种注重学习氛围创造和学习体验的教学模式,通过主问题驱动,激发学生学习和探究的欲望。在探究过程中,教师扮演解惑者和引导者的角色,帮助学生更好地理解知识。这一教学模式充分体现了学生的学习主体性,在提高教学质量的同时,真正将课堂还给了学生,让学生体会到学习的幸福感和满足感。

(三)"提问—猜测—探究—应用"模式

生长课堂中的提问不仅指教师向学生抛出解决问题的任务,也指学生提出问题或疑惑。猜测是鼓励学生以自己已有的知识为基础,通过对问题进行分析或将其与有相似性的特例进行比较、分析,通过判断、推理对问题结果作出估测。探究即学生在情境中通过观察、阅读等方式,搜集资料,形成对问题的解释。应用则是将所学的知识与生活实际相结合,通过所学的知识去解决生活中的问题,达到学以致用的目的。生长课堂的"提问—猜测—探究—应用"模式以问题情境为导向,以问题提出和解决为目标,以实践探究为过程,让学生亲历"发现问题—提出问题—分析问题—解决问题"的全过程,将课堂变成解决问题的场所,促进学生学习力的不断生长。

杜威认为教学的过程是儿童通过亲身实践、探究获取经验的过程,同时也是儿童思维发展的过程。教学要让学生自己去探究和实践,同时也要激发学生的思维活动。教师的经验、教科书中的观点只是给学生提供现成的答案,并非学生解决问题的有益材料。只有学生自己通过探索和实践内化的经验才能真正成为其头脑中的知识。课堂教学是在教师指导下的学生的学习活动,在课堂教学中尽可能多地设计有助于学生思维发展的活动,有效提升学生发现问题、分析问题和解决问题的能力,从而促进学生核心素养的提升。

例如,科学肖老师执教的"导体和绝缘体"一课,基于学生的一个问题"使用一套材料,如何将灯泡亮起来?"展开,让学生预测哪些材料能使灯泡亮,哪些材料不能使灯泡亮? 引导学生从中发现矛盾,激发探索的积极性,并进一步带领学生进行实验设计和探究。在这些活动中,帮助学生充分理解导体与绝缘体的作用。课程最后,肖老师还引导学生将所学知识运用于生活中,将课堂知识和生活问题结合起来。

通过采用"提问—猜测—探究—应用"的教学模式,肖老师引导学生理解了导体与绝缘体等基本知识。学生在猜测、探究的过程中,动手能力、思维能力得到了提升,问题意识、实证意识也得到了培养。

学生发现问题、提出问题的过程是学会观察、独立思考的过程,猜测、探究的过程是学会动手实践的过程,应用的过程则是学会将知识与生活相联系、思维得到拓展的过程。"提问—猜测—探究—应用"模式将"做思学"统一起来,对于发展学生的逻辑思维能力,调动学生头脑中已有的知识,帮助其主动建构起知识之间的联系具有重要意义。

(四)"整合—联结—建构—运用"模式

知识学习的目的在于迁移运用,只有将课堂中学到的知识运用于解决问题中,才能提升学生的能力,促进核心素养的生长。结构主义学习理论认为,任何学科都有基本的知识结构,其基本知识结构都可以用某种形式教给任何年龄的任何儿童。一般而言,同一学科知识之间具有紧密的联系,学生掌握了学科之间的联系就能达到迁移运用、举一反三的效果。

在平常的课堂中,教师如果缺乏联结旧知的意识,在教学中不注重知识之间的联系,那么就有可能导致学生的学习零散化、碎片化。学生一旦遇到复杂性、综合性的问题,就很难调动之前所学的知识进行深入思考。为了改变这种现象,教师必须重视知识之间的联系,采用联结策略将知识进行系统整合,从而促进学生的深度学习。"整合—联结—建构—运用"的生长课堂模式旨在帮助学生厘清学科知识之间的联系,将零散的知识系统化,能够有效促进学生对知识的理解。

"整合—联结—建构—运用"的课堂模式多运用于复习课。在复习课中,学生已经掌握了一定的知识,但是这些知识可能零散地分布于学生的头脑中,没有实现系统化。因此,此时教师应通过思维导图等方式帮助学生建立系统的知识图谱。具体来说,该模式具有以下特点:

(1)重视知识点梳理的方法。在课上通过图式、提问等方式为学生提供支架,帮助学生有序地梳理知识点,形成知识结构图或网络图,建构自己的知识体系。

例如,数学张老师执教的"多位数乘一位数复习",以一道乘法算式引入,带领学生进行回顾和反思,让学生自主梳理有关这个单元的知识点,然后将知识点串联起来,形成整个单元的知识框架。

(2)重视逻辑思维的提升。立足原有的知识,利用"最近发展区",加强思维的拓展和提升,让学生学会解决数学问题。

李老师执教的"表内乘法复习",围绕着"3 * 7"这一乘法算式的意义,根据学生的易错点,让学生判断能用"3 * 7"解决的问题,数形结合,抓住本质。在复习中有所拓展,在变化中有所提升,在讨论中迸发思维的火花。

(3)重视思考过程的可视化。生长课堂从低学段开始培养学生的画图能力,促进学生的问题解决能力的提升,引导学生在订正作业时写出思考的过程,用不同的方式理解信息。

(4)重视优化整合,拓展延伸,提高学生的发散思维。整合拓展,既让学生巩固了知识,又让学生的知识有了新的增长。

张老师执教的"图形中的乘法"联系学生已学的平面图形知识,利用数形结合,复习表内乘法,在图形的变化中让学生深入理解乘法的意义,并为两位数乘一位数、长方形面积的计算等知识学习积累了方法经验。

第二节 "生长课堂"的学科实施

经过不断的探索、借鉴,生长课堂教学取得了良好的效果。在课堂呈现上,逐步形成了语文课以简要问题串联课堂、数学课以简洁方法解决问题、英语课以简明语言进行表达、科学课以简约实验探索世界为依托的教学特色。从智力发展到学生素养的提升,学校充分尊重学生的个体差异,提倡个性发展,让每位学生都有自己的发展空间和平台。

一、语文生长课堂:简要问题串课堂,促人文理解

语文是一门兼具工具性和人文性的课程。语文不仅要教会学生听说读写,还要通过文质兼美的文章对学生进行熏陶感染,培养学生的人文素养。因此,语文生长课堂不仅要重视学生字词句段篇等基本技能的训练,还要注重学生多元、全面的发展。老师要善于通过简要的问题串联课堂,推动语文要素在课堂中落地,提升学生的语文素养。

(一)语文生长课堂内涵

问题是课堂师生对话的焦点,是贯穿课堂的线索。问题的设置要符合学生的"最近发展区",从而激发学生的学习动机。在语文教学中,通过简要、有效的问题串联,能够让语文要素落到实处,培养学生的问题意识和问题解决能力,并能让其在问题的引导下,更好地完成知识的理解与吸收。简

要问题并不是简单问题,简要问题是指能够体现文章中心的、学生有疑惑的、突破教学重难点的精要问题。

(二)语文生长课堂特征

语文生长课堂的简要问题有"真、简、精、准"四个特征。[①]"真"即真实,教师要真实地提问,问题具有针对性,减少"是不是,对不对"等类似的无效提问;"简"即简明,问题的表述要简明易懂,尽量用短句表达;"精"指的是表达精简,能让学生迅速把握问题的核心,节省时间,"精"即精华,教师所提的问题数量要少,所提的问题围绕该课学习目标,问题与问题之间相互关联,并从简单到复杂、从表面到深层再到本质,层层深入,将学生引向正确的思维方式,启迪心智;"准"即精准,就是要立足学生的"最近发展区",准确把握问题的深度和切入点,把握问题的难易度。简要问题的设计需要教师立足于对学生知识水平的充分了解,对教材的充分解读以及对课标的充分理解。

(三)语文生长课堂教学策略

1. 品析优美词句——加强文章理解

语言文字是情感的重要载体,品读意蕴丰富的语言文字能加深学生对文章主要内容和主要思想的理解。语文教材所选的均是文质兼美的文章,教师应引导学生细细品味优美的词句。在教学中,教师通过简要的几个问题,分析每一个词句所表现的特色内容和所展现的中心思想,让学生深刻理解每一个词句所表达的内涵,熟悉语言的表现形式[②]。通过分析文章的优美词句,解决简要问题,学生对整篇文章的中心内容也就基本理解了。以下是崔老师和童老师设计的《青蛙卖泥塘》的教学片段:

> 抓住角色语言,研读三至七自然段。
>
> 1. 找出《青蛙卖泥塘》中最重要的两位买家——老牛和野鸭

---

① 陈睿,姜启承.教师怎样研课磨课[M].长春:东北师范大学出版社,2018:43
② 冯凯杰.语文阅读课堂教学策略研究[J].文学教育(下),2021(1):116-117.

提问:《青蛙卖泥塘》中最重要的两位买家是谁呢? 把它们说的话用"——"找出来,并读一读。

2. 用横线画出老牛、野鸭和青蛙的对话并读一读

3. 指导朗读并读好野鸭、老牛和青蛙的对话

(1)读一读对话,说一说从两组对话中发现了什么?

发现一:青蛙两次吆喝的话是一样的,但心情是不一样的。

发现二:老牛和野鸭的对话前半句是对泥塘的肯定,后半句指出了泥塘的不足。因此要抓住"不过"和"就是",读出前后意思的转折。

(2)指名朗读老牛和野鸭的话。

(3)小组合作展示,一名学生演老牛,一名学生演野鸭,其余学生演小青蛙。

理解词语和句子是阅读能力发展的基础,纯粹的朗读是枯燥的,教师空泛的解释是无效的。崔老师和童老师设计的课文《青蛙卖泥塘》的这一教学片段,通过《青蛙卖泥塘》中重要的两位买家是谁? 把它们说的话用'——'找出来读一读"这一问题引领,重点研读老牛、野鸭和青蛙的对话。与此同时,老师还组织学生开展多种形式的朗读,在朗读过程中引导学生发现两组对话所表现的不同心情,从而帮助其领会句子前后意思的转折。

通过问题引导学生朗读品析语句是掌握文章主要内容的最重要手段之一,通过字里行间所透露出的情感,学生能够更深入地理解课文主要表达的意思。

2. 加强读写结合——丰富语言积累

新课改强调读写结合,因此语文生长课堂中必须引导学生将所读内容运用于写作。阅读与写作相辅相成,阅读是对语言文字的输入,写作则是对语言文字的输出。在语文教学中,读写结合,才能有效提高学生的读写能

力。语文生长课堂最重要的目标之一是促进学生读写能力的提升。教师需要凭借教材这个重要载体使学生达到举一反三、熟练和阅读写作技巧的目标。因此,教师要充分地挖掘教材文本,在教材文本中找到值得读写的切合点,设计小练笔,学习、模仿课文中的修辞手法、句式等,提高阅读和写作的兴趣,提升阅读和表达的水平。

语文贾老师执教的"火烧云"一课,通过图文结合、文本比较的方法让学生领会了作家萧红笔下火烧云千变万化的瑰丽奇观,并以"课文在'变'中描写火烧云,由霞光之美写到色彩之美,再到姿态美,而这三种美都是美在变化,有静态美,有动态美,从而抒发了作者热爱大自然、热爱生活的美好情感。请同学们也仿照课文,仔细地观察生活,写一个片段,写出变化之美。"这一问题引导学生读写迁移,激发起学生对大自然的美好情感。

贾老师在课末既总结了课文的主要内容,指导了写法,同时也以问题的形式让学生自己动手写作,从而提升学生的语言表达能力。

读是输入,写是输出,只有输入,没有输出的课堂是无法让学生学以致用的;只有输出,没有输入的课堂则不可能是高品质的课堂。读与写相辅相成,读是写的前提,有方法指导的读写课堂才是高效的课堂,才能真正让语文要素落地,促进学生语文能力和语文素养的提高。

3. 创设思考环境——点亮思维火花

把时间留给学生、把空间还给学生,让学生有充足的思考时间和空间是生长课堂的重要追求。思考与阅读密不可分,没有思考的阅读只能停留在文字表面,无法深入体会文字背后所表达的含义和情感。教师应创设思考情境,将学生引至思考的层面,给予学生充分的自主思考的时间和空间,帮助学生打开语文阅读的窗口,点燃思维的火花,引导学生认真思考文章的中心思想,体会文章背后所体现的人文精神。结合教师的提问和自我的思考,提出对文章的独特见解,形成创新性思维能力,从而提升语文素养。

以赵老师执教的《最后一句诗》为例,赵老师先用林武宪的《阳光》引入议题，并提问：前三句诗有什么相同之处？为何最后一句诗只能放在最后？引导学生进行思考并给予学生充分的思考时间。接着逐句展示诗歌《花一把》，师生共同讨论其语言特征，然后再出示最后一句诗"除非……"，鼓励学生进行想象。

真正的好课应该是灵动的、智慧的、动态生成的，应该让学生经历真实的学习过程。只有创设让学生思考的环境，让学生经历真实的学习过程，才能点亮学生的思维火花，促进其高阶思维的发展。语文课不仅要教学生语文知识，还应教会学生思维的方法，通过问题创设思考的环境，才能真正促进学生思维的发展。

4. 落实语文要素——提升语文素养

统编版教材执行主编陈先元指出："语文要素包括必需的语文知识、基本的语文能力、适当的学习策略和学习习惯。"从三年级开始，每一册教材、每一个单元均有特定的语文要素，单元语文要素渗透在每一篇文章中，是教师正确解读教材、进行教学设计和教学活动的凭借和依托。[1] 单元语文要素指向单元教学目标和内容，具有可操作性与检测性，对于教师把握教学重难点具有重要意义。学校语文生长课堂聚焦于语文要素的落实，精心设计每一个单元的助学单，致力于学生语文素养的提升。以下是崔老师、谢老师基于统编教材小学语文四年级下册第一单元语文要素进行分析并设计的课文学习助学单。

本单元以"乡村生活"为主题，编排了《古诗词三首》《乡下人家》《天窗》《三月桃花水》四篇课文。《古诗词三首》精选了范成大、杨万里、辛弃疾的诗词。《乡下人家》描绘了农家不同时节独特、迷人的景致。《天窗》则写了乡村儿童从天窗中获得想象的乐趣。《三月桃花水》是略读课文，展现了乡村田野的明丽春光。这四篇课文编排在一起，从不同角度展现了多彩的乡村

---

① 武凤霞.统编教材语文要素的内涵、序列解析与落实策略[J].小学教学设计，2020(34)：4-8.

生活,让人感受到乡村生活的纯朴、独特与美好。

本单元的语文要素是"抓住关键语句,初步体会课文表达的思想感情",提示了学生阅读课文体会情感的方法,"初步"强调了教师教学时应把握好教学目标的度。为了落实这一语文要素,本单元的选文在内容上贴近学生的认知经验,便于学生理解和想象。所选文章情感表达比较明显,为学生"初步体会思想感情"提供了支架:《乡下人家》借助泡泡提示点明抓结尾处关键句体会课文情感;《天窗》除了用课后练习点明需理解结尾的关键句,还借助泡泡提示点明阅读时也需关注并理解藏在课文中间的关键句;《三月桃花水》引导学生迁移运用抓关键句体会情感的阅读方法。交流平台则启发学生比较课文关键语句的表达,梳理初步体会课文思想感情的阅读方法。

《天窗》是文学大师茅盾以自己在 20 世纪 30 年代的童年生活为题材的一篇散文,语言生动有趣,富有哲理。课文以小小的天窗为切入口,选取了作者童年生活的两个场景——孩子们想在雨天玩与夜晚出门玩,却只能待在家里时,发挥了丰富的想象力与创造力,想象风雨雷电扫荡大地,想象星河山川和可爱的动物们。该课的目标是让学生通过抓住两个场景的关键语句,在感受方面进行对比,想象并体会作者童年生活的乐趣。同时,通过泡泡提示理解"从无看有,从虚看实"的意思。

在学生已经能够主动识字,理解课文内容以及感受乡下孩子乐趣的基础上,该课的重点是抓住关键语句,例如"小小的天窗是你唯一的慰藉""猛烈地扫荡"等来感受课文的生动之处与情感表达的特点。

案例 4-1　"天窗"预学单设计

(一)在什么情况下,小小的天窗成了孩子们"唯一的慰藉"?

阅读课文相关自然段,完成练习。

透过小小的天窗,孩子们看到了什么,又想象到了什么?

场景	眼中看到	心中想象到
雨天		
夜晚		

【意图说明】用表格的形式梳理透过小小的天窗,孩子们看到的以及想象到的事物。

(二)下列关于"慰藉"一词的说法,不正确的一项是(   )。

A.小小的天窗丰富了孩子们的生活,治愈了他们的疾病。

B.小小的天窗放飞了孩子们的心灵,让他们的想象张开了翅膀。

C.小小的天窗让孩子们不再感到无聊,有了更多的朋友,感受到了大自然的神奇。

我也来说说对"慰藉"一词的理解 _____

【意图说明】通过选择的形式,降低理解"慰藉"含义的难度。除此之外,为了培养学生的高阶思维,让孩子们也自己写出对"慰藉"的理解。

(三)文中孩子们从"无"中看出"有",从"虚"中看出"实",照样子填一填。

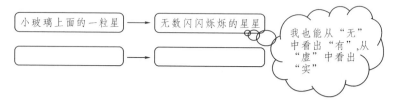

小玻璃上面的一粒星——→无数闪闪烁烁的星星

【意图说明】培养学生的高阶思维,让孩子们也自己想一想,写一写在夜晚透过天窗看到的事物以及想象到的事物,并为这段话的朗读指导做情感铺垫。

　　从案例 4-1 的预学单可以看出,我校教师通过对单元语文要素和课文内容的精准分析,提炼关键问题循序渐进地引导学生思维的发展和素养的提升。每一单元的语文要素虽然只有短短几十个字,却是语文课堂教学活动开展的基础,是学生语文能力和素养发展的指南。教师对语文要素的长期落实有助于学生语文关键能力的形成。语文生长课堂紧紧围绕单元语文要素进行教学设计,提炼教学关键问题,帮助学生发展语文素养和语文能力。

　　问题是课堂的灵魂,简洁有效的课堂提问能激发学生的好奇心和求知欲,推动学生思考,从而更好地达成教学目标,提升课堂教学效果。用简要的问题串联课堂,教师于文章疑难处指引,于情感迷惘处点化,于语句困顿处帮扶,于转折关键处引领,帮助学生生成深刻的人文理解。语文生长课堂旨在通过简要的问题串接,帮助学生完成语文课堂知识的理解与内化并提升人文素养的主要任务。

二、数学生长课堂:简洁方法解问题,促数学思维

(一)数学生长课堂内涵

　　数学学习的过程本质上是数学思维活动的过程,数学课堂的生长不仅意味着知识的增长、技能的娴熟,更意味着思维的灵动、思想的深刻和情感的丰盈。数学生长课堂注重知识的"生长点"和"延伸点"[①],将知识置于整体知识的体系中,探索使用简洁的方法解决问题,从而帮助学生理清知识发展之"序",把握知识内在之"理",培养学生的数学思维和方法。

(二)数学生长课堂特征

　　数学学科具有高度抽象性、严密逻辑性和广泛运用性的特点。数学生

---

　　① 李瑞芳.自然"孕育"有序"生长"——浅议促进儿童生长的数学课堂[J].小学数学教育,2020(24):12-13.

长课堂旨在教会学生数学的思维和方法,培养善于思考、具有严密逻辑的花儿少年。围绕着简洁方法解决问题,数学生长课堂具有"生活性""知识还原性"和"自主性"的特点。"生活性"是指数学生长课堂通过向学生呈现生活化的学习材料,提出数学问题,引导学生思考。数学是与生活紧密相连的一门学科,它来源于生活,也将回归生活。使用生活化的材料一方面可以纾解部分学生对数学学习的畏惧心理,体会数学与生活的紧密联系;另一方面,可以提升学生对数学的兴趣,提升解决数学问题的能力,感悟数学的美好。"知识还原性"是指在教学过程中让学生经历前人创造知识的过程,使学生知其然还知其所以然。著名数学家弗赖登塔尔说:"数学学习唯一正确的方法是实行再创造,也就是由学生自己本人把要学习的东西去发现或创造出来。"这就意味着教师不能仅仅将知识灌输给学生,而是要引导学生回到知识的起点,让学生自己从起点出发去探索知识、发现知识,从而促进学生数学知识的形成和能力的形成。"自主性"就是要引导学生经历自主探究的过程,发现知识的规律,掌握学习的方法。

(三)数学生长课堂实施策略

1. 生活化策略

数学知识来源于生活中的问题,与生活具有密切的联系,将生活化的特点赋予教学内容,让数学贴近学生的生活,数学就变得生动有趣,容易理解。数学知识不是抽象的、枯燥的,而是充满灵性和魅力的、与现实生活息息相关的。例如,俞老师善于抓住生活情境,将其运用到数学课堂中来,让学生去解决生活中的问题。

俞老师执教的"废纸的数学问题",用生活中最熟悉、最普通的 A4 纸贯穿整堂课,提出问题:纸张的长和宽是多少? 铺满风雨操场大约需要多少张纸(我们的风雨操场的长大约是 36 米,宽大约 20 米)? 一张纸的重量大约是 4 克,铺满风雨操场的纸张有多少千克? 等等。从学生生活中、所处的环境中,提炼出数学问题,同时又回归现实问题。学生通过收集学校一个月遗弃的纸张,称重并进行数学换算发现全校遗弃的纸张达 56 千克,全校使用的纸张可以铺满整个风雨操场还多出 2000 张。而一棵大树大约能造 60 千克的纸,全校师生一个月用去的纸相当于砍掉了一棵大树。

把生活中常见的例子引入课堂,以数学的视角看待资源浪费问题,用实际的数据说明节约的重要性,让"节约资源,保护环境"不再是一句口号。通过这节课,学生体会到数学与生活密不可分,学生将数学应用于生活的能力也得到了很大的提升。

校园里种的柚子丰收了,俞老师思考如何将之与数学学习联系在一起?她向孩子们提出了如下问题:柚子的体积有多大? 柚子的重量是多少? 怎么有理有据地估计? 怎么进行测量? 孩子们通过自主讨论,想出了解决办法:用电子秤称出柚子的重量。将柚子放入水中,水超过柚子的顶部,再算一算原来水的体积和现在水的体积的差就可以知道柚子的体积。学生们用阿基米德的排水法算出了柚子的体积呢!

生动的课堂、生动的数学,巧妙地将数学学习融入到劳动教育中,融入到生活实际中。从中,学生体会到解决生活实际问题需要数学知识和技能,这不仅极大地激发了学生的学习兴趣,而且提升了他们在实际生活中运用数学的能力。

数学学习活动不仅仅局限于课内、学具和教材知识,而应走向生活、走向社会,进行各种实践活动,解决生活中的实际问题,让学生学到更多、更长久、受益终身的知识。当数学学习与学生的生活实际实现了联结,数学自然就变得更加鲜活、有趣了。面对生活中的数学问题,孩子们调动头脑中的知识,开动脑筋去思考、去解决,从而提高了解决问题的能力和学习数学的兴趣和信心。数学课堂也因为生活化而更具独特的魅力。

2. 情境化策略

杜威指出,教学指向经验的产生,而经验源于情境,情境内孕育着经验的生长。情境教学具有趣味性、启发性、探究性等特征,通过创设生动有趣的情境进行教学,打破传统的、灌输式的教学,可以让学生在情境中更好地理解知识,从而点燃思维的火花。在数学教学中,要实现学生知识的生长,培养学生的数学思维,首先需要依据学习目标、内容和学生的特点创设问题情境,在特定的情境中展开教学活动,让学生主动探索。这个情境可以是生活实际的情境,也可以是问题情境、游戏情境等。通过情境呈现数学知识,让学生在"玩"中轻松地掌握知识,发展数学思维。案例4-2是李老师执教的"搭配"。

案例4-2 "搭配"教学设计

一、情境导入

师:同学们看看,这是什么?(出示一周午餐食谱)我把学校一周的午餐放上来了。你对这些菜的搭配满意吗?

师:今天就给你这个机会,让你过一把大厨瘾,自己来搭配,想不想试试看?

师:这里有5种食材(边指边说),肉丸,豌豆,番茄,茄子,鸡腿,午餐的要求是什么?

师:你会搭配吗?谁来说说看?番茄和茄子搭配可以吗?到底一共有几种搭配呢?

师:先听清楚我的要求,请你在学习单上表示出所有的搭配方法。学习单上的搭配要求简洁,让人一眼看明白你的搭配方式。

师:刚才我们在表示午餐搭配的过程中,同学们采用了(画图,连线,序号)这么多方法,看上去好像都不太一样。那么请同学们仔细观察,有没有相同的地方?

生:都是有顺序的,先固定一种,再搭配另外几种。这样做就能保证(不重复,不遗漏)。

师:说说看,你最喜欢的是哪一种方法?

师:这么多食材,我们可以先把他们分类。分成荤菜和素菜,我们先把荤菜固定,固定这个(肉丸)有 3 种搭配方式,固定这个(鸡腿)又有 3 种。

师:这个表示方式你看懂了吗? A 表示荤菜,B 表示素菜,用 1、2、3 进行区分不同的荤菜和素菜,我们一起来有序地说一说,A1 搭配 B1,A1 搭配 B2,A1 搭配 B······

二、搭配的计算方法(略)

三、练习

1. 基础练习

准备好了午餐,食堂工人要送到各个班级,从食堂出发经过 1 号楼再到 2 号楼,共有几条路线可走呢?

师:这也是搭配问题吗? 是什么和什么在搭配?

师:可是,这些路不知道名称,怎么办呢? 你有什么好方法吗?

师:我们可以用 A、B、C、D 分别表示食堂到 1 号楼的各条路线,那么 1 号楼到 2 号楼的路线可以用 1、2、3 表示。

师:请同学们用简洁的方式在练习纸上表示出所有可走的路线。可以直接报算式。

2. 建模:对比例题、基础练习

师:像这样的问题,数学上都叫搭配问题。(板贴:搭配)

为什么都叫搭配问题? 找一找他们有什么共同的地方?

找一找:生活中还有哪些有趣的搭配问题?

师:刚才你们都很积极,说明你们都是生活的有心人,只要留心观察,生活处处有数学。

3. 提升练习

师:透露一下,下周食堂的食材一共有 12 种搭配方法,猜猜看可能有几种荤菜,几种素菜呢?

师:在实际生活中,你们觉得这些搭配可能都有吗?

师:好,到底是几种荤菜几种素菜呢?下节课我们继续探讨。

李老师从孩子们日常的午餐搭配入手,创设食堂送餐的情境。学生在自主完成配餐的情境中明白了一荤一素搭配的规则,理解了搭配的意义。通过创设与数学学习相适宜的生活情境,数学生长课堂"活"起来了,学生已有的生活经验和知识基础被"激活",他们将这些知识和经验运用到情境中去解决数学问题,从而更好地理解数学知识,学习数学思想和方法。

3. 思维可视化

所谓思维可视化,是指数学生长课堂借助集合图、思维导图等方式引导和帮助学生梳理知识的脉络,让学生对所学知识更加清楚明了,并促进思维的拓展。

辛老师在执教"加减混合"一课时,通过动画和静态图相结合的形式,指导学生学会看静态组合型的情景图,让学生在充分理解图意的基础上独立列式计算。潘老师执教的"年月日"以画图方式引导学生通过观察、归纳等方法探究每个月不同的时间,减少单纯的识记。这样的设计深入地把握了学生对于常识性知识的了解和常识性知识与数学学习的关系,极大地发展了学生的推理能力、归纳能力与分析能力。陈老师执教的"排队中的问题"一课,利用图画架起直观与抽象思维之间的一座桥梁,让学生将需要解决的问题利用图画的方式更加直观地表示出来,进一步厘清数量之间的关系。王老师执教的"分数的意义"一课,在"3/4 平方米"的练习中利用图示感受分率与具体量的区别,画图分析"2 米与绳子的 3/4",更深切地比较分率与具体量。通过画图分析,让学生更深入理解单位"1",实现了前后知识的沟通与联系。

图形具有直观、可感的特点,通过图形沟通数学知识之间的联系,能够帮助学生更好地表征和理解抽象的数学问题。图示直观的形式让数学问题和数学知识变得简单、可感、容易理解,减少了学生对数学知识的简单识记,发展了学生的思维。

4. 游戏化策略

游戏是孩子的天性,数学思维的发展离不开游戏,游戏中蕴含的数学和科学知识,有助于提升他们的创新能力和STEM综合思维能力。学校每周的"玩好数学"活动和"好玩的"数学作业助力孩子们用数学的眼光看世界,让他们感受到数学就在身边,生活中处处有数学。"纸魔方"课程激发了学生对数学的兴趣,培养了他们的空间观念和理性思维。通过游戏化的教学让孩子们感受到数学是一个美丽的、好玩的国度,他们可以在这个国度中玩转数学、学好数学。

三、英语生长课堂:简明语言试表达,育双语少年

(一)英语生长课堂内涵

当前,基础教育阶段的英语课程受到前所未有的重视,其课程目标也从培养语言综合运用能力转向培养英语学科核心素养,这种深刻的变革将影响小学英语课堂教学模式的转变。语言能力、学习能力、思维品质和文化意识是英语学科核心素养的四大维度。[①] 小学阶段的英语学习要帮助学生建立良好的听说习惯和一定的听说能力,才能为以后的语言学习打下良好的基础。学校的英语生长课堂特别强调通过创设生动活泼的语言表达情境,鼓励学生在情境中尝试用英语进行语言交流,给予学生充分的对话练习机会,发展学生听、说、读、写和对语言知识的理解及运用能力,从而培养擅长沟通的双语少年。

(二)英语生长课堂的特征

英语教学作为一种语言指导活动,旨在培养学生的语言表达和交际能

---

① 洪琳.基于文本再构的小学英语对话教学设计[J].教学月刊小学版(综合),2020(12):27-30.

力。英语生长课堂凸显"重视语言表达"和"趣味性强"的双重特征。"重视语言表达"体现在课堂给学生提供开口讲英语的机会，让学生运用第二语言表达想法。此外，还体现在通过师生对话和生生对话中激发学生对英语的兴趣，提升学生的交流与表达能力。"趣味性强"表现在英语教师通过幽默生动的语言、灵活的教学技巧和直观形象的表演等方式教给学生单词识记和口语表达的方法，从而让英语学习变得简单有趣。趣味性强的英语教学，充分调动了课堂的活力，让枯燥的课堂变得生动而富有感染力。

（三）英语生长课堂的教学策略

1. 扫清对话障碍

小学生的英语学习虽然以口语练习为主，但是如果没有一定的单词量作为基础，那么学生将无法实现口语表达。这也将影响学生后续的英语学习和对英语的兴趣。对于学生来说，单词的学习是一件困难且枯燥的事情。因此，教师需要想方设法帮助学生学习快速记忆单词的方法。学校老师在课程实施过程中灵活使用多种教学方法帮助学生识记和理解单词，从而为学生的对话扫清障碍。

张老师活泼可爱，富有激情，她将所教课文的重点词汇和句型编成节奏明快的说唱音乐，学生读起来朗朗上口。在这种氛围中，学生更愿意学单词，读课文。倪老师在教学时，喜欢用节奏鲜明的英文歌曲加以导入。这样的课堂，容易活跃学生们的思维和身心，调动学生的肢体语言，让学生们在轻松活跃的课堂中增强学习兴趣。陈老师执教的"My schoolbag"课程通过创设一系列摸一摸、摇一摇等游戏活动，让学生在轻松的游戏中学习新的词汇。

研究表明，许多学生在英语学习过程中掉队的原因在于记不住单词，而小学生学习英语首先需要掌握一定量的英语单词，这是学习英语的关键，也是基础。① 学校生长课堂从这一长远目标出发,为学生的口语表达扫清单词储备不足的障碍,同时也为学生后续的学习打下坚实的基础。

2. 还原对话情境

英语课堂离不开生动活泼的情境,只有营造氛围和意境,才能激发学生表达的欲望和学习的热情。因此,英语生长课堂基于教材内容,创设生动有趣的交际情境,让学生在情境中感悟对话,激发学生的学习兴趣和求知欲望。

张老师执教的"Unit 6 Happy Birthday"一课,引导学生构建购买生日礼物时需要用到的基础句型框架,还原课文中的对话情境,让学生自主地、灵活地应用知识。

语言只有在情境中才有意义,脱离情境,就无法发挥其对交际的作用。"快乐学英语"的教学理念通过还原生动活泼的情境体现出来,孩子们不知不觉地置身于英语环境中,潜移默化地融入到学习英语的情境之中。

3. 创造表达机会

语言的学习离不开听与说的练习,将学生置身于英语的环境中,让其在英语环境中练习听与说的能力。教师根据实际的教学内容对文本进行再构,丰富文本的语义表达。通过创造表达的机会,师生之间、生生之间进行对话,让学生敢于用英语表达,善于用英语表达。

英语陈老师在教学"My schoolbag"时,精心设计师生对话、生生对话环节,给学生提供充足的口语练习机会,从而让学生的听与说的能力得到提升。

此外,学校还举办英语口语大赛,为学生的口语表达提供展现自我的舞台,调动孩子们学习英语的积极性。

语言是基于文化背景发展出来的交流工具,利用语言进行交流和沟通

---

① 孙娟.小学英语单词快速记忆方法的研讨与实践[J].学苑教育,2021(36):62-63+66.

是提升语言能力的重要途径。英语生长课堂就是要给学生创造充分的语言表达机会,激发学生的表达欲望,从而培养善于、乐于表达的双语少年。

四、科学生长课堂:简约实验探生活,强科学素养

(一)科学生长课堂的内涵

小学科学课程以培养学生的科学素养为宗旨,科学素养的形成是一个长期持久的过程。小学科学课程对学生科学素质的形成起着启蒙和奠基作用。学校重视科学生长课堂教学的探索,认为科学课的目标不在于使学生获得多少科学知识,而在于通过科学探究培养学生可持续发展的学习力,促进学生科学探究能力和科学思维的发展。

(二)科学生长课堂的特征

儿童是天生的探索家,他们热衷于探索周围的世界,而且他们的学习动机往往取决于对学习对象的兴趣。小学科学课程通常以科学实验来培养学生的探究能力和科学素养,满足学生的活动和研究欲望。因此,"实践性"和"探究性"是其主要的特点。"实践性"体现在学生自己动手进行实验,记录实验过程和实验结果。"探究性"则体现在让学生亲历"发现问题—提出问题—分析问题—解决问题—总结反思"的过程,从而培养学生的探究意识与探索能力。

(三)科学生长课堂的实施策略

1. 融合活动,培养实践能力

小学科学课程是一门具有活动性质的课程,参与科学实践活动是培养学生动手探究能力和科学素养的重要途径。通过设计具有趣味性的科学探究活动,打开学生探索科学世界的大门,激发学生探究世界的兴趣。案例4-3是我校肖老师执教"一天的食物"一课的教学设计。

案例 4-3　"一天的食物"教学设计

聚焦:揭示课题

1. 师:同学们,民以食为天,那什么是食物?

(预设:吃到肚子里的东西叫做食物。特例讨论:药、空气,这两者不算食物。)

2. 师:我们昨天记录了一天的饮食,也统计了每位同学一天吃的食物的种类,那今天我们就要来研究"一天的食物"。揭示课题:一天的食物。

二、活动一:记录统计一天中吃的食物

1. 师:大家看这位同学一天吃了多少种食物?(生汇报食物的数量,追问学生是怎样统计的?)其他同学吃的食物种类是否和他一样呢?

师:那我们现在要统一我们的统计标准:由多种食物组成的饮食要拆分开写在多种卡片上,每种卡片只写一种食物。

2. 展示学生的记录单。

师:你昨天吃了(　)种食物? 有不同意见吗? 为什么会出现不同的情况? 那当两个同学有不同标准时怎么办?

师:大家发现很多食物都重复出现了。我们统一标准,在统计食物时,一天中重复的食物只需要记录一次。

3. 大家已经知道了正确统计食物数量的方法,接下来给大家3分钟的时间,修改你昨天的原始记录卡片、昨天所吃食物的种类,并完成实验单的修改。

4. 学生汇报:

师:(追问)通过记录你发现了什么?

5. 大家已经知道了怎么修改,现在我们加大难度,统计一个组一天吃的食物种类,我们应该怎么做?

师:在汇总时,如果同组人出现了重复的食物,你怎样统计?

生:算一种食物。

师:怎样操作可以一目了然?

生:把它们粘在一起,或重叠放置。

6.小组活动、汇报:

(1)师:为了方便更好地研究食物,我们需要把整个小组所有成员吃的食物汇总在(摆放在、粘在)一张大表格中,让食物能够更加清楚地呈现在大家面前。数一数小组成员昨天一共吃了多少种食物?(预设:20～30种,大家中午吃的差不多、早上吃的种类少。)全景课堂:把小组统计的数据输入到Excel中生成表。

(2)师:这是小组的统计,那整个班级呢?那我们整个学校呢?在完成记录之后和小伙伴轻声讨论一下你发现了什么?

7.学生汇报。(预设:我们每天要吃很多种食物,我们的食物是丰富多样的。)

8.(预设:我们吃的食物的种类更多了。)面对这么多种食物,我们又该怎么办呢?一个个去统计吗?

三、活动二:对一天中的食物进行分类

1.师:那说明我们要怎样分类?我们刚才是按早、中、晚、其他进餐时间进行分类,你还知道哪些分类标准?(预设:生熟、主副、动物类和植物类,等等。)

2.师:同学们提出了这么多种分类标准,生活中常见的分类标准有以下几种:(主副、生熟,等等。)

3.师:为了更清楚了解、展示我们所吃的食物,下面我们也像超市一样对食物进行分类,同样,分类也要确定一定的标准。

4. 食物分类实验:

提出要求:

师:根据以上标准,每个小组轻声讨论一种分类标准,组长将你们组确定的分类标准写在分类表上,进行分类并完成实验记录,完成的小组请坐好。

师:分类结束后不要有遗漏。

5. 小结:你发现了什么?

(预设:通过分类我们发现,每天我们都在吃不同种类的食物,食物种类繁多,我们吃的食材多、主食多,食物有不同的分类标准、种类多时分类可以帮助我们简洁处理……)

四、总结拓展:

1. 今天我们是这样分类的,超市比我们分类得更加细致。通过分类、记录、整理对一天的食物进行了研究,对于丰富多彩的食物有许多种分类标准可以帮助我们分类整理。你来看一看。

(1)师:一天中甚至一周内,哪类食物吃得最多,哪类食物吃得最少?

(2)通过今天的学习,你还有什么问题?

在这一课中,肖老师设计了各种活动,让学生探究、体会食物的丰富性,学会给食物进行不同的分类。泰戈尔说:"教育的目的应当是向人传送生命的气息。"[①]科学课的活动应该是和大自然、和植物打交道的活动。在科学活动中渗透人文关怀,定能唤起学生心中对自然的那份纯真而美好的爱,也定能达成科学课的情感目标。通过统计与分类活动,学生对我们一天的食物有了更清晰的认识,懂得我们每天要吃丰富多样的食物来保持身体的健康。通过活动和积极的讨论,学生们知道如何进行科学探究,如何在探究中

---

① 李储涛.身体:道德教育的逻辑起点[J].当代教育科学,2012(12):47-49.

发现并掌握科学知识。

2. 引导观察，提升专注能力

观察是人类对世界进行感知、认知以及研究的重要途径，是人类认识事物的开始。从 2017 年开始，我国小学科学课程中增添了越来越多的观察类内容。① 科学课堂中的观察是一种有目的、有步骤且具有持久性的感知。但小学生的观察能力受身心发展的限制，无法长时间进行有目的、有效的观察。因此，教师在科学课的教学中应对学生进行积极的观察训练，从而提升其观察的能力和对事物的专注能力。

陆老师在执教"观察月相"一课时，要求学生观察一周的月相变化并充分地指导学生进行观察，给出详细的观察方法和记录方法：记录观测的时间、观测的地点，把看到的月球的真实样子画下来，没有看到或者忘记观察了，就不要凭空想象。将月亮的阴影部分用画斜线或涂色的方法来表示，或者根据月相剪白色纸片，把剪好的白色纸片贴在黑色纸片上。

教给学生观察的方法，不是把观察任务分配给学生，而是积极引导学生长时间观察，才能够真正提高学生的观察能力。

陆老师执教的"混合与分离"一课中，也通过指导学生对食盐和沙子进行观察和记录，告诉学生在观察时，应注意物体的颜色、形状和大小，同时应注意观察的顺序，这样才能使观察的点不遗漏且完整。

科学观察是学生把握科学现象，理解事物本质特征的重要途径，贯穿学生科学学习的整个过程，是学生在科学学习中必备的一种能力。科学生长课堂从科学课程的性质出发，有计划地对学生的观察能力进行培养，助力学生把握科学现象及本质，从而提升思维能力和专注能力。

3. 鼓励猜想，激发想象能力

在科学探究中，猜想与假设是科学研究的基础。但猜想并非胡想乱猜，

---

① 张婵.小学低年级科学课堂观察的有效性提升分析[J].科学咨询（科技·管理），2020(7)：229.

而是基于学生已有的生活经验和知识基础,运用科学的方法对发现的科学现象做出假定性阐述和说明。猜想是一种创造性活动,是建立在学生已有的认知基础之上的思维活动,属于高阶思维的范畴。在小学科学课堂中,有效促进学生科学素养和思维能力发展的途径是引导学生根据生活经验和已有的知识开展科学猜想。

肖老师执教的"导体和绝缘体"一课,通过出示一些材料,让学生自主探究如何使灯泡亮起来,并在此基础上引导学生开展猜想:是什么让灯泡亮起来的? 为什么这些材料能使灯泡亮起来? 学生们根据已有的知识和生活经验猜想导体容易导电,而绝缘体不容易导电,使这些灯泡亮起来的是导体。接下来的实验探究围绕着问题进行,使学生的探究更有方向、更有目的。在猜想和实验过后,孩子们对身边的导体和绝缘体有了更进一步的认识。

学习科学需要的重要思维就是大胆猜想,在科学学习中需要有敢于猜想的勇气。猜想属于高阶思维活动,对于理解和掌握知识,并运用知识解决现实中的问题具有重要意义。学校生长课堂充分意识到科学猜想在科学学习中的重要性,鼓励学生在探究前对问题答案进行猜想,并在猜想的引导下进行科学实验,让其体会到科学猜想的意义和重要性,感悟知识的连贯性和掌握科学方法的重要性,从而提高逻辑推理的能力,促进高阶思维的发展。

第三节　"生长课堂"的评价理念

课堂教学评价是根据既定的教学目标,运用科学、有效、可行的方法和手段,对课堂教学内容、过程和效果进行分析和整理,对其价值做出基本诊断和评估,以优化和改进教学活动的过程。[①] 课堂教学评价包括对教师、学生等的评价,对象广泛。学校生长课堂的教学评价主要指教师在课堂教学

---

① 王志慧.改进听评课机制,提高课堂教学评价效能[J].文教资料,2011(23):184-185.

中和班级管理中对学生的评价，评价力求遵循差异性、指导性、多样性、激励性等原则。

一、差异性原则

德国哲学家莱布尼茨说："世界上没有完全相同的两片树叶。"每个学生都是一个独立的个体，他们的成长环境、思维方式存在着差异。因此，在生长课堂的评价中，我们关注每一个学生的差异，从实际出发，注重评价的差异性与针对性，一步步引导学生思维的发展，实现让优等生的学习有"劲头"，中等生有"想头"，后进生有"奔头"的目标。通过差异性的课堂教学评价语言，让每一位学生都能发现自己的闪光点，建立起学习的信心。以下是祝老师执教的部编版小学语文四年级《王戎不取道旁李》的课堂实录：

师：现在，请同学们自己讲一讲这个故事，接下来老师请同学来讲一讲。

生1（表达不够清晰）：王戎七岁时，曾经和小伙伴一起出去玩，看见路边的李子把树枝都压下来了，小伙伴们都去摘李子，只有王戎不去摘。小伙伴们问王戎："你怎么不去摘李子?"王戎说："这路边的李子这么多，肯定是苦李。"孩子们去摘李子，发现这些果然都是苦李。

师：整篇文章翻译得很好，但"李树多子折枝"一句可以讲得更加精彩！再请一位同学来讲讲这个故事。

生2（基础一般）：王戎七岁时，曾经和小伙伴一起出去玩，看见路边的李子又红又多，把李树的枝丫都给压弯了，小伙伴们馋得口水都要流出来了，都争着跑去摘李子。只有王戎不动。有人问他，他回答说："树在道边却果实累累，这一定是苦李。"小伙伴们摘下来尝一尝，果然如此。

师：讲得很精彩，老师给你一个建议，要是你能将"人问之"中问的是什么讲清楚就更好了。

生 3(声音很小)：王戎七岁时，曾经和小伙伴一起出去玩，看见道边的李树果实累累，把树枝都压弯了，很多小朋友都争着跑过去摘李子，只有王戎一点儿也不为之心动。一个小伙伴问他："你怎么不去摘李子?"王戎说："这李子树长在路边，但树上还有这么多李子，肯定是苦李。"小朋友们摘下来品尝之后，发现王戎说的果然是对的。

师：你讲得最清楚了，你的声音要是更加洪亮的话，就更棒了！我们把掌声送给他。(掌声响起)

……

这堂语文课，祝老师针对不同基础、不同回答的学生进行了具有针对性的评价，既肯定了学生的优点，也指出了其需要改进的地方，尤其是对于声音很小的这位同学的评价，更体现了生长课堂中教师对学生的关爱与呵护。

学生的发展具有个体差异性，除了在课堂教学中对学生进行差异性评价，在课堂常规中也可以依据学生的特点进行个性化的点评，让学生发现自己的闪光点，建立学习和生活的信心。例如，六年级五班就进行了班级展评(见图 4-2)。并不是每个学生都能做到学习成绩优异，但这并不代表其不

图 4-2　班级展评

优秀。如果教师仅以学习成绩评价学生,则评价内涵就过于狭隘了,很容易忽视学生的人格闪光点及特长。关注学生的个性差异,有针对性地对学生的回答进行评价,才能打破课堂上尖子生当主角、中等生当配角、后进生当观众的局面,给每一个学生展示个性、发展个性的机会,让每一个学生都意识到自身的价值。因此,从多方面、有差异地对学生进行评价,能够促进学生的发展,甚至改变学生的命运。

二、指导性原则

评价的指导性原则是指在进行教学评价时,不能只停留于对学生的回答进行浅层次的分析和评价,而应深入学生做出回答的思维本质,从不同的角度找出因果关系,确认结果产生的原因,并通过及时的、具体的、具有启发性的信息反馈,使学生明确今后的努力方向。滕星教授认为教师的课堂评价不能脱离指导,脱离指导的课堂评价是没有意义的。[①] 生长课堂致力于学生学习力、思维力、创造力的培养,因此在课堂评价中特别注重对学生思维的引导,促进学生高阶思维的发展。以下是张慧琴老师执教的"认识小数"课堂教学实录片段:

师:请同学们完成第一题。下面哪幅图涂色部分能用 0.4 表示,为什么?

生 1:图 4 能用 0.4 表示。

师追问:为什么图 4 可以用 0.4 表示?

生 1:因为只有图 4 是表示十分之四。

师:看来你对小数的意义已经理解了。

师追问:剩下的为什么不可以用 0.4 表示?

生 2:图 1 不是平均分,图 2 只占十分之一,图 3 是四分之一,

---

① 滕星.论教学评价的规律和原则[J].教育科学,1989(1):11-15.

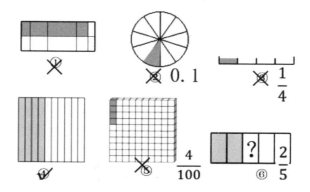

图 5 是百分之四,图 6 是五分之二。

　　师继续追问:说得很完整,但老师有一个疑问,怎么样就可以用 0.4 表示了呢? 图 6 能用 0.4 表示吗?

　　生(思考后回答):只要分母是十,分子是四就可以表示 0.4,图 6 可以通过通分变成十分之四,因此图 6 也能表示 0.4。

　　师继续追问:你很爱动脑筋,表达也很有条理,你能找出他们之间的共同点吗? 请与同桌讨论,并总结什么情况下可以用 0.4 表示? (学生讨论,气氛热烈)

　　……

　　这堂数学课中,张老师通过让学生判断图片涂色部分是不是表示 0.4 来巩固小数的意义,进一步强化学生对一位小数与分母是 10 的分数之间的关系的认识;并通过不断追问"为什么都可以用 0.4 表示?""为什么不可以用 0.4 表示?""怎么样就可以用 0.4 表示了呢?"发散学生的思维,让学生学会从不同的角度看待问题,从而发展学生的数学思维。

　　指导性原则不仅体现在数学课堂中,还体现在语文课堂中。在语文课堂中主要表现为通过指导性原则让学生掌握语文学习的方法,提升人文素养。以下是王婷婷老师执教的五年级上册"猎人海力布"一课的片段:

　　师:文章中有一个词语是龙王表示感谢的词语,是哪一个?

207

生:酬谢。

师:"酬"这个字是我们要学会的生字,我们来看看在写的过程中要注意什么?

生1:主干部分的西下面有一横。

师:不要忘记这一横,同时左小右宽。你能不能联系上下文说一说"酬谢"究竟是什么意思,和"感谢"有什么区别?

生:我看到了"您是我的救命恩人,我要报答您"和"酬谢"差不多。

师:哦,找到了一个相近的词——"报答"。请坐!"报答"和"感谢"有区别,可能还会有什么?请联系上下文思考。

生2:"酬谢"有物质上的反馈。

师:是啊,"酬谢"还有物质上的反馈,表示我的谢意。那么海力布得到的宝石有什么作用呢?

生:把宝石含在嘴里能听懂动物说的话。

师:这个要点,谁反复叮嘱过?

生:小白蛇。

师:我们来看叮嘱,什么叫作"叮嘱"? 大家可以联系上下文,再可以联系生活,想象一下。

生1:重复。

师:重复强调、反复地说一句话。

生2:再三强调。

师:再三强调,可见这件事情很——

生:很重要。

从王老师的教学片段中,我们可以感受到她比较注重在评价中渗透学习方法。例如,"什么叫作'叮嘱'?你可以联系上下文,也可以联系生活,想象一下。""你能不能联系上下文说一说'酬谢'是什么意思,和'感谢'有什么区别?"这些话语都具有指向性地引导学生思维发展和学习方法的掌握,真正地教会学生学习。

课堂评价的目的是指导,只有在课堂评价中做到评价和指导两者的有机统一,才能更好地推动教学过程的发展,促进学生的发展。课堂评价中将指导渗透其中,既能推动学生思维的发展,同时也能帮助学生了解自己的薄弱点,明确今后努力的方向。

三、多样性原则

学生的能力是多方面的,每一个学生都有各自的优势。在生长课堂的评价中,我们对学生的评价也是多样化的。多样化的评价主要包括评价主体的多元化、评价内容的多样化以及评价方法的多样化。生长课堂不能只是教师的一言堂,而应由教师、学生、同伴、小组等多元化的评价主体共同参与。多样化的评价绝不是仅仅关注学业成绩,而是要发现学生的闪光点、挖掘学生的潜能。多样化的评价也不仅仅依赖纸笔测试,而是应该融合更多元的评价方式。以下是闻一汇老师设计的三年级上册的《不会叫的狗》课文的预测单:

案例 4-4 《不会叫的狗》预测单

预测单

预测结局:第一种结局

预测理由:_____

预测情节:狗跑啊,跑啊,它遇到_____,学习_____,

(怎么学)_____,结果_____。

评价:

预测合理度☆☆☆☆☆

预测准确度☆☆☆☆☆

```
┌─────────────────────────────────────────────────────────┐
│                        预测单                             │
│  预测结局：第二种结局                                     │
│  预测理由：_____        │
│  预测情节：狗跑啊，跑啊，它碰到了一个农民。农民对它说      │
│  _____        │
│  评价：                                                   │
│  预测合理度 ☆☆☆☆☆                                        │
│  预测准确度 ☆☆☆☆☆                                        │
├─────────────────────────────────────────────────────────┤
│                        预测单                             │
│  预测结局：第三种结局                                     │
│  预测理由：_____        │
│  预测情节：狗跑啊，跑啊，它遇到一只真正会叫的狗。          │
│  _____        │
│  评价：                                                   │
│  预测合理度 ☆☆☆☆☆                                        │
│  预测准确度 ☆☆☆☆☆                                        │
└─────────────────────────────────────────────────────────┘
```

学生根据预测单，小组内交流"预测合理度"，再根据组员建议修改预测。

本单元的语文要素是"一边读一边猜测，顺着古诗情节去猜想；学习预测的一些基本方法；尝试续编故事"。这样的预测单设计一方面可以考查学生的预测能力，引导学生发挥想象，大胆预测，但要注意引导学生明白预测的合理性；另一方面可以通过学生自己的评价和小组内的评价，让学生掌握预测的方法。这张预测单的设计实现了评价的双重功能。

陶行知先生认为小孩子有巨大的力量。发挥学生自身的作用，让同伴引导学习和评价是教师课堂教学机智之一。以下是班曼老师执教部编版二

年级上册《妈妈睡了》课文的教学片段:

师:请同学们合作学习"睡梦中妈妈的温柔",根据学习单,组长带领组员开展合作学习并朗读第三自然段。

一、读一读
组长带领组员朗读第三自然段,做到不拖音、整齐、流利。
　　　　　　　　组长评价:☆ ☆ ☆ ☆ ☆
二、找一找
在书上用"＿＿＿＿"画一画睡梦中的妈妈哪里温柔。

生(在组长的带领下进行朗读)

小组代表汇报学习情况。

师:睡梦中的妈妈是那么美丽、那么温柔,睡梦中的妈妈又是怎样劳累的呢? 我们继续探讨。

　　……

教师与学生共同制定评价标准,将评价的权利交给学生,使评价的主体不仅仅是教师,而且让学生也参与到课堂评价中。在评价过程中,学生既学会评价自己,又学会评价他人,充分发挥了学生的主观能动性,帮助学生养成客观评价的态度与能力。

以上是评价主体的多元化,评价内容的多样化则表现在不同的课堂中,教师能够及时发现学生的特长。例如,有些学生课堂表现不理想,但是在班级管理或艺术特长方面很有天赋,班主任就会充分地发挥学生的特长,让每个学生人尽其才。

根据学生随着年龄增长而表现出来的认知和思维发展的差异,生长课堂的评价方式也会因年级的不同而有差异。低年级学段的学生以具象认知为主,因为他们的抽象思维发展不成熟,对于教师的语言评价没有那么敏感。由此,低年级学段的教师应采用实物评价(如小红花)、肢体评价和激励性语言评价等方式增强评价的效果。以下是卜涵天老师执教二年级上册《风娃娃》第一课时的课堂实录:

师:现在请同学们根据黑板上的提示,同桌合作讲一讲风娃娃来到田野上的故事。(课件出示:讲故事大赛)

生:风娃娃来到田野上,他看到一架风车在慢悠悠地转动,水断断续续地流着,旁边的秧苗因为水不足,都奄奄一息了。风娃娃心想:我如果对着风车吹一下,风车转起来了,水不就出来了吗? 小秧苗就能喝饱水了。于是风娃娃深深地吸了一口气,使劲向风车吹去。风车一下子转得飞快,抽上来的水流向田里,秧苗喝足了水,鞠着躬对风娃娃说:"谢谢你,风娃娃!"风娃娃开心地笑了。

师:(师从口袋拿出三颗星)你讲得太精彩了,你加入了自己的想象,达到了三星级的要求,奖励你三颗星!

……

师:(学生的注意力开始涣散)表扬＊＊同学坐得最端正,听得最认真,下课后请到老师这里领取一颗星星。(全班同学立马坐得端端正正)

通过具体的实物奖励和肯定的话语对低年级的学生作出评价比单纯的语言评价更加直观,更容易让学生接受。通过实物奖励评价引导学生认真听课和做好日常行为规范远比简单说教更有效果。教师要尽可能地让评价的方式和评价的内容多样化,让学生感受到教师的用心,增进教师与学生之间的情感。

四、激励性原则

心理学研究表明:激励能持续激发人的动机与内在动力,鼓励人朝着所期望的目标采取行动。激励性的课堂评价语言能让学生的动机、态度、情感、人格等因素处于积极活跃的状态,有助于增强学生学习的信心,帮助其发现自我价值与潜能。新课标中倡导激励性评价,要求教师在日常教学中发挥课堂评价的激励功能,多从正面对学生进行鼓励和肯定,激发学生的学习热情。学校的生长课堂本着激励性原则全面评价学生,帮助学生扬长避短,让学生在关爱和尊重中得到全面发展。以下是崔舒圆老师执教统编版六年级上册的《书戴嵩画牛》的教学片段:

师:对于戴嵩《牛》这幅画,杜处士的态度是?

生:尤所爱。

师:你从哪里读出杜处士的尤所爱?

生 1:所宝以百数。

师:谢谢你,你找得很准确,朗读也很有感情! 你还可以从哪里看出杜处士对戴嵩《牛》的尤所爱? 我们继续交流。

生 2:锦囊玉轴,锦囊玉轴说明了杜处士家境富裕。

师:你的回答很好,锦囊玉轴确实也表明杜处士家的家境不错,但是我们今天不讨论杜处士家是否富裕的问题。谁能来说一说锦囊玉轴是什么意思?(课堂气氛比较沉闷,无人举手)

师:老师喜欢举手的同学,举手的同学是最自信的同学,你举起的不仅是你的手,更是你的自信。(有一生举手)

生 3:锦囊玉轴是指用锦缎做袋子,用玉做画轴。

师:说得很好,我很高兴你勇敢地举起了你的小手,也很开心你能说得这么好! 现在我们一起来看看什么叫作锦囊玉轴。(出示图片)锦是丝绸中最精致、最华丽、最昂贵的一种,叫作锦缎。他用锦缎做了袋子,专门用来装戴嵩的《牛》,还用珍贵的玉作画轴。从袋子、轴这些小小的细节中,我们又一次感受到了"尤所爱"。谁能读好它?

生 1:锦囊玉轴。

师:声音洪亮,但是老师还没感受到这幅画的珍贵,听听其他同学是怎么读的,好吗?

生2:锦囊玉轴。

师:我感受到了这幅画很珍贵。全班同学一起来读一读这个词。

全班:锦囊玉轴。

师:听你们的朗读是一种享受,你们不但读出了声,还读出了情,崔老师很感谢你们。

师:你还能从哪里感受到他的尤所爱?

生1:常以自随。

师:你的朗读打动了我们的心,从她的朗读中我们可以感受到常以自随的意思是——

生2:常常把戴嵩的《牛》带在身边。

师:谁再试试?

生3:常以自随。

师:听你的朗读,我感受到了杜处士对戴嵩《牛》的喜爱。

师:同学们,想象一下你就是杜处士,面对这样一幅画,想想你为什么要常以自随?

生1:怕弄丢了,因为这幅画是名画,杜处士还用锦囊玉轴将它装饰起来,足以说明了这幅画的珍贵。

师:回答得真好,确实有这个可能,毕竟这是一幅名画,名画人人都想拥有。

生2:闲暇时一个人好好欣赏这幅画也是很有趣的。

师:你的分析足以见得杜处士对这幅画的喜爱。一人静静地、细细地欣赏着,实在惬意。

生3:在亲戚朋友面前欣赏。

师:你的想法很独特。与朋友聚会中拿出这幅画欣赏,实在美哉、乐哉。

生4:与喜欢书画的朋友一起讨论这幅画的精妙之处。

师:这个想法很精彩,好一个爱画如命、爱画如痴的杜处士。谁能来读一读这一段话?

生5:蜀中有杜处士,好书画,所宝以百数。有戴嵩《牛》一轴,尤所爱,锦囊玉轴,常以自随。

师:从你的声音中,我感受到杜处士非常喜欢戴嵩的这卷《牛》。

……

激励性评价的前提是对学生的关爱和尊重。从以上的课堂实录中可以看出,崔老师非常注重对学生的激励性评价,不管学生回答得怎样,她总能找到学生回答的优点并加以评价。通过这些激励性的评价语言让学生体会到思考与表达的乐趣,从而提升认真学习和思考的动力。

激励性评价的本质是发现学生的优点,将学生的优点放大。激励的话语是简单的,但是力量却是神奇的。有时候教师无意间的一句激励性话语就能改变学生的一生,因为它传递的信息是肯定、信任与关爱,学生能够从中受到鼓舞,从而转化为奋发向上的力量。

德国教育家第斯多惠说得好:"教育艺术的本质不在于传授的本领,而在于激励、唤醒和鼓舞。"[①]生长课堂以此理念为指导,积极开展激励性评价,拉近了教师与学生的距离,让学生更爱学习了,更爱思考了。这就是激励性评价的魅力,是激励性评价带来的改变。

第四节　"生长课堂"的成果

学校生长课堂改变了我校的常规课堂模式,让课堂教学回归生活,更有生命力;改变了学生,调动了学生的学习积极性,让学生学会独立思考;改变

---

① 张焕庭.西方资产阶级教育论著选[M].北京:人民教育出版社,1979:387.

了教师,让教师的教学观念发生了变化,教师学会自我反思,更加科学地看待自己的教育教学行为,更加灵活地处理自己在教育教学中出现的问题。

一、促进教师专业成长

为了成为一名让领导放心、家长承认、学生喜欢的好教师,教师需要不断学习,促进自身专业成长,成长为一名知识扎实、技能过硬、会思考的研究型教师。研究型教师与教学型教师的最大区别就在于前者是会思考的实践者,后者是习惯了简单重复的教书匠。在生长课堂的教学实践中,教师的潜力被一点一点地激发,思维被一点一点地唤醒。大家在生长课堂理念的指引下逐渐成长。

生长课堂的探索与实践研究,在以下方面助力了教师的专业成长:

第一,课堂不仅是知识传授的主阵地,也成为教师研究实践的基地。教师们根据自己在课堂教学工作和听课中发现的问题,确立研究的主题,带着研究的问题走进课堂,走近学生,提高教学效率。例如,朱嘉通老师针对低学段语文拼音教学的难点进行深入的思考,撰写了《眼中有人,手中有术:有效把握拼音教学的"第一"要素》,对拼音教学有了更深刻的认识;张慧琴老师对数学课堂中的目标、素材、理答三个方面的困惑进行梳理,撰写了论文《目标·素材·理答:合理"三取舍",实现高效教学》,在文中提出了可行的解决路径。研究撰写论文让教师们深入分析、集中思考教学问题。这不仅使他们对教学问题的理解更加深刻,而且也提升了他们的教学水平。教师逐渐从课堂中、作业中发现学生的问题,找到研究的落脚点,学会从教育理论的高度看待课堂教学中的问题,丰富和矫正自己的思考,提升自己的科研能力。

第二,教师的教学设计能力得以提升。在生长课堂理念的指导下,教师在开展教学设计时注重以学生发展为本,以维果茨基的"最近发展区"理论为指导,教师的教学目标应立足于学生现有的知识水平,并在此基础上拔高一定难度,让学生"跳起来摘桃子",促进学生的全面发展。此外,教学流程及教学策略的设计也要符合学生的认知规律。

第三,教师的教学观念发生转变。教师不仅仅要帮助学生增长见识、丰富学识,使其沿着求真理、悟道理、明事理的方向前进,更要让学生学会学习,提高其获取知识的能力、分析与解决问题的能力以及交流、沟通和合作的能力。此外,教师是学习的组织者,引导者,学生不是被动的知识接受者,而是主动的探索者,教师在课堂中构建创造性的空间,提升学生创造意识,激发学生的创造潜能,运用头脑风暴法,培养学生的发散性思维和创造性思维。例如,曹老师在听完生长课堂的课后,发出了这样的感慨:在课堂教学中,我们要立足课标,精准定位教学目标,明确学生要学什么;基于目标,精准完成教学过程,明了学生要怎么学;依托练习,精准达成教学目标,检测学生学得如何。让教者知其所教,学者明其所学,真正落实有效教学。她的感悟充分体现了要以学生为主体,从学生的角度出发进行教学。学生成为教师研究的对象和伙伴,教学相长才能真正得以实现。

第四,教师的教学特色与风格明显,教师们在行动的过程中增长智慧,不断思考。在相同理念的指导下,教师们根据自己对生长课堂的理解,逐渐形成了自己独特的教学风格。例如,张雪儿老师的课堂轻松活泼,陈霞老师的课堂充满思考和智慧的力量,俞国芳老师的课堂与生活紧密结合,崔舒圆老师的课堂活而不乱。

第五,教师的专业发展离不开思考、学习与研究,遇到问题想办法解决,解决问题的过程就是促进自我发展的过程。教师的问题从课堂实践中来,从课堂观察中来,从学习交流中来。教师们从自身的教学实践中发现问题,确立研究专题,以学校组织的研究团队和教研活动为依托,共同探讨研究专题和教学活动,并借助微信公众号等现代媒介记录活动过程和活动收获,从而不断提升自己的专业技能和专业素养。带着问题走进课堂,走近学生,让教师们学会了自我反思和自我研究。

以下是教师记录的生动的教学反思和自我研究案例，从中我们可以感受到教师们在生长课堂研究中的反思与成长。

> 资深教师最值得学习的地方有以下几点：①对于教材的处理更富创新力，不拘泥于死板的课程目标，应当在不脱离目标的基础上，作出合理的改造，使之更符合学生的"最近发展区"。②课堂感染力强，这离不开教师的扎实基本功。资深教师的课堂感染能力是新教师最应该借鉴的。③教师应当是课堂的引导者而不是主导者。新教师在此方面经常会进入误区，自己讲得太多导致学生思考的空间太小。而资深教师基于对课堂的掌控力，使课堂更加开放而不混乱。

有反思才有进步，有反思才有成长，这则反思让我们看到学校的教师不断学习、不断向上生长的品质。课堂成为教师思考和研究的基地，从课堂中发现问题，在实践中解决问题。"发现问题—提出问题—解决问题"的过程就是研究的过程，教师的专业素养就在这样的循环中不断得到发展。

二、提升学生思维品质

生长课堂的最终目的是促进学生的发展，学生发展的重要表现之一是思维品质的发展。对于小学生而言，能够对教师所讲的内容提出疑问，对于开放性的问题有自己的见解是未来发展的基础。生长课堂让学生学会自主探究知识，主动根据所学知识解决生活中的问题，学会迁移知识，而不是被动地接受知识。学会思考，从人云亦云变成有自己的思考，敢于发出不一样的声音；从没有问题到有问题、主动解决问题，在解决问题的过程中，学生解决问题的能力与创新精神得到提高，思维得到发展。

首先，学生学习的内在动机被激发，主观能动性得到提升。苏霍姆林斯基说："兴趣的源泉在于运用知识，在于体会到智慧能统帅事实和现象，人的内心有一种根深蒂固的需求——总想感到自己是发现者、研究者、探寻者。

在儿童的精神世界,这种需求特别强烈。"①生长课堂将游戏、活动融入课堂,将合作、研究引入课堂,让学生在玩中学,在玩中掌握知识。

其次,学生的学习自主性得到提升。面对学习任务,学生不是被动地完成,而是带有饱满的热情,积极主动地完成。生长课堂给学生提供机会,让学生自主探究新知,自主整理需要复习的知识点。在自主学习过程中,学生的主动性得到提升。

最后,学生的质疑能力得到发展。小疑则小进,大疑则大进,无疑则无进,不会质疑的学生是不会独立思考的学生,不会独立思考的学生的思维得不到长足发展。生长课堂注重培养学生的质疑能力,通过引发学生的认知冲突,鼓励其主动提问,从而加强对知识点的理解。

生长课堂指向学生思维品质的发展和学习能力的提升,通过游戏、情境等激发学生的学习兴趣,鼓励学生质疑能力和发散思维的培养,改变学习和思考的方式,促进高阶思维的发展。

三、焕发课堂教学活力

通过实施生长课堂,教师的课堂活力得到提升,"教师讲,学生听"的被动状态被打破,学生的学习主动性得到提升,课堂变得更加生动有活力。生长课堂的特点,主要表现在以下几个方面:

生长课堂具有道德力。一方面,教师紧扣杭州市上城区"德育三原色"理念,通过德育课堂培养学生的品格;另一方面,在语文、数学、英语等学科教学中渗透德育思想,将立德树人融入到日常教学中,旨在培养具有责任心强、意志坚忍等品格的学生。

生长课堂具有生命力。所谓生命力,是一种不断完善自我、发展自我的活力,当这种活力被激发后,个体的潜能就能得到很好的释放。生长课堂就

---

① 瓦·阿·苏霍姆林斯基.给教师的建议[M].武汉:长江文艺出版社,2014:72-74.

是要将师生的生命活力完全激发，让他们的价值在课堂中得到体现。教师们明确教育的最终目的不仅仅是传递知识，而在于激发学生的潜能，将人的生命感、价值感"唤醒"。因此，在生长课堂中，教师们努力让学科教学焕发生命活力，将课堂还给学生，营造宽松、自由、民主的课堂氛围，充分尊重学生的主体地位，让学生的自主性得到发挥，创造性得到发展。

生长课堂提升学习力。学习力是学习态度、学习能力以及终身学习能力的总和，是最可贵的生命力，最活跃的创造力和最本质的竞争力。① 只有形成长久、持续的学习力，学生的学习活动才有生机和活力，学生才能在课堂中、生活中学有所获。因此，生长课堂中的教师不局限于教给学生知识，更多的是教给学生学习的思维方式方法。

生长课堂具有创造力。创造力是衡量人才的重要标志，生长课堂的创造力是双向的，不仅培养了学生的创造力，而且教师的创造力也得到了提升。教师精心研读教材，创造性地使用教材，创新课堂教学方式和教学内容，提出有创造性的问题，布置具有创造性的课后作业。学生在这种具有创造性的氛围中学会独立思考，提出具有创意的问题和解决问题的方法。

生长课堂提升交往力。有生命力的课堂是师生之间、生生之间交往互动和对话的课堂，通过互动对话来提升学生的交往能力。小组合作学习是新课改提倡的学习方式，通过开展小组合作学习和团体活动，为学生创造多样的交往机会，把社会交往的主动权交还到孩子手中，锻炼学生独立自信地与他人交往的能力。

华东师范大学教授叶澜曾说："每一个热爱学生和自己生命、生活的教师，都不应轻视作为生命实践组成的课堂教学，从而激起自觉上好每一堂课，使每一堂课都能得到生命满足的愿望，积极地投入教学改革。"②生长课堂以发展的眼光，致力于营造有深度而又简约的课堂，让学生在单位时间内

---

① 张方雪.少年儿童学习力问题、归因及提升策略研究[D].开封:河南大学,2020.
② 叶澜.让生命焕发出生命活力——论中小学教学改革的深化[J].教育研究,1997(9).

少学、学懂,更好地实现可持续的发展。

　　古希腊哲学家苏格拉底说:"人类最大的乐趣莫过于学习。"只有当学习成为学习者内心的需求,学习的过程是学习者的主动探索和思考,学习的结果是学习者能够通过不断努力获得的,这样的学习才是真正充满内在乐趣的学习。学校生长课堂的探索就是要致力于实现学生在学习过程中的幸福体验,实现教师在教学过程中的幸福体验。

第五章　评价密码:聚焦学生成长思维

　　中国特色社会主义新时代是我国教育事业发展的新起点。新时代人民群众对美好教育的需求表现出多样化、多层次、多方面的特征。社会对教育的要求不断提高。育人评价作为学生得到的直接反馈,具有改进、激励等功能,通过调节评价方式可以将评价结果以更有建设性的方式反馈给学生,让学生可以从评价当中及时且具体地看到自己的进步与不足。因此,育人评价的改革成为教育模式变革中的重要一环。

　　中共中央办公厅、国务院办公厅印发了《关于进一步减轻义务教育阶段学生作业负担和校外培训负担的意见》,对当前学校评价中存在的问题进行了回应,特别强调"各地要积极完善基于初中学业水平考试成绩、结合综合素质评价的高中阶段学校招生录取模式,依据不同科目特点,完善考试方式和成绩呈现方式"。严禁下达升学指标或片面以升学率评价学校和教师。[①]随后,2022年,教育部印发了《义务教育课程方案和课程标准(2022年版)》回应了"双减"政策教育评价的改革思路,明确指出要根据学业要求实现

---

　　① 中共中央办公厅、国务院办公厅.关于进一步减轻义务教育阶段学生作业负担和校外培训负担的意见[EB/OL].(2021-07-24)[2022-05-08].http://www.gov.cn/xinwen/2021-07-24/content_5627132.htm.

"教—学—评"的一致性。① 此外,《深化新时代教育评价改革总体方案》也明确提出,针对不同主体和不同学段、不同类型教育特点,改进结果评价,强化过程评价,探索增值评价,健全综合评价。② 如何在日常教学实践中落实"四个评价"成为打通教育评价改革"最后一公里"的关键。正是基于这一要求,学校秉承着"校园即花园,教育即生长"的办学理念,通过创设优美的校园环境、营造和谐的人际氛围、建设多元的课程体系、开展丰富的教学活动,打造"幸福花园",培育"花儿少年"。

第一节 多元个性化评价理念的体现

"校园即花园,教育即生长"的办学理念从"五育融合"出发,结合"多元智能理论",归于学校"适性生长,静待花开"的育人理念,多维度、深层次地促进了"花儿少年"全面个性化的内化生长,学校在育人评价方面也努力做到多元个性化。其一,以立德树人为根本,最大限度发扬学生的个性;其二,指向五育融合,发挥评价的育人功能,逐步达成学生全面发展的教育目标;其三,以增值评价为导向,不断深化教育意蕴;其四,以学生的适性发展为目的,关注学生的内在发展、促进内生发展。

一、以立德树人为根本,发扬少年个性

"立德树人"这一概念一经提出便被确立为教育的根本任务。③ 自党的

---

① 中华人民共和国教育部. 关于印发义务教育课程方案和课程标准(2022 年版)的通知[EB/OL](2022-04-08)[2022-05-08]. http://www. moe. gov. cn/srcsite/A26/s8001/202204/t20220420_619921. html.

② 中共中央办公厅,国务院办公厅. 深化新时代教育评价改革总体方案[EB/OL]. (2020-10-13)[2022-10-23]. http://www. gov. cn/xinwen/2021-07/24/content_5627132. htm.

③ 胡锦涛. 坚定不移沿着中国特色社会主义道路前进 为全面建成小康社会而奋斗——在中国共产党第十八次全国代表大会上的报告[R]. 北京:人民出版社,2012.

十八大以来,习近平总书记多次强调其重要性,并在全国高校思想政治工作会议中进一步指出"要坚持把立德树人作为中心环节"①。2019年,党的十九届四中全会提出,要"完善立德树人体制机制,深化教育领域综合改革"②。这是进入新时代以来,第一次从推进国家治理体系和治理能力现代化高度,将立德树人作为根本任务从而做出制度性安排。

"立德树人"是新时代学生品德教育的新要求,同时也是新时代学校教育最根本的出发点。学校同样把"立德树人"放在多元个性化评价体系构建的首要位置,在关注学生品德发展的基础上,关注其个体发展的差异性与独特性。力求每一位教师能够乐于对每一位学生抱有积极的态度,并善于从多个角度来评价、观察和接纳学生。教师作为学生学习的指导者,可以引导学生开展小组合作互评、自我评价以及指导者评价等多种评价。在进行小组评价时,教师结合教学目标以及学生的发展情况,指导学生进行小组合作,并在此过程中拓展其优势发展空间,弥补不足之处,使学生能够得到更客观、全面的评价。在引导学生进行自我评价时,改变以往单一、传统的评价方式,让学生尝试通过自我审查、自我监控、自我考察等一系列反思内省过程,获得内生力的发展。在指导者进行评价时,可以根据学习内容和学生特质设计不同的评价标准和评价方式,评价的过程也是指导者进一步了解学生学习效果和学生不同特性的过程。

二、以"五育融合"为前提,实现全面发展

2019年,中共中央、国务院在《关于深化教育教学改革全面提高义务教育质量的意见》中提出"五育并举"指导方针,要求"突出德育实效""提升智

① 习近平在全国高校思想政治工作会议上强调:把思想政治工作贯穿教育教学全过程开创我国高等教育事业发展新局面[N].人民日报,2016-12-09(1).
② 中共中央关于坚持和完善中国特色社会主义制度推进国家治理体系和治理能力现代化若干重大问题的决定[N].人民日报,2019-11-06.

育水平""强化体育锻炼""增强美育熏陶""加强劳动教育"。"五育融合"作为"五育并举"的具体施行手段,有助于促进学生的全面发展。[①]

可以通过三种方式理解"五育融合"的概念。

方式之一,阐发理论,回到"五育并举"的思想源头。其要义是相对于"片面发展"而言的,强调"德""智""体""美""劳"五个方面的全面发展。这一理解方式下生发的往往是围绕不同主题展开的课程,例如以劳动教育为主题的综合实践课程,以发展美育为主题的兴趣活动课程等。

方式之二,赋予各"育"新时代内涵。例如,劳动教育最早在《乌托邦》中出现,空想社会主义者莫尔认为劳动教育是指在生产劳动的同时学习科学、文化知识。但洛克与卢梭则认为劳动是教育的一种手段,儿童在动手操作的过程中,其身体、智力和道德都能得到一定的发展。[②] 这一理解方式下的"五育融合"关键在于根据新时代的人才需要,将教育理念切实落地到日常教学活动中,并在教学过程中不断改进与完善教育理念。

方式之三,把握关联,构建"五育"内在联系。从哲学角度出发,"五育"可以被划分为"心理发展""身心和谐发展"以及"创造性实践能力"三个层次。[③] 从素质教育角度出发可以将"五育"划分为身体素质教育、心理素质教育、社会文化素质教育,劳动教育则是以上三类素质教育的综合。教育是一个大系统,系统中各要素相互联结,以整体的形式发挥作用。[④] 从课程设置角度来看,"五育融合"包含三重含义:其一是目标的融合,不同科目的课程目标都需要从全面发展角度进行综合考量,使目标之间能够做到统一与衔接;其二是课程内容的融合。简单来说,就是探索不同科目之间的共通之处,在授课过程中可以借鉴其他科目的思维方式帮助理解知识,也可以在教学中渗透其他科目内容,以促进知识学习的大融合;其三是育人过程的融

---

① 李政涛."五育融合",提升育人质量[N].中国教师报,2020-01-01(3).
② 李政涛,文娟."五育融合"与新时代的"教育新体系"的构建[J].中国电化教育,2020(3):7-16.
③ 桑新民.对"五育"地位作用及其相互关系的哲学思考[J].中国社会科学,1991(6):159-166.
④ 班华.素质结构·教育结构·素质教育[J].教育研究,1998,(5):10-14.

合，即设计融合式课程和有助于融合课程实施的策略、方式和方法。

基于上述理解，我们认为基于"五育融合"理念的教育评价应从促进学生全面发展的角度出发，既有针对性地评价学生的优势与不足，促进学生的全面成长，又能在评价过程中体现学校的办学理念，让评价成为实现学校的育人目标的途径之一。

三、以增值评价为导向，深化教育意蕴

增值评价是破除唯分数、唯升学、唯文凭、唯论文、唯帽子五项顽瘴痼疾的"利器"，它作为全新的立体化评价方法和路线，不仅为教育评价提供了更为具体和可测量的评价工具，而且拓宽了学生发展的空间。不仅如此，增值评价还有利于进一步实现教育公平，提升教育教学质量。增值评价关注学生和教师在教育活动中取得的进步，体现分级分类的思想，从而打破原有评价结果的分层固化的现象，推动学校评价从"重点"到"特色"的转变。[①]

增值评价的动态性与实时性使得评价更立体，对于学习能力强或弱的学生都有较强的提升作用。对于学习效能比较低的学生，阶段性的动态评价能够让学生看到自己的进步，帮助学生增强学习的信心。对于高学习效能的学生，教师可以及时掌握学生的学习层次，并在学生能够掌握的基础上更深层次地挖掘其学习潜力，改进学习策略。一方面，增值评价是打破评价的"惯性思维"，达成"破旧立新"的具体行动变革，是对整体教育质量评价的完善。另一方面，它也是评价从单一到多元的切实变革，使得教育评价标准得到进一步的完善，让更多的评价者不再是"被动应付"而是"主动作为"，为评价体系的变革做努力。[②] 这也是学校从此方面入手思考评价理念的原因，新时代的学校评价体系应随着时代进步而进步，不关注与别人的横向对比，而更专注于自我多方面的进步，旨在引导评价对象的多元个性发展。

---

① 周光礼,袁晓萍.聚焦"四个评价"深化教育评价机制改革[J].中国考试,2020(8):1-5.
② 郑智勇,宋乃庆.新时代基础教育增值评价的三重逻辑[J].教育发展研究,2021,41(10):1-7,17.

四、以适性发展为目的,促进内生发展

学校基于对校本文化的理解和解读,根据办学理念和发展定位,进一步提出了"适性生长,静待花开"的育人理念,致力于培养"自然、自信、自觉"的花儿少年。"适性生长,静待花开"的育人理念下的教育评价主要以发展性评价的方式加以实施,以"创造适合学生发展的教育"为根本目的。它依据新课程提出的培养目标,通过对学生学习过程和结果的系统分析,对学生的现实与未来发展状况作出价值判断,及时进行反馈。发展性评价注重学生的优点,对学生寄予希望,帮助学生制定适合自身发展的目标,为学生发展创造有利条件,激发个体积极进取动力,最终实现学生的全面发展。因此,学校致力于培养的"自然、自信、自觉"的学生实际上是希望达成学生"自然生长""自信睿智"以及"自我察觉"的发展目标。

（一）自然生长

"自然生长"指一种自然而然的状态,反映学校对学生自然天性的尊重、对遵循"自然生长"规律的追求。这一观点的提出不仅源自教育家杜威的教育见解"教育即生长",也与教育家卢梭主张的"自然教育"不谋而合。

卢梭认为人所受的教育可以分为三种,分别是天性的教育、人为的教育以及事物的教育。三种教育要互相配合,人为的教育和事物的教育都要以人的天性为基础,要求教育做到顺其自然,不能违背人性的发展规律。自然教育的目的在于培养"自然人","自然人"完全为自己而活,不需要受到社会地位以及职业的限制,能够适应客观发展变化的需要。[①]

新时代下,学校提出的"自然人"培养目标已经远远超越卢梭时代的界定。我们认为学校教育是个人成长过程中影响力最强的教育形式,其最终目的必然指向社会对于人才的需求。因此,学校培养的"自然人"是指培养

---

① 赵秀影.卢梭自然主义教育思想及其现实意义[J].文学教育(下),2020(12):18-19.

既符合时代与社会发展的需求,又有鲜明个性、健全人格以及和谐身心的人。基于此,学校致力于创设更加自然的教育空间,营造更为自然的教育氛围,构建自然的教育体系。我们所崇尚的自然教育旨在激发天性,促进内力生长。在教育成为促进儿童生长和美好生活的一种手段的同时,教育本身也能成为一种美好的生活,正是在这种美好的生活过程中,扩大并启迪儿童的经验,刺激并丰富儿童的想象,发展和提升学生的内在潜能。在尊重学生的生长规律的同时,期待增进学生的自我成长。自然教育就是要遵循自然之道,激发学生内在生长力,充分给予孩子自我生长、自我发展的空间与机会,帮助学生成为更好的自己。

（二）自信睿智

苏霍姆林斯基曾说过:"要关心儿童的生活和健康,关心他们的利益和幸福,关心他们的精神生活。"[①]从现实情况来看,当前对学生进行心理健康教育尤为重要。在教育教学中,注重培养学生良好的心理素质,而学生心理素质的一个重要方面就是学生的自信心。一个人的自信程度往往影响着他的自我效能感,影响着他面对困难时的想法。因而,自信心往往与决断力以及执行力相挂钩。小学阶段的学生对自我内心世界的构建尚不完整,对于自身和他人的评价多受到旁人的影响,教师作为学生成长过程当中的重要他人,其对学生的评价在很大程度上影响着学生的自信。因此,在校本课程评价方面,学校着重关注和尊重学生的个性差异,注重对学生态度、方法、能力的综合评价,将过程性评价与表现性评价相结合,通过多元评价激发学生的积极性、提高学生的自信心,增强学生的自信力,帮助学生形成积极乐观的心态,促进学生乐观自主学习。

学校环境的建设、班风班纪的营造以及同伴关心等都是影响班级学生自信力的重要因素。要充分发挥教师人格魅力的心育功能,并给予学生实

---

① 肖甦,刘晓璇.身心健康永远是教育的第一要务——苏霍姆林斯基儿童健康教育观的历史前瞻性[J].比较教育研究,2018,40(11):12-18.

践活动的机会,让学生在锻炼中挑战自我、培养自信。同时,学校要积极发挥集体教育的优势,让学生在集体生活中感受自我、培养自信。

(三)自我觉察

"自觉",即学生的"自我觉察"。指学生不断生长,发展对自我的认知,培养自信的积极心态,追求"自觉"的认知状态。"自我觉察"是学生自我意识的觉醒和发展,其核心是通过学生的自我监控与自我调节对自身的认知与行为予以担当和反思,进而达到自我发现、主动追求的积极状态,最终指向学生内力的生长与发展。

概括地来说,监控策略包括三方面的内涵,一是领会监控,二是集中注意,三是及时调节。首先,学习者要学会从各种无关信息当中提取最切题的信息,并对所要达到的目标进行监控,不断地对获取的信息进行修改。其次,自我监控策略强调注意力的集中,学习过程中思维的连贯性很大程度上影响着学生的学习效率,当学生把有限的注意力集中在具体的学习任务时,其他无关的刺激将会被忽视,从而极大程度地提高学习效率。最后,学生在学习过程中倘若不小心走进"岔路",则要能学会及时"调头",可以通过改变思路、调节学习策略来达成学习目标。

因此,"自觉"学生的培养依托于提高学生的"自我察觉"即"自我监控"能力。学校课程的实施与评价要关注学生在学习过程中的领悟、监控和调节三方面的发展,从而提高教育教学的科学性。

鉴于以上对"自然生长""自信睿智""自我察觉"的发展目标的认识,我们认为多元个性化教育评价的构建需要深化自然教育的意识,拓展自然教育的深度。只有当我们的评价对学生的生命和成长予以足够的尊重和重视时,我们的学校教育才能变得更加生动可亲、意蕴深远,我们的学生才有更多机会自然生长、竞相绽放。

第二节　逐层递进式评价体系的建设

学校力求评价体系的多样性以及层次的丰富性,评价活动的开展要求逐层递进,对学生进行全方位、多角度的评价。我们在不同层次的评价体系构建中,对于具体的评价方式和方法也进行了创新与优化。

一、个人评价体系:以"花儿少年"见证学生蜕变

在《浙江省中小学生行为规范》的指导下,学校构建了"花园幸福好少年"评价体系,并成立花园小学"幸福银行"作为"幸福少年"评价体系的激励机制。"幸福银行"又具体通过设立"幸福乐享超市""班级支行"和"小组(队)支行"进行分级管理。幸福奖章的设计则融合了校园建筑景观特点,其颜色选择参照了"四色校园"建筑景观,即"萌园"的"新叶之绿","茂园"的"繁花之红","芬园"的"硕果之黄"以及"苗园"的"翱翔之蓝",在无形之中渗透校园文化。

与每学期学校开设的课程相配套,学校还根据学生不同的成长表现创设了三个单项奖,分别为乐学奖、文艺奖和礼仪奖。乐学奖侧重于评价学生课堂常规方面的表现。课堂常规主要是在学校的基础课程中进行评价。活动是使学习结合生活体验的主要形式之一,是教学创新的主要载体。学校开设的活动类课程旨在培养学生的科学精神,提升学生的人文素养,同时发展学生的个性特长,拓宽学校的德育视野。文艺奖就是在这些活动中考查学生的表现。礼仪奖的设置重在关注学生行为习惯方面的表现。比如,是否具有良好的语言文明习惯、个人卫生习惯以及学习习惯等都是"幸福少年"评选中的重要考评内容。

每学期末,根据所得奖章数量,结合民主评选,学校评出若干"花园幸福好少年"并予以嘉奖。在某一方面表现特别优异的同学也有机会获得奖项,

例如在课堂常规方面表现优秀的学生可以获得"花样少年之乐学奖";在活动展示方面表现突出的学生可以获得"花样少年之文艺奖";行为习惯方面表现突出的学生可以获得"花样少年之礼仪奖"。

"花园幸福好少年"以及单项荣誉称号的评选过程可以分为三级,分别是组(队)、班级、学校与家长评价。一级评估由小组(支队)长、值日干部和课代表进行奖励。奖励的标准和规则可以由班级自行决定,可采用多种形式。二级评估主要由班主任和任课老师实施,各个班级可以根据班级管理情况设置不同的奖励方式。例如 10 朵小花换一枚奖章、一次好人好事事迹奖励一枚奖章等。除此之外,对于学生参与学校活动的情况,奖章的发放也可落实到班级当中。学生参与学校活动,在完成活动项目的同时,项目成绩考核合格占总成绩 50% 及以上,就可以得到一枚奖章,项目成绩考核优秀占总成绩 50% 及以上则可以获得两枚奖章。对于获得活动课程奖的必须是以校级名义开展的活动才可盖章,一等奖 3 枚章,二等奖 2 枚章,三等奖 1 枚章。三级评估则由学校和家委会进行督评。

六个年级分别对应六种不同类型的奖章,分别表明了各个年级段对于学生的发展要求。对低学段学生以"养正"为学段教学目标,帮助学生养成讲礼貌、懂礼仪的良好生活和学习习惯。对中学段学生以"厚德"为学段教学目标,力求培育"敬畏事物,培育责任""和合上善,精诚合作"的幸福少年。对高学段学生更加关注启迪学生智慧,形成实事求是的品格。此外,学校各年级还选定了六种具有特殊意义的花卉,用花卉象征各年级段希望学生达成的品格(见表 5-1)。

表 5-1 "花儿少年"培养计划

学段目标	年级	目标	象征花卉	内涵
养正	一	礼	凌霄花 (尊敬师长,敬佩声誉)	懂行仪礼,遵守规则
	二	正	荷花 (仪态端庄,举止正直)	端正行为,培养习惯
厚德	三	敬	茶花 (敬畏生命,生机勃勃)	敬畏事物,培育责任
	四	合	兰花 (贤明典雅,上善若水)	和合上善,精诚合作
知行	五	知	梅花 (高洁勇毅,自强不息)	启迪智慧,快乐学习
	六	信	桂花 (崇高美好,知行合一)	信守承诺,实事求是

二、班级评价体系:以"花样集体"促进学生成长

班集体评价既是班级全体同学精神风貌的集中体现,也是学校育人理念和办学计划的具体化表现。对班集体的评价能够促进班级全体同学的成长,并影响学生个人的集体荣誉感和个人发展。基于此,学校开展了"花样集体"的评选活动。每周教师与班级按照学校值周表的安排,分别在早晨、中午和放学时对学生的到校率、大课间纪律以及文明行为情况进行检查和记录,并以此为主要依据进行"花样集体"的评选。每周有一位行政值周教师和三位值周教师负责记录各班检查情况,并根据每周的巡查和打分情况,评选出最优秀的班级,在次周周一的升旗仪式上进行表彰并授予流动红旗。

不仅是学校层面,学校所属区级教育部门也开展了系列评价活动来落实党的二十大和习近平新时代中国特色社会主义思想进课堂的目标。例

如,杭州市上城区积极深入贯彻《少先队改革方案》精神,开展"钱江少年"系列主题教育活动。期望通过此类活动的举办,发现具有新时代特征且富有鲜明教育意义的先进集体和个人。学校积极响应区评选要求,以班级为单位推荐符合要求的先进班级,为全校班级建设与管理树立典范。"动感中队"的评选主要关注班级中队的整体建设以及中队委员会的分工是否合理明确,班级中队角的布置是否具有特色、富有思想深意,并结合中队具体实践活动的开展情况进行整体评价。符合参评条件的各班老师和同学积极参与"动感中队"评选,经历过层层筛选后,木棉花中队、紫罗兰中队以及芙瑞花中队获得了"动感中队"的称号。

木棉花中队把木棉花作为班级象征,在中队角的布置过程中就渗透了木棉花元素,如图 5-1 所示:中队角的正中间是一朵由小朋友的心愿卡组成的木棉花。在中队角的右下角则设置了一面纸质表扬墙,表彰能够节约粮食的同学,培养学生的节约意识。

在实践活动阵地建设方面,木棉花中队组织的活动丰富多彩且富有成效。班级每周定期举办主题教育实践活动,通过每周的主题班会培养学生的美好品质,并引导学生学会学习、学会合作。在少先队课、社会实践、校园讲座上,教师鼓励学生用自己喜闻乐见的方式学法、懂法、用法,为发展学生的法治意识奠定基础。在"小小志愿者"活动中,学生留下了互帮互助的身影。班级通过设立多种志愿活动,鼓励学生选择适合自己的志愿者角色,为班级服务。此外,班级还利用课堂内外的时间,鼓励学生主动思考、主动创造。木棉花中队的师生都深知劳动创造美好生活。所以自一年级开始,班级同学已养成用餐光盘、自己清洗小件衣物等习惯。

紫罗兰中队在辅导员、中队委和全体队员的共同努力下,从思想建设、教室布置、文化建设、中队活动等多方面进行阵地建设,取得了不少荣誉。该中队曾获 2020 年度花园小学"一班一品"班级布置活动三等奖;花园小学三年级始业教育达标评比三等奖;花园小学第三届体质达标运动会三年级

图 5-1　木棉花中队角

组团体第一名;花园小学班级环境布置评比二等奖;全体队员还参加了西溪湿地博物馆第二课堂拓展活动等。

　　芙瑞花中队的中队角设计富有特色,位置在讲台左侧,醒目地标识着中队名称"芙瑞花中队",左侧为"少先队员十知道",右侧为组织结构、队员风采和队活动掠影。芙瑞花中队的队员们不仅在各项活动中表现出色,更是在课余时间参加了各项个人竞赛并取得优异成绩。2021 年,班级同学参与良渚博物院文化研学活动,并针对此次研学活动设计了主题手抄报;获得2021 年度"校长杯"足球赛体育最佳风尚奖;10 位同学在"花园书香漂流"活动中获得"最美读书卡";20 位同学发表"健康小达人""劳动小能手""钱塘小作家"等活动分享;全班同学积极参与牛奶盒回收活动,一位同学获得"牛奶盒回收小达人"称号。2020 年 12 月,两位同学在上城区编程比赛中获小学组二等奖;六位同学获得笕桥街道举办的"法制绘画"二、三等奖。2020

年 10 月,一位同学获得上城区艺术节书法比赛三等奖;一位同学获得创意爱眼设计师暑期健康校园活动区级三等奖。

班集体的团结奋进是班级成员取得进步的重要影响因素。"花样集体"的评选有助于帮助班级同学形成凝聚力,增强学生对于班级的归属感,进而以为班级做出贡献为自身努力的动力之一,最终提高学生在校学习的效能。

三、年级评价体系:以"花园生长"聚焦综合素养

在新课改背景下,为推进素质教育,要改革课程评价过于强调甄别与选拔的功能,发挥评价促进学生发展、教师提高和改进教学实践的功能。综合素质评价的本质是改变过往单一的评价,倡导在日常教学过程中多方面衡量学生的发展状况,鼓励和引导学生全面且有个性地发展。学校关注到不同年级段学生身心发展的不同水平,根据立德树人和核心素养发展的目标,落实《浙江省中小学生行为规范》和《小学生守则》的要求,构建了花园 We-生长德育体系。其中"We-"代表"我们的、民族的、时代的、花园的",它蕴含着学生在"花园"中自然、自信、自我地生长,从中体验成长之快乐的寓意。

(一)We-内涵:明晰年级评价目标

We-生长德育体系(见图 5-2)对于不同年级的学生有着不同的目标与要求。针对低、中、高三个年级段的学生,学校设定了阶段性育人目标,分别为"养正""厚德""知行"。一年级最为核心的要求是"礼",即懂行仪礼,遵守规则;二年级则最为关注"正",即端正行为,培养习惯;三年级最为核心的要求为"敬",即敬畏事物,培育责任;四年级最为核心的要求为"合",即和合上善,精诚合作;五年级最为核心的要求是"知",即启迪智慧,快乐学习;六年级最为核心的要求为"信",即信守承诺,实事求是。

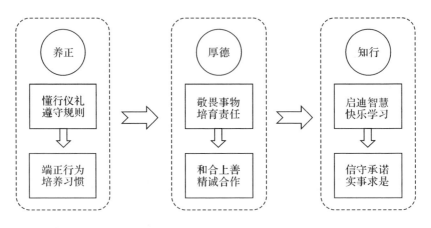

图 5-2　We-生长德育体系

(二)We-路径:制定活动组织纲领

We-系列德育的实施路径有:涵养与浸润、创造与革新、实践与研学。从体系上看,We-路径努力做到与区"三原色"德育体系相对应,并且根据学校的课程文化,进一步丰富了外延,即根据 We-内涵所确定的德育目标,设定了在活动开展与评价过程中需要关注的以下几个方面。

其一,活动方式以年级组为单位。年级组长是活动项目的牵头人,组内学科教师是项目参与者。年级组教师全员参与年级主题德育活动,为该年级学生的发展共同谋划。

其二,活动时长以学年为单位,年级德育项目需贯穿一个学年。这就意味着,不仅需要独立开发活动内容,还需要学会从区、学校相关的活动中挖掘与主题相关的元素,整合协同开发。

其三,活动的时空是校内校外相协同。年级德育项目的宗旨是在活动中体验,在体验中成长。因此,活动的开展可以跨越地点的约束。年级组在学校的督导下,对于社区、家庭、社会资源进行深入挖掘,从而促进教育合力的形成。

其四,活动开发需跨学科整合。年级主题德育项目因为有了各学科教师的加盟,实现了德育在不同学科实践中的整合,育人内涵得以深化。

其五,拓展项目主题外延,设计子活动,形成活动群。每次活动要按照一定流程,有序而高效地组织,以更加凸显德育意义。各级目标以及具体项目活动详见表 5-2。

表 5-2　We-路径

We-路径	一级	二级	项目活动	评价系统
涵养与浸润	涵养	仪礼与习惯 规则与品格	仪表检查(校服、红领巾)、讲卫生、《小学生守则》	幸福存折盖章: "花儿少年"争章行动设置礼仪章、乐学章、文艺章,完成一项活动盖一枚章,优秀占总成绩 50% 及以上加盖一枚章。
	浸润	传统与文化 自然与万物	传统与节日、家国情怀、五水共治、垃圾分类	
创造与革新	创造	学科与工程 体艺与卫科	拓展性课程、校园行为艺术、学科节	
	革新	设计与审美 故事与共振	读书节、儿童节、童话剧	
实践与研学	实践	策划与体验 洞察与娱乐	社会实践、志愿者行动、义工、环保宣讲	
	研学	洞察与设计 交响与共情	春秋假、寒暑假、假日小队	

(三)We-体系:注重探究过程评价

学校生长德育体系评价主要分为三种形式的评价,分别为过程性评价、形成性评价以及项目性评价。最大的特点在于对学生探究过程的整体评价,不仅仅针对学生的最终学习成果进行多维评价,也对学生成长的全过程进行追踪评价。

过程性评价贯穿于学习活动的始终,引导个体关注学习过程中的不足,重视学习过程与个人能力的发展,这种评估目的可能通过学习者的认知对学习行为产生影响。[①] 在活动过程中对学生进行持续性的评价有助于不断提高学生对于学习的投入程度,这是过程性评价不可或缺的关键原因之一。具体来说,在学校层面,主要由大队部、值周中队、值周教师对学生情况进行记录,负责在各项活动开展过程中对学生进行评价和督促。在班级层面,则主要由班主任以及班干部对学生日常行为进行积分制记录。在校外人员层面,则由家长对学生校外生活中的表现予以反馈评价。最后,综合以上三方评价,对学生的各方面表现进行综合评估。

形成性评价不仅要求学生完成平时的作业或任务,教师对作业进行正误的批改结果反馈,还关注学生学习的整个过程,对学生的学习进行综合性、系统性的评价,并"矫正"学生的学习行为。[②] 学校形成性评价按时间和阶段从学时、学期和学年分别进行评价。学年评价以"礼、正、敬、合、知、信"六个基础奖章数量为依据,每学年评选一次。学段的过程性评价为和学年进行区分,对"养正、厚德、知行"采用了三种不同色彩的奖章,对学段活动中表现较为优异的学生进行奖励。

项目式主题活动评价则以活动的举办时间为周期,教师按照活动主题设置任务,完成任务的学生可以获得一枚奖章,完成任务且表现优异的学生可以加盖一枚奖章,每个项目的评价结果与"花儿少年"的评选挂钩。

第三节　多维立体化评价活动的开展

苏霍姆林斯基曾经说过:"每一个学生都各自是一个完全特殊的、独一无二的世界。"[③]对学生进行评价要关注学生的特性,开展具有针对性的评

①　何春梅.过程性评价、成就目标定向与学习投入:机制与路径[J].高教探索,2020(11):36-46.
②　王海英,吴爽.形成性评价视域下反馈在中小学教学管理中的运用[J].现代教育管理,2020(3):103-109.
③　鲍里斯·塔尔塔科夫斯基.苏霍姆林斯基的一生[M].北京:教育科学出版社,1986:86.

价。不论是在理论上还是实际实施过程中,如何对学生进行合理、有效的评价都至关重要。学校不仅采用了逐层递进式评价体系多角度地对学生进行评价,还通过丰富多彩的评价活动对学生进行多维度评价。如"学科节"不仅展现别样的学科魅力,也为学子们展现风采提供了平台,以年级划分的活动主题更是别出心裁。"最美学生"的评选是对学生身边榜样的挖掘,是为学生品德的发展树立标杆。"成长礼"赋予学生成长的仪式感,让学生在学校的学习、生活和成长有迹可循。

一、特色集体评价,激学生成长之潜能

(一)学科节——感受学科别样魅力

《浙江省中小学生减负工作实施方案》中指出:要控制文化学科统一考试频次。小学一、二年级不得以纸笔测试为主要评价方式,每学期统一考查不超过一次;小学三至六年级可安排语文、数学等学科考试和其他学科考查,每学期统一考试或考查不超过两次。因此,学校积极开展学生综合素质评价改革,充分发挥评价的激励、诊断和改进的功能,淡化传统评价单一的甄别与选拔功能。从学生的学习过程出发,关注学生的实践经验,在具体活动中检验学生学习的效果,引导学生将课堂所学融入到具体的活动实践当中,在每年一度的学科节中感受学科的别样魅力。

1. 活动概览:营造学习氛围促发展

学校每学年都会举行学科节活动,结合一、二、三年级期末综合测评,淡化纸笔测试。希望通过学科节活动,营造多样化的学习氛围,拓展丰富学科课程资源,拓宽学生学习视野,激发学生的学习兴趣,形成积极主动的学习态度。

学科节活动不仅展现学生个人知识与能力的发展状况,更考验学生在团队协作等方面的能力。通过一系列主题性活动,检测学生各学科知识、能力并培养学生的品格。例如,2018学年学校开展了以"团结就是力量""赏风雪寒梅,塑坚毅品格"为主题的学科节活动,具体活动项目详见表5-3。

图 5-3　经典诵读活动

表 5-3　2018 学年学科节活动

2018 年 1 月:团结就是力量	2018 年 12 月:赏风雪寒梅,塑坚毅品格
童绘同心	强身健体,坚持不懈
"绳"采飞扬	知梅花之魄,品书法之韵
缤纷绽放,"数"我最棒	魅力数学大闯关,傲骨寒梅为君开
缤纷绽放,经典诵读	梅花枝头,童绘未来
冬日写意	学科拓展活动
缤纷绽放,"数"我最棒	梅花枝头,童绘未来
缤纷绽放,歌声飞扬	学科拓展活动

　　学校学科节的活动丰富,涉及科目范围广,并在活动中完成了学科融合。多学科的融合激发了学生利用多方面知识解决问题的潜能,更好地促进学生知识网络的构建,发展其逻辑思维能力。这种形式的活动让学习变得更加多元丰富,学生对于学科知识的学习积极性大大提升。

　　2. 活动特点:沉浸式体验学科魅力

　　花园小学致力于培养"自然、自信、自觉"的花儿少年。每年学科节活动以花为媒,而每一种花的花语和象征意义也代表了学科节的主题内涵。自2018年1月以来,分别以月季、荷花、梅花、康乃馨、山茶花以及向日葵作为代表,结合花语开展了六次不同主题的学科节活动,具体主题如表5-4所示。

表5-4 学科节主题概览

时间	代表花卉	主题
2018年1月	月季	团结就是力量
2018年6月	荷花	魅力学科节,游戏乐翻天
2018年12月	梅花	赏风雪寒梅,塑坚毅品格
2019年1月	康乃馨	感恩·祝福
2019年5月	山茶花	山茶花小报项目式学习
2020年1月	向日葵	向阳而行,用力生长

不同主题的学科节所强调培养的品格和涉及的学科知识各不相同。例如,在2018年1月"团结就是力量"大主题下设有若干个子主题,其中"缤纷绽放,经典诵读"表明此次学科节语文学科的大方向旨在发展学生诵读经典的能力。以"缤纷绽放,'数'你最棒"为子主题的活动则指向学生计算能力的发展。

学科节的设计不仅体现了不同层次的育人目标,更在活动中展现了学生的成长。从宏观层面来看,学科节以不同花卉表征不同的品质,希望通过举办学科融合的活动来促进育人目标的达成,从而减轻学生的学业负担。从微观层面来看,不同子主题指向不同学科素养的发展,具有较强的指向性,各科主题明确。

学科节的举办时间一般在学期末,举办过程与一、二、三年级的期末综合测评相结合。通过学生在学科节活动中的具体表现,对学生整个学期的学习情况进行检验和评价,也让教师更加形象具体地了解到整个学期的教学效果。着眼于这一功能,学科节涵盖内容丰富,涉及到的学科包括语文、数学、音乐、体育、美术、科学。具体活动内容根据每门学科的特点,结合不同年级学生的学习特点进行设计。例如,语文学科常规设计的内容有书法、阅读、朗诵等活动;数学学科的活动则安排计算达标检测、数学小实验等;科学则以学生动手进行科学小实验为主。

每次学科节活动历时一周。在一周时间内,多门学科针对三个年级段的学生,在不同时间段开展同一主题下不同内容的活动,学生能够从中充分感受到不同学科的魅力。充裕的活动时间不仅让活动的内容更加丰富,而且让学生对于学科节活动的体验更加深入。从实际效果来看,学科节又具有"承上启下"的作用,在对本学期的学习进行总结的同时,也为下学期的学习定下基调。

此外,整一周的时间更容易让学生产生仪式感。这种仪式感有别于传统评价方式中简单的学科检测,它对于学生知识掌握情况的检验更加生动、轻松,可以在一定程度上降低部分学生对于评价和检测的畏惧心理。学科节通过将所学知识转化为实践活动,让学生在活动中体味到不一样的学科魅力,有助于他们逐渐形成对学科学习的兴趣与期待。学科节的举办展示了明显的育人成效,如学生对于科技类竞赛的热情得到大幅度的提升,多次在杭州市上城区科技类各项竞赛中获得佳绩。

(二)成长礼——自我觉察,见证成长

成长礼赋予孩子的成长以仪式感,可以作为儿童成长的见证。通过这一活动的举办,既能帮助学生体验成长的快乐,同时也能帮助儿童认识到自身需要承担的责任更多了,有助于培养儿童的责任意识。

古语云:"十岁不愁。"十岁以前的孩子可以被称为儿童,而十岁可以看作是他们成长的新起点。这不仅仅是在年龄上从一位数变成两位数,更重要的是十岁之后的孩子即将从儿童时期迈进少年时期。在这时为孩子举办一场仪式并送上家长、老师诚挚的祝福能够让孩子留下美好的回忆,让他面对未来的挑战不迷茫、不慌乱,对自己的人生充满希望。与此同时,家长与老师共同参与的成长礼能够引起学生的情感共鸣,传递爱与温暖。

学校在六一儿童节这天举办了"感恩'懂敬',放飞梦想——三年级十岁成长礼暨快乐学习帐篷挑战营活动"(见图5-4)。

图 5-4　成长礼

成长礼可以看作是三年级学生的"集体生日"。借助集体十岁生日活动,落实生长德育三年级之"懂敬"主题:引领孩子们回顾成长经历,体会父母养育的辛劳,让孩子们学会感恩,珍惜亲情;让孩子们敬畏生命,敬重他人,尊敬师长,体悟生命的精彩;让孩子们与父母、老师一起互动,体验、分享成长的快乐与感动。

参与"感恩'懂敬',放飞梦想——三年级成长礼暨快乐学习帐篷挑战营活动"的有三年级全体学生、正副班主任、校领导、体育组成员、家长志愿者、宣传组与安全组成员以及校医务人员。整个活动包含学习培训、成长仪式、宿营拓展和欢乐早餐四个环节。在每个环节中,学生都会学习到不同的技能,体验到不同的成长意义。

学习培训环节的设置可以看作是学生为进行后续活动所做的准备工作。首先,由班主任带领学生以及学生家长学习搭帐篷,学习有关野外安全的知识。然后,班主任再带领学生及家长去操场上指定位置搭帐篷,进行实践。

成长仪式是成长礼最为关键的环节,总共可以分为仪式篇、回顾篇、成长篇、感恩篇、祝福篇以及展望篇。成长仪式举办当日,家长带领学生找教师报到,一起到风雨操场集合。待家长与学生集合完毕后举行队仪式,由各中队出旗、唱队歌。成长仪式之仪式篇进行时,家长需要牵着孩子的手一起踏着红毯穿越"成长门",其中第一扇门是"感恩门",第二扇门是"懂敬门",第三扇门是"梦想门"。成长仪式之回顾篇的主要内容为观看各班成长视频,每班成长视频时长控制在 2 分钟左右。成长仪式之成长篇的主要内容为各班学子进行才艺展示,表演过程中安排各班家长代表分批上台送出祝福。成长仪式之感恩篇则是由全体师生共同演唱《感恩的心》并表演手语操,由校长为学生代表颁发成长证书,由班主任为班级学生颁发成长证书。成长仪式之祝福篇的主要内容为学生集体朗读心愿,即学生将事先写好的心愿卡贴在成长证书上,并朗读给家长听。家长则将事先准备好的祝福语念给孩子听,并将祝福卡片粘贴到成长证书上。之后,学生和家长一起进行未来成长的展望,学生进行集体成长宣誓,学生代表带领全体学生宣读《我十岁了》,家长集体合唱《祝你生日快乐》,学生与家长相互拥抱。各班分队进行退旗仪式,有序离场。

　　成长仪式结束以后,在晚上开展宿营拓展活动,让学生以家庭为单位进行露营活动。学生和家长一起尝试搭帐篷,开展观看帐篷影子戏等丰富多样的活动,如表 5-5 所示。

表 5-5　宿营拓展活动一览

活动内容	活动要求	活动评价
教学搭帐篷	掌握搭帐篷技巧	
安全教育	野外安全技能	
"我的帐篷我的家"自扎帐篷装饰活动	(1)男女生分开,通过抽签方式组成三人小组。 (2)小组合作扎帐篷,家长志愿者提供技术指导。 (3)小组合作巧手装扮帐篷,给帐篷取名字。 (4)和帐篷合影。	由负责摄影的家长志愿者给小组成员依据合作程度开展星级评价。

续表

活动内容	活动要求	活动评价
我来你家串个门	(1)根据参与数学游戏的结果确定拜访对象与先后顺序。 (2)有礼貌拜访。 (3)回访。	由学生同伴针对"礼貌程度""热情程度""帐篷装饰"进行星级评价。
影子晚会	学生学习手影,合作编故事,讲故事,表演手影。	由家长、学生、教师评委共同评价学生的合作能力、口语表达能力和表演能力。

成长礼是学校常规开展的重要育人活动,它承载着多元化的育人目标与内涵。活动的顺利开展离不开各方的配合、协同支持以及细致的工作部署。

1. 分工明确,有序开展

学校在筹划成长礼的过程中,对于各项活动如何开展进行了明确的分工(见表5-6)。

表 5-6 分工明细

承担部门	具体任务
德育部	1. 家长送祝福(两个节目,每个节目的时间限定在 2 分钟以内)。
德育部	1. 全程主持稿;2. 主持人培训;3. 队仪式培训;4. PPT 准备;5. 成长证书与"懂敬"心愿书签设计;6. 心愿卡与信封购买;7.《我十岁了》文稿准备;8. 评价卡设计及分发;9. 各项活动的通知协调;10. 剪辑成长视频合集。
总务处	租帐篷(40 顶)。
后勤保障	1. 保安、安全组巡夜;2. 全体学生及教师晚餐及早餐的安排;3. 成立应急小组,协调救助车辆等。
医务组	准备医疗用品。
音乐组	1. 各班节目排练(每班 3 分钟以内)＋主持人;2. 视频:手语操《感恩的心》＋歌曲《祝你生日快乐》。

续表

承担部门	具体任务
体育组	1. 操场场地作标记划分,提前通知各班班主任;2. 拍摄搭帐篷的教学视频;3. 当天做好场地指挥。
班主任	1. 通知家长参加活动、提前学唱生日快乐歌、写信装信封并知晓大概流程;2. 提前自行购买心愿卡;3. 训练全班学生演唱《感恩的心》并表演手语操,提前写好心愿卡;4. 上交每班三个活动方案;5. 提前一周发送搭帐篷教学视频让家长学习;6. 通知学生自带帐篷,每 2 名学生共用 1 顶帐篷;7. 安排每班 1 名家长志愿者留守值夜;8. 分发并说明评价卡的使用规则;9. 通知学生带好活动的准备工具,比如应急手电筒等,带上简单医药物品;10. 各班自行准备一个大蛋糕,一根蜡烛,一个打火机;11. 通知学生领成长证书。
年级组长	1. 收集方案上交审核人员;2. 收集、整合各班主持稿;3. 准备野外安全教育的多媒体课件、拜访礼仪的多媒体课件。

2. *活动丰富,意蕴深远*

活动整体可以分为三个阶段,分别可以看作筹备仪式、举行仪式以及拓展活动三个阶段。在筹备仪式阶段,主要的活动范围是班级教室内,活动由班主任主持。以班级为单位,家长和学生学习本次成人礼及其拓展项目正常实施所需要的技能,例如搭帐篷技能以及安全常识。在此过程中家长和学生也可以对成长礼的内容有了更加详细的了解,能够更全面地准备好自己需要的物品。

在活动正式举行的阶段,学生、家长和学校三方都承担了各自需要完成的任务,发挥了自己的作用。在仪式篇、回顾篇、成长篇、感恩篇、祝福篇以及展望篇六个环节的安排中,学校还特别注意渗透对于学生成长过程中品德发展的评价,通过仪式激发学生对于父母养育之恩的感悟以及对于教师培养教化之恩的感激。户外露营的拓展活动不仅为家长和学生提供了共度亲子时光的机会,而且使学生与学生以及家长与家长之间都加深了对彼此的认识。

3. 家校联动,共同筹备

基础教育阶段孩子的成长离不开学校和家庭的合作。一方面,学校的教育现代化需要家庭作为背后的助推器,因此学校主动推动系列教育活动的落实。另一方面,学生家长为了更好地掌握孩子的成长情况,也有更强烈的意愿参与学校的事务。因此,不论是从政策层面还是现实层面,都越来越明显地呈现出家校合作共育的新趋势。2012 年 3 月,教育部下发了《关于建立中小学幼儿园家长委员会的指导意见》指出,各地教育部门和中小学幼儿园要把家长委员会作为建设依法办学、自主管理、民主监督、社会参与的现代学校制度的重要内容。2019 年,教育部把推进"家校协同育人"列入"奋进之笔"攻坚行动。家委会在全国大多数中小学都发挥着显著的作用。[①]

学校举办的成长礼活动便是家庭与学校的成功联动。以"成长""感恩"为关键词,学校联合家长为学生举办了一次难忘的成长礼,见证学生的成长,共同期许孩子的未来发展。家长在活动中不仅是筹备人,同时也是参与者。对于家长来说,成长礼不仅是对孩子成长过程的见证,也是对在培育孩子过程中辛勤付出的阶段性回馈。

二、个性多维评价,树全面发展之榜样

为与上城区区级德育评价体系相衔接,学校每年开展"美德少年"的评选。评选"美德少年"的基本标准是热爱中国共产党,热爱社会主义祖国,热爱人民,热爱家乡,自觉践行社会主义核心价值观,弘扬学雷锋志愿服务精神,遵守《杭州市文明行为促进条例》,品学兼优、事迹突出以及全面发展。评选出来的"美德少年"要求在同龄人和老师、同学中有一定的影响力和公

---

① 孙云晓,刘海颖. 家校共育:家庭教育发展趋势之新之要[N]. 中国出版传媒商报,2021-01-22(10).

认度,在学校和社会中能够发挥模范带头作用。根据事迹与具体评价标准,"美德少年"分为尊师孝亲、自强自立、诚信守礼、勤学创新、热心公益五种类型。

学校"最美少年"的评比则在尊师孝亲、自强自立、诚信守礼、勤学创新、热心公益这五个基础要求之上,还包含了其他品质的评价。同时,设置了向尚之星、赤诚之星、劳动之星、文明之星、孝亲之星、环保之星、实践之星、责任之星、科技之星、艺术之星、文学之星、运动之星、光盘之星以及闪亮之星多个荣誉称号,实现多方面、多维度发现学生的闪光点并予以鼓励。

"最美少年"的评选旨在鼓励学生多方面、全方位地发展,不管是学生的学习能力,还是优良的美德传承或者是个人特长都是值得鼓励与肯定的。通过这样的评选活动,旨在告诉学生"优秀"的样子不止一种,每个人都要学会发现自己的闪光点。在评选过程中,学生不仅重新认识了自己,发现了自己的优、缺点,而且在自我阐述和展示的过程中锻炼了表达能力。

"最美少年"的评选采用自下而上逐级筛选的评选模式。报名参与评选的学生先在班级中进行第一轮评选,班级推选的学生进入到整个学年段的评选,各个学年段评比推优的学生进入到校级"最美少年"候选人行列。学生需要经历班级评比、年级评比以及全校评比三轮评选才能获得"最美少年"的称号。逐级筛选的评选模式是全校师生共同参与的前提,在自下而上进行评选的过程中,每个班的老师与同学都至少参与一轮评选,这样全校师生对于"最美少年"评选活动便有了更强的参与感,未参加评比的学生通过观看评比也能受到参赛者的激励。这也呼应了学校"校园即花园,教育即生长"的办学理念,整个校园就像一座异彩纷呈的花园,每个学生就是在花园里努力绽放自我的花朵。这样的活动让每个学生意识到自己独特的"美",鼓励他们向内生长,具有良好的导向意蕴。

三、延伸评价时空,家校共评氛围浓厚

学校教育中,倘若学生只是单纯地学习书面知识而缺乏实践,不仅会导致学生实践能力不足,而且不利于激发学生的创造力。从教育生态学角度来看,小学生实践能力的提升需要破除"花盆效应"。也就是需要打破原有的教育格局,变革考试制度,并通过适当的家校合作来帮助引导学生开展实践。[①] 依据新时代的评价要求,学校充分考虑学生成长在内容、路径以及时空环境上的复杂性和多样性,打破单纯依靠教师评价的主体性缺陷,建构教师、家长、同伴和学生本人共同参与的多元评价体系,才能更科学地还原学生的成长,进而促进学生的发展。学校、家庭和社会共同参与学生的评价,不仅丰富了评价方式,而且打通了学习与生活、学校与社会之间的壁垒,延伸和拓展了学生的学习时空。

学校与社区、家庭的联合,为学生们延伸了学习的空间,拓宽了学生学习的渠道和平台。学校作为学生学习的最主要场所,承担着连接学校、家庭与社区的作用。学校对于各级比赛的高度重视旨在给学生搭建更加广阔的学习平台,共同构筑学校与社会协同育人的环境。师生积极参与各级各类校外活动与评比并取得了优秀成绩,也在极大程度上鼓舞了学生参与校外活动的热情。

第四节 全面系统化评价机制的落实

评价活动是由评价目的、评价原则、评价目标和评价程序组成的严密且有组织的集体活动。评价活动要做到能够促进学生素质的提高,助力教育

---

① 熊琦伟,万文涛.教育生态视角下小学生实践能力的培养[J].教学与管理,2018(36):71-73.

事业的健康发展,就必须建立完备的组织机制。因此,系统化评价机制是评价活动能够围绕既定目标实施的重要保障,是评价活动顺利开展的重要基石。评价是培养未来人才的指挥棒,而评价体系的构建需要以评价标准为指向。

新时代教育改革背景下,学校教育的评价要突破唯分数、唯升学的桎梏。为不断改进结果评价、强化过程性评价、探索增值评价以及健全综合评价,需要以立德树人为根本任务,探求并树立新的教育目标与价值追求,寻找新的教育路径,培养德智体美劳全面发展的现代化人才。学校在"适性生长,静待花开"育人理念的指导下,结合评价体系制定的基本原则与理念提炼出了学校独特的评价标准。

一、围绕核心素养,把握评价之舵

在教学过程中锻炼学生终身学习能力,发展学生适应时代发展的关键品格是深化教育改革的价值旨归。[1] 因此,为契合我国教育改革的价值诉求,教育教学应紧扣学生的核心素养,帮助学生在接受教育的过程中发展自身各方面能力,掌握适应时代发展的高级技能。[2] 围绕核心素养设定符合学生发展要求的多元化评价标准好比帆船出海,需要不断摸索路径,总结经验。如何为评价体系制定合理的评价标准成为学校建设过程中必须要深入思考的部分。

评价标准是评价工作顺利开展的前提,是达成学校教育目标的重要引擎和保障,评价标准的制定应与评价目标的指向保持一致。指向核心素养发展的评价标准应着眼于人的发展,改变以往的评价思维,强调过程思维与结果思维的统一、线性思维与非线性思维的统一、整体思维与关系思维的统一。

---

[1] 徐彬,刘志军.指向核心素养的课程评价探析[J].课程.教材.教法,2019,39(7):21-26.
[2] 张华.论核心素养的内涵[J].全球教育展望,2016(4):10-24.

二、关注多元成长,扬起评价之帆

"教育即生长"以及"适性生长"理念的提出都彰显了学校对学生本性发展的追寻。学校通过开展系列课程以及相关活动最终希望达到的教育目标便是实现学生的内力生长。所谓内力生长,一方面是指学生在学习过程中能够从中汲取受用终身的知识和学习技能,这些知识与技能被学生内化后能够助力其后续的发展。另一方面学校关注学生的多元个性化生长。每个学生都是独特的个体,学校需要帮助学生在其成长过程中找到自己的独特之处,并引导学生进一步发展个性。评价需要尊重学生个体发展的差异性,挖掘每个学生的独特价值,基于这样的要求,评价标准的制定需要从多元角度确定不同层面的评价体系,激发学生内力生长的动力,帮助学生认识自我、建立自信,确定自己努力的目标和标准,促进学生在原有基础上获得更大的进步,实现个体的自我价值。

三、重视学生需求,定准评价之锚

对学生进行发展性评价是在推进课程改革、深化素质教育的过程中提出的,学校对于学生的评价需要体现学生的主体性及对其核心素养的培育。以学生为主体在课堂教学过程中主要体现在学生对于课堂的参与度。因此,评价标准中一定要包含对学生在相关活动中的参与度的评价。当然在评价标准制定的过程中也应体现学生的主体性,对于评价标准如何制定,制定时考虑哪些因素以及评价之后将怎样实施都要及时向学生征求意见并公开制定好的评价条例。这样的过程能够让学生充分意识到自己的主体性,感受到发挥自身主观能动性的重要性。此外,评价标准还具有激励学生的功能。学生在看到与个人表现较为接近的评价标准时会萌生努力达到标准以获得奖励的心理,因此,制定评价标准的内容时需要加入鼓励教育的评价标准。特别是对学习成绩相对不够理想但一直在不断进步的学生而言,教师的鼓励和正面评价能够为其提供莫大的前进动力。在评价具体实施过程中,教师作为开展评价活动的指导者需要帮助班级同学建立良好的评价氛围。教师要深刻认识评价制度的本质,充分发挥评价的正面功能,利用评价制度激发学生的好胜心,使生生之间建立起一种友好的竞争氛围,从而使学生能互相监督、互相激励,共同进步。[①]

四、探究评价原则,规范评价之体

评价的制定原则阐述了评价的基本思想与原理,是评价制定和实施的依据。因此,学校评价活动的开展需要以科学规范的评价原则为前提。

(一)目的统一性原则

评价的目的统一性原则即评价与教育目标相一致的原则。提高教育效果,保证教育达成学校培养人的目标是实施评价活动的根本目的。评价标准的制定同样也是为了实现教育目标服务的,是提高教育质量和管理水平的基本环节。无论在评价标准的制定过程中,还是在评价活动的具体实施过程中都需要保证评价标准与教育目标的一致性,必须避免为了达成教育目标而在实施过程中改变评价标准的现象。由此可见,评价活动实施前制定评价标准有利于避免为了达成目标而进行虚假评价的现象,从而保证客观真实地对教育结果进行反馈。

(二)客观科学性原则

所谓客观科学性是指教育评价要客观反映被评价对象的真实价值,教育评价主体应该尽可能客观地掌握评价对象的发展情况,以便做出符合实际的科学判断。评价的客观、科学与否会直接影响学生学习的积极性。只有做到客观科学,才能更好地发挥评价激发动机的功能,增强被评价者的信心,激励其奋发向上。如果评价是主观的、不科学的,那么评价本身就失去

---

① 马彩玲,王永博.促进学生发展的评价标准漫谈[J].成才之路,2020(36):46-47.

了意义,也会挫伤评价双方的积极性,影响被评价者的成长与发展。因此,不论是学生、教师还是家长,在作为评价者时,都需经过一定的培训和练习以保证评价的客观科学。

教师是评价活动的主导者,学校充分关注教师自身的教育素养,加强对教师的思想道德建设,引导每位教师树立评价的责任意识。只有确保教师对评价活动具有正确的认识,才能保证评价工作顺利开展。学校也积极对学生家长及相关人员进行新课改政策以及理念的普及,帮助家长熟悉掌握评价流程,以促进多方评价活动的顺利开展,确保评价结果的客观性和可信度。

（三）点面兼顾性原则

教育活动本身存在复杂性的特征,且受到多方面因素的影响。这便要求我们在进行评价时需要避免片面性,而是要综合不同方面来看学生整体发展的情况,在分析影响学生发展的因素时也要深入细致,尽可能做到有重点且较为全面地对学生进行评价。

当然,"全面"并不是要做到"面面俱到"。唯物辩证法告诉我们,事物的性质是由主要矛盾和矛盾的主要方面决定的。所以,教育评价应该抓住核心和重点,全面和重点必须结合起来看。在进行了全面了解、全面分析后,突出重点进行评价。重点是全面中的重点,全面是重点中的全面。评价要以评价目的为指向,以学生发展阶段的客观特征为基础,整体看待学生的发展。既反对将重点从整体中孤立出来,也反对没有重点,眉毛胡子一把抓,不分主次。在进行整体综合评价时,需要依靠单项评价作为支撑,因而评价者要在做好单项评价的基础上进行整体性评价。

（四）连续诊断性原则

"诊断"原是医学当中的用语,将其引用到教育评价中来,有利于加深对教育评价本质和内涵的理解。教育评价与医疗问诊相似,教师首先需要从学生那里获取资料信息,这一阶段可以称为教育测定,也就相当于医学当中的医学检查。接着,教师需要根据自身的学识阅历以及教育理念对学生作出评价,这一步就类似于医生基于自身的医治经验,通过分析患者的症状确定病症所在。最后,医生需要对症下药,教师需要依据评价的结果改进自身的教学方式,引导学生找到最合适的学习方法,帮助学生调整至最佳的学习状态。因此,将"诊断"应用于教育评价当中,最核心的诉求就是要求教师对评价对象有准确的了解,以期为后续发展提供针对性的改进建议。

教育系统在整体结构上具有层次性,在目标内容上又具有连续性。各级学校在学校体系中所处的地位,不仅体现了其具体分工的不同,而且体现了其相互之间的衔接性。就某阶段的教育活动及其效果本身而言,又具有复杂性、滞后性的特征。对于学生的成长和发展来说,教育活动的影响表现出"润物细无声"的特点。也就是说,在很多情况下,教育活动很难起到"立竿见影"的效果。因此,教育评价也应当关注连续性的特征,评价主体需要从发展的观点出发,对学生作出有计划、连续性的评价。

教育活动的连续性决定了教育评价的连续性,而教育评价的连续性又对评价提出了诊断性的要求。因此,教育评价必然要具有"承上启下"的作用。只有这样才能让教育活动的开展处于不断更新、不断进步的状态中,只有这样才能不断地靠近理想教育环境,逐步达成教育目标。

五、创设组织机制,护航评价之途

评价活动没有评价组织的统一领导、指挥和协调就不能落到实处,也无法真正实现评价的目的。评价的组织与管理机制确立是学校进行教育评价的必要准备工作之一。一个完备的评价机制当中应该包含评价办公室、学校评价领导小组、年级评价领导小组以及班级评价领导小组等。

其中,评价办公室负责整个评价活动实施方案的制定以及对评价活动过程进行监控,根据实际情况及时调整评价方案。具体来说,其主要职责可以分为以下几个方面。第一,评价办公室负责实施方案。评价办公室是整个评价活动实施过程的主心骨,它起到了"统筹大局"的作用,如何合理地进行人员分配,如何制定实施过程中每一阶段的评价计划都是评价办公室需要关注的方面。第二,评价办公室负责与学生评价相关的信息的采集输入、输出与公示工作。第三,评价办公室负责初步审定评价结果,协调评价过程的相关工作。

学校评价领导小组的主要职责有组织培训和宣传工作。如何科学地开展评价,需要参与评价的教师达成一致的评价标准。因此,学校评价领导小组首先需要对参与评价的成员进行培训,并确定年级评价领导小组以及班级评价领导小组成员的人选。

年级评价领导小组直接参与和推进年级评价工作,其主要职责有以下几个方面。第一,做好学校相关制度的宣传工作。第二,根据学校统一安排,以班级为单位成立班级评价小组并组织各项目的评价实施。第三,监督和指导各班综合素质评价工作。年级评价小组需要对各班的评价活动进行监督和管理,以确保评价相关细则的实施。第四,负责审定、上报综合素质评价结果和相关材料。从功能上来看,年级评价小组处于评价全过程中"中介者"的位置,沟通和连接学校的三级评价体系。

班级评价领导小组由班主任、副班主任、任课教师、家长代表、班干部代表、学生代表组成,主要承担以下职责。第一,班级评价领导小组需要按照学校的要求对学生及家长进行学生评价的宣传和培训。第二,负责组织学生开展自评和互评,指导家长评价和社区评价。第三,负责指导班级成员按照评价程序完成各项工作,指导本班学生做好原始数据的收集整理,建立"成长记录袋"并妥善保管,在最终汇总时上交到年级评价领导小组。总之,班级评价领导小组需要严格落实评价活动方案中的评价标准,全面、客观、真实地作出评价。

综上可见,学校评价组织机制的建立与运行需要全校师生的共同努力,不仅需要成立专门负责评价的办公室来组织评价工作与具体事务,还需要专门的评价工作领导小组领导推进评价程序。各个层级的领导小组也应各司其职,根据评价活动方案以及工作细则做好每一层级的评价工作。如果把学校的评价组织机制比作一只机械表,那么评价办公室就是表的机芯,各层级的领导小组就是帮助表顺利运作的小齿轮,大家相互协同,共同承担评价工作中的不同职责。

小 结

学校关注教育评价的育人功能,以期通过评价促进学生成长。首先,多元个性化的评价理念是开展教育评价的前提条件,基于立德树人的要求,以"五育融合"为载体开展增值评价助力学生的适性发展。其次,评价体系的建构是落实特色评价理念的关键步骤,学校强调分级分层进行评价,因此建构了逐层递进式的评价体系。学生个人、班级以及年级三方协同呈现出多主体、多视角的评价模式,为学生的全面发展提供多层面的协助。再次,学校不仅关注日常学习过程中对学生的评价,更关注在集体活动过程中对学生进行评价。学校结合区级评价活动,开展了具有学校特色的花样评价活动。例如学科节、成长礼以及"最美少年"评选活动,鼓励学生在活动中展现自我,见证自我的成长。最后,重视评价活动机制的系统化。关注学生的个性化需求,围绕核心素养的要求创设评价组织机制,以保障学生的多元成长。从理念到实践,再到对自身评价实践的监控与调整,体现了"校园即花园,教育即生长"的办学理念以及学校"适性生长,静待花开"的育人理念,在评价活动的开展过程中多维度、深层次地促进了"花儿少年"全面个性化的内力生长。花园小学学生个体评价指标如表5-7所示。

表 5-7　花园小学小学生个人评价指标

评价内容	评价要素	评估要点	主要观测点	评分等次
A1 道德品质	B1 是非观	崇尚科学,信仰真理;明辨善恶,有正义感;对事物或事件做出符合社会价值取向的合理判断	1. 不参加迷信活动,反对邪教; 2. 以合适的方式报告他人的违法行为; 3. 不盲从他人的观点,能够独立思考,找到符合社会发展需要、适合自身特点的努力方向	依据实际情况分三档计分,优秀 5 分,良好 3—4 分,一般 1—2 分
	B2 荣辱观	明荣辱,知进退;善于反省,修正自身;有集体荣誉感;积极向上,要求进步	1. 自觉自律; 2. 自觉抵制不良现象,勇于知错就改; 3. 身体力行,为集体做贡献; 4. 在学习生活中起模范带头作用	依据实际情况分三档计分,优秀 5 分,良好 3—4 分,一般 1—2 分
	B3 集体观	乐于帮助他人或集体,富有爱心;尊重交往对象,理解他人的情绪情感;能服从集体决定;不妒忌他人的成绩,能与他人共同分享	1. 参加社会公益活动和捐助活动; 2. 在帮助他人或集体时,可以不考虑奖励; 3. 不侮辱、戏弄他人,不以他人的缺陷为取笑内容; 4. 能服从集体决定; 5. 不妒忌他人的成绩	依据实际情况分三档计分,优秀 5 分,良好 3—4 分,一般 1—2 分
	B4 热爱祖国	没有欺骗他人的言行;勇于践行自己的诺言;负责任地完成所承担的任务	1. 无考试舞弊、抄袭作业等现象; 2. 三级指标可以同时作为观测点	依据实际情况分三档计分,优秀 5 分,良好 3—4 分,一般 1—2 分

257

续表

评价内容	评价要素	评估要点	主要观测点	评分等次
A2 公民素养	B5 热爱祖国	拥有民族自尊心、自豪感; 尊敬国旗、国徽,热爱国歌; 关心国家、家乡的建设	1. 以祖国为荣,热爱自己的民族文化; 2. 没有损害国家利益的行为; 3. 有为报效祖国而学习的远大理想; 4. 了解国旗、国徽的含义,会唱国歌,不做有辱国旗、国徽的事情	依据实际情况分三档计分,优秀 5 分,良好 3—4 分,一般 1—2 分
	B6 社会责任	关心时政; 自觉维护公共利益; 对个人行为负责; 对他人的违法行为能够做到及时报告; 对违反社会公德的行为能够以合适的方式予以劝阻; 积极参加各种公益活动; 有家庭责任感,尊重长辈、感恩父母、承担必要的家庭责任与义务,适当参加家务劳动	1. 明了国家大事; 2. 具有环保意识; 3. 遵守交通秩序,不闯红灯; 4. 对他人的违法行为能够做到及时报告; 5. 对违反社会公德的行为能够以合适的方式予以劝阻; 6. 参加公益活动的次数和表现	依据实际情况分三档计分,优秀 5 分,良好 3—4 分,一般 1—2 分
	B7 遵纪守法	知法、懂法、守法、用法; 遵守校规校纪	1. 上课出勤率高; 2. 无违纪记录; 3. 不传播不良信息; 4. 不违反《小学生日常行为规范》	依据实际情况分三档计分,优秀 5 分,良好 3—4 分,一般 1—2 分
	B8 文明习惯	礼貌待人,语言、行为文明; 遵守公共秩序; 爱护公共设施; 无不良嗜好	1. 不讲脏话、粗话; 2. 仪表整洁; 3. 不破坏公共财物; 4. 讲秩序,在公共活动中,不起哄、滋扰; 5. 文明上网	依据实际情况分三档计分,优秀 5 分,良好 3—4 分,一般 1—2 分

续表

评价内容	评价要素	评估要点	主要观测点	评分等次
A3 学习能力	B9 学习兴趣	有学习的好奇心与求知欲,对学科、课外活动、课外阅读有较强的学习愿望与兴趣; 学习主动、勤奋,善于思考,能够努力克服学习中的困难,独立完成学习任务	1. 无厌学情绪; 2. 经常并善于交流学习信息; 3. 三级指标可以作为观测点	依据实际情况分三档计分,优秀 5 分,良好 3—4 分,一般 1—2 分
	B10 学习方法	有良好的学习习惯、科学的学习方法、较强的自学能力,能运用各种学习策略和方法提高学习水平	1. 善于反思与自我调整; 2. 合理安排学习时间; 3. 善于收集和使用学习资料	依据实际情况分三档计分,优秀 5 分,良好 3—4 分,一般 1—2 分
	B11 创新意识	善于观察,有强烈的好奇心; 在学习过程中能大胆质疑,敢于提出自己的见解; 喜欢寻找多种解决问题的方法	1. 积极参与研究性学习; 2. 对各种新鲜事物保持好奇心,并积极探究; 3. 三级指标可以作为观测点	依据实际情况分三档计分,优秀 5 分,良好 3—4 分,一般 1—2 分
	B12 学习效果	能在规定的时间内完成学习任务; 善于改进学习方法,提高学习效率; 学习成效进步明显,学习成绩达到课程标准	1. 课前预习,有课堂笔记,课后复习,按时完成作业; 2. 不断借鉴和总结科学的学习方法,坚持身体力行,并不断改进; 3. 学习成绩稳步上升,无大起大落现象	依据实际情况分三档计分,优秀 5 分,良好 3—4 分,一般 1—2 分
A4 交流与合作	B13 团队精神	乐于并积极参加集体活动; 能够为实现集体目标付出努力; 善于与他人合作共同完成任务	1.不局限于个人的好恶、利害关系,公平办事; 2.能客观地、多角度地思考问题,判断正确与否后再行动; 3.不把自己的观点强加给他人	依据实际情况分三档计分,优秀 5 分,良好 3—4 分,一般 1—2 分
	B14 沟通与分享	尊重并理解他人,能与他人一起确立目标并实现目标; 能正确地评价和约束自己的行为; 能较好地运用文字和语言等沟通方法进行合作; 有良好的人际关系,善于与他人交流与分享	1. 能以恰当的方式让对方理解自己的思想和观点; 2. 能让同学听懂如何完成交付给他的任务; 3. 不打断对方的讲话,等到对方讲完之后再询问细节; 4. 三级指标可以作为观测点	依据实际情况分三档计分,优秀 5 分,良好 3—4 分,一般 1—2 分

续表

评价内容	评价要素	评估要点	主要观测点	评分等次
A5 运动与健康	B15 生活方式	热爱生命,远离烟酒,拒绝毒品; 合理安排课余生活; 合理消费,勤俭节约; 拥有健康意识; 养成锻炼的习惯	1. 在生活消费上不攀比; 2. 无浪费现象; 3. 多元的锻炼方式; 4. 不吸烟、不酗酒,拒绝毒品; 5. 规律的生活作息安排	依据实际情况分三档计分,优秀5分,良好3—4分,一般1—2分
	B16 健康心理状态	具有良好的自我调节能力,有积极向上的、健康的情绪情感; 不自我封闭,拥有正确的自我认同感,思想和行为不偏激; 心胸开阔,能够保持乐观的生活态度	1. 热爱生活,不消极,不悲观; 2. 遇事冷静不偏激; 3. 三级指标可以作为观测点	依据实际情况分三档计分,优秀5分,良好3—4分,一般1—2分
	B17 健康生活方式	热爱体育运动,养成体育锻炼的习惯,每天参加一小时体育活动; 具备锻炼健身的能力、一定的运动技能和强健的体魄,养成健康的生活方式; 讲卫生,拥有良好的生活习惯; 有积极健康的爱好	三级指标可以作为观测点	依据实际情况分三档计分,优秀5分,良好3—4分,一般1—2分
A6 审美与表现	B18 感受美	具有鉴别美的能力; 积极体验自然、社会、生活中的美; 对于艺术和生活中的美好事物有敏锐的感受能力	三级指标可以作为观测点	依据实际情况分三档计分,优秀4分,良好3分,一般1—2分
	B19 表达美	精神饱满,富有朝气; 积极参加艺术活动,能自信地表达自己的观点; 能自主地美化环境	1. 着装符合小学生身份; 2. 三级指标可以作为观测点	依据实际情况分三档计分,优秀4分,良好3分,一般1—2分

第六章 教师密码:搭建专业成长阶梯

教师作为一所学校的主力军,师资队伍的整体素质直接影响着学校的发展。可以说,教师的专业成长与学校的发展休戚与共。学校生存与发展的关键在于提高教师的教育教学质量,最大化地发挥教师的学习潜能和自身优势。作为一所新办学校,年轻教师占比大,骨干教师匮乏。"新学校、新教师,有激情、有想法,缺经验、缺磨炼"是花园小学教师队伍的现状,抓好教师队伍的建设,在借力与共享并行中提升教师的实力,是学校当下最为紧迫的事情。

学校从教师日常教学、专业研究和职业幸福的需要出发,开展课程统合作项目、校本课程与教材开发的培训项目、教师心理健康等系列培训课程,注重让教师不断学习,不断展开教育教学研究。学校要求全体教师加强自身的专业技能修炼,以及师德素质的提升,将教育教学理论与实践相结合,以适应素质教育发展的需要。

第一节 梯级式发展,优化教师队伍结构

花园小学于 2016 年 9 月正式投入使用,是一所建校刚七年的公办学校,也是一所充满青春活力和创新激情的年轻学校。

一、"用力生长"的师资团队

踏入花园小学，"花样教师"犹如春天的气息迎面而来，他们积极向上，以最好的姿态面对学生、面对每一个人。学校的校训"用力生长"不仅面向学生的成长，也同样鼓舞全体教师的发展。对于教师发展而言，"用力生长"意味着顺应教师原本的内在生长需求，让教师朝着适合自己的方向努力生长，成长为具有丰盈生命力、积极道德力、卓越学习力、独特创造力的"花样教师"。

七年前，13位刚刚踏出校门的优秀大学生来到美丽的花园小学，站上了自己的三尺讲台，开始了一支粉笔写春秋的教师生涯。七年来，他们牢记教书育人的神圣使命，坚持"适性生长、静待花开"育人理念，孜孜不倦、默默耕耘，为培育"自然、自信、自觉"的花儿少年，做出了重要的贡献。回首这七年，花园小学在"校园即花园、教育即生长"办学理念的引领下，在一届又一届新芽学苑学员的共同努力下，学校在发展，教师在成长，不仅受到学生的深切喜爱，而且得到家长和社会的极大赞誉。

建校之初，学校的师资配备采用"1+1+1"的模式，即从杭州市笕桥小学的教师队伍中遴派+从外地引进成熟型优秀教师+从社会招聘渠道招进新教师。教师团队由骨干教师、中青年教师、新教师组成。由于新教师占比较大，骨干教师与中青年教师在学校创办的前几年成为指导和培养新教师的重要力量。此后几年，随着班额数的逐年增加，陆续新招聘的教师大部分是来自省内外"985""211"高校的优秀毕业生。学校招聘的所有教师皆为本科以上学历，研究生学历教师占比23%。学校每一年都与区内学校进行优秀骨干教师交流，平衡学校新教师比例过高的情况。

截至目前，笕桥花园小学在职在编教师88名，各教龄段分布情况如图6-1所示。

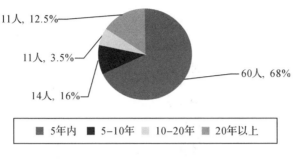

图 6-1　笕桥花园小学教师教龄结构

二、"工"字型的师资结构

不论从职业发展特点来看,还是从良好梯队新陈代谢机制的内在需求来看,适宜的学校教师队伍年龄结构应该是中年教师占最大比例,年轻教师和老龄教师比例相对较小且相对均衡,形成正态分布结构。

然而,从学校的教师教龄来看,其结构亟待优化。我们将教师教龄结构绘制成柱状图后发现,3—5 年内教龄的新教师数量占比最大,20 年以上教龄的骨干教师数量占比较小。总体来看,6—20 年教龄的教师数量占据比例最小,整个教师队伍教龄结构呈现明显的"工"字形结构如图 6-2 所示。

随着人数不断扩大,新教师在教龄、职称、优秀教师等结构中的数量占比大大增加,为学校注入了崭新的生命力。然而教师结构的失衡,意味着教师之间知识背景与学历差异加大,教师的教学教育经验也有很大的差异,教师发展呈现出失衡的状态。

学校现有专任教师 88 名,从教师已获荣誉来看,省优秀教师 1 人,占比1%;市优秀教师 3 人,占比 3%;区级以上优秀教师 15 人,占比 17%,其占比如图 6-3 所示。

因新教师流入量较大,在学校教师职称结构中未定级及初级教师较多,中级和高级教师较少。目前,学校有高级教师 5 人,占比 6%;中级教师 18

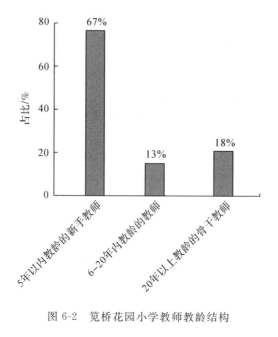

图 6-2　笕桥花园小学教师教龄结构

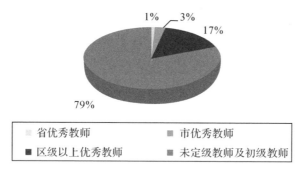

图 6-3　笕桥花园小学优秀教师结构

人,占比 21%。另外,市级教坛新秀 5 人,区级教坛新秀 15 人;拥有区级以
上综合荣誉教师 40 人,占比 45%。

一所学校的发展亟须凝聚教师团队的中坚力量,提升年轻教师的教学
水平和教育管理能力。一方面,这需要发挥骨干教师的带头和示范作用,带
领教育实践经验薄弱的年轻教师快速地成长起来,尽快站稳讲台,胜任学校

的各项工作。另一方面,要组织和建设教师学习共同体,发挥组织的协同作用,促进每一位教师积极参与课程建设,研究教育教学相关活动,发挥自身的专业特长。

新教师能否在职业生涯的起始阶段受到规范有效的培训,不仅直接关系到其个人的专业发展,而且决定着学校的可持续发展。如何有效提升校本研修的质量,促进新教师的快速成长,成为当下学校亟待解决的课题。学校依据教师教龄梯次以及专业水平的层次需求,着力开展指向深度研习的专业发展进阶营建设,不仅有效发挥了骨干教师的带头作用,使青年教师的教学技能逐渐趋于扎实与娴熟,而且促进了青年教师的专业发展,从而在整体上激发全体教师的发展潜能,焕发其教学激情。

第二节　专业性分层,实施多样师训模式

无论是在过去还是未来,教师都需要不断完善自身的专业道德修养和专业知识技能,只有两者兼备,方能获得素质的全面提升。一个在道德和人格上惹人非议的教师很难获得学校、家长和学生的青睐;一个缺乏专业技能和知识的教师,亦难在学校和社会立足。我们认为,教师首先必须要对职业产生认同感,具备一种职业所必备的道德品质,有着一定的职业追求和事业理想,在此基础上再进行专业技能的发展,提升教育教学专业水平。根据教师专业构成理论,可以明确教师专业由职业操守、教育理念、专业知识、专业技能四部分组成,而职业与专业的素质必然要兼具,若有一方存在偏颇,皆不可称之为一个专业化程度高的教师团队,更会有失社会示范效应。

学校的教师培训内容包括培养教师道德,提升专业思想,优化组织文化,以及建构体现专业知识与专业能力的课程体系。在培训形式方面,主要有集中培训、备课小组建设和个人研究实践,等等。在评价方面,以项目管理、培训管理、教师成长手册等形式对教师培训绩效进行评价。学校的师训

模块具体分为如下两大类别（详见表 6-1、表 6-2）。

表 6-1　师训系列一：师德师风模块

师训目的	形成较为成熟的职业道德；逐步完成教育的职业化进程；具备较为成熟的心理品质。
师训主题	围绕学校的教育目标、适应新时期学校文化和教师道德教育要求的教育思想，构建相应的微课程。
师训内容	教师职业导航；师德报告；名师访谈；教育案例价值分析；党课学习，教工团活动等。
师训形式	集中培训、专家讲座、师徒引领、教育沙龙、同伴学习以及个人成长档案。

表 6-2　师训系列二：专业修习模块

师训目的	提高教师的专业素质，拓宽教师的视野。为教师的专业发展和学校的课程建设提供了理论、实践和物质保障。
师训主题	围绕学科发展趋势，结合教育实际改革现有的课程内容、课程结构、教学模式和评价方式，努力打造既具有学校文化特色，又能反映学科发展方向和规律的特色学校课程。
师训内容	教师带教；专家讲座；教育"会诊"；微格教学；组内交流课等。
师训形式	以备课组为单位实施项目研究，以观课评课等进行综合研讨活动、专家指导、个人研修和专题讲座。

一、着眼职业化发展，强化师德师风修炼

"学高为师，身正为范"，良好的职业道德是教师职业活动的最基本要求。师德师风的建设，直接关系到素质教育的顺利实施，关系到青少年的健康成长，关系到祖国的未来。中共中央、国务院印发的《深化新时代教育评价改革总体方案》强调：教育评价要重点关注促进学生全面发展、引领教师专业发展、提升教育教学水平、完善质量监测制度、坚持以师德为第一标准

等情况。因此,在未来教师队伍的建设方面,应根据党的二十大精神,积极贯彻落实国家中长期教育规划纲要精神,重点落实《中小学教师职业道德规范》,以规范教师职业行为为重点,以"敬业爱生、教书育人"为核心,进一步深化师德建设,提高师德素质,努力建设一支师德高尚、业务精湛、与现代化教育相适应的高素质教师队伍。

就学校内部而言,我们日常所讨论的师德事件,其实并非政府机关以及单位管理层所要面对的突发的师德相关新闻,而是指老师们在日常的教育教学生活中必须天天面对的伦理问题。例如,在师生关系上如何恪守公正与关怀的原则? 如何做好家校沟通,形成良性的家校合作关系? 如何筑起教师职业边界,同时保障教师的专业权威? 等等。

"学为人师"的意义在于教化从容,"行为世范"的境界是能砥砺一种在任何领域都脚踏实地又敢为人先的追求。基于此,我们的教师不仅要有教育的情怀、更要有家国情怀,努力学习、踏实工作,心中有梦,脚下有路。教师的师德培训,应该将引导教师成为师匠作为一种价值追求。对此,学校有以下具体的思考和实践。

（一）加强管理,师德师风重在行动

学校党政领导和各办公室负责人是师德师风建设的直接负责人,小组成员、党支部委员、年级主任组成师德师风管理团队。管理人员要有坚定的政治信念、先进的教育思想和崇高的服务精神,不断加强政治业务学习,提升业务能力和自身素质。管理人员在管理工作中要坚持"以德治校、以德育人",做到团结协作、相互配合、相互支持;在日常工作和生活中,要严格自律,以身作则,摆正位置,勇敢担当重任;大胆工作、开拓创新,创造性地做好各项工作。

学校要把师德建设的工作安排在重要议程中,定期召开会议,统一思想认识,增强师德建设的责任感和紧迫感,提高工作效率。为实现师德教育的常态化和制度化,应落实集中学习和平时学习相结合,集体学习和个人学习相结合。此外,要注重师德建设的分级管理以及过程管理,确保中间、两端兼顾,保证学校师德建设健康稳定发展。除了加强思想上的认识,学校还定期开展师德专题教育活动:

首先,围绕"教育追梦人"的主题,组织教师观看教育模范的介绍视频,遴选出各类教育的典型事迹和生动的案例素材,讲好新时期教育岗位的初心故事,开展教师先进典型事迹的学习。同时,要求全体教师对标红色精神、育人榜样与时代要求,开展行为反思,以促进后续改进。

其次,深入学习党的最新理论,加强教师队伍师德师风的建设。依据上级党委的要求,对学校新一学期的党建工作和学校教育计划进行全面部署和精心安排。每个新学期伊始,学校积极组织全体党员教师扎实推进专题教育、深入开展建设校园文化等各项特色活动,明确坚持不懈地推进全面从严治党的重要性与必要性,不忘初心、牢记使命,成为学生满意、家长放心的教育工作者。

再次,党员教师作为新时代的一线党员,身上背负着沉甸甸的使命与责任,在教育教学工作之余不断反省自身,围绕自身工作撰写心得体会,加强思想交流,明确工作目标。同时,结合党史学习教育活动的开展,学校根据积分对党员教师进行表彰,授予"学习标兵"称号。花园小学全体党员教师以其为榜样,加强党史等各方面的学习,不断提升自身政治素养和文化素养。

最后,充分发挥中层领导力的作用从而发扬高尚的师德,加强师德教育,大力推行师德规范,着力解决师德建设中的突出问题,打造理念先进、素质一流的教师队伍。

(二)推进学习,职业素养重在反思

学校注重抓实德育队伍建设,努力打造一支有教育理想、有思想内涵、有道德操守、有人文情怀、有责任爱心的德育工作队伍。首先,强化班主任、德育导师、骨干教师的引领作用,提升新教师的育人工作水平。其次,挖掘校内优秀班主任资源,成立"花园小学班主任智囊团",针对新教师班级管理的需要开展形式多样、内容丰富、效果明显的班主任工作培训。再次,开展校级"名班主任"的认定工作。组织班风建设论坛、德育研讨会等有关班主任的校本进修研训。最后,开展以"班主任培训"为主题的课例研究,鼓励教师积极参加区德育论文和德育案例评比,提升教师的德育研究能力。

学校的发展需要组织全体党员干部、教职员工深入学习贯彻党的路线、方针、政策,深刻领会党领导集体关于科学发展的重要思想、内容实质和根本要求,牢固树立科学发展的理念,着力形成科学发展的共识。学校认真组织全体教职员工学习新修订的《中小学教师职业道德规范》,全面准确地理解其中的深刻要义,要求教师们学习和熟悉诸如《教育法》《教师法》等法律法规和文件,要求每位教师每学期深入学习全国各项教育工作会议精神,记录学习体会和心得并进行交流与分享。同时,将全校师德师风建设融合贯穿于教师党支部创先争优评比之中,强化师德教育培养,引导全体教师不断更新知识和拓宽视野。

(三)宣传教育,模范榜样重在引领

师德建设的重点在于宣传和坚持,学校的具体做法有:通过相关课程与会议研讨等形式组织全体教师学习相关法律法规;签署师德师风建设承诺书,引导教师自觉规范言行,做一名"学生欣赏、家长满意、社会认可"的合格教师;利用校报、微信、小报、窗口和教育走廊等广告位置,以多种方式开展宣传和教育活动;组织学习先进活动,善于发现和挖掘先进教师的道德榜样,做好学习和宣传工作;开展"校园最美教师"评选活动,鼓励教师自觉加强师德师风建设,营造人人讲师德、铸师魂的良好氛围。对工作积极性高、热爱工作、爱学校、爱家庭、爱学生的教师,要及时给予表扬和鼓励;对于缺乏耐心和工作经验的教师,要经常要求、引导和提醒他们快速成长。

(四)积极行动,培养修炼重在实践

开展形式多样、丰富多彩的活动,是开展师德建设的有效载体。学校以

"讲师德、强师能、树师风"为目标,积极开展各种培训、学习和集体活动,在提高教师教学质量、服务意识方面下功夫,倡导"以人为本、敬业奉献、严谨治学",提高教师的道德水平、业务能力,塑造教师新形象,共建和谐校园。我们通过努力开展主题突出、行之有效的活动,增强师德建设工作的针对性、实效性。具体做法有:每月组织全体教师学习一次教育会议政策,宣传国家有关政策和文件的精神;每学年初组织签订师德师风建设责任书和承诺书,每学年年底进行师德师风自评与互评;每学年开展争优评先活动,召开优秀师德报告会,评选最美教师和最美班主任,树立先进模范。

(五)评价考核,师德建设重在落实

学校重视建立健全师德评价体系,既把师德作为教师工作的重要组成部分,也把其作为教师聘任、晋升、考核和年度终评的重要依据。在工作过程中,重点关注对师德投诉的调查和处理,将其纳入年度评估。以"四有"好教师为培养目标,学校在各项教育教学活动中,始终关注教师形象,注重塑造教师灵魂,鼓励每位教师成为师德优良的教师。学校纳入师德师风考核的培训活动主题主要分为以下几类(见表 6-3)。

表 6-3 师德师风学年主题活动

时间	主题	考核情况
9 月	师德师风建设布置会	
10 月	教师节拒礼学习	
11 月	"青年政校"活动	
12 月	学习先进,找榜样	
1 月	签订责任书	
2 月	自我反思,精益求精	
3 月	计划解读,落实师德师风建设	
4 月	立德树人,规范常规	
5 月	加强学习,展现青春精神	
6 月	民主评议,年度考核	

时间	主题	考核情况
7 月	树牢师德师风,中层述职	
8 月	师德师风建设,落实暑假行动	

二、依循阶段性目标,制定职业导航规划

为了更加适应每位教师的发展需求,学校主要通过制定规划、入职宣誓与培训、专业与文化带教以及业务咨询四种方式对教师进行职业生涯导航。

教师职业导航中最基础和最重要的一种方式是制定职业生涯规划。在关注教师差异的基础上,新教师职业导航应根据教师的不同教育需求,帮助教师制定出符合个人特点的职业发展规划。学校提供一系列相关文件予以支持,引导教师分析自我的职业发展现状,分项制定职业的阶段性目标,从而形成符合时代发展需求和个人发展需要的职业规划。

为了更好地制定职业规划,教师职业导航给教师提供了一些手段来帮助教师分析个人职业现状,了解分析个人职业概况及变化趋势,帮助教师重建专业发展资源观并制定切实可行的分阶段目标。如果入职初期就搭建较为宏大的发展目标,这不但不能促进教师迅速成长,反而会让教师产生挫败感,影响教师的稳步发展。因此,教师职业导航计划为教师提供"一、三、五"分阶段发展目标,对成长磨合期(一年内)、成长适应期(一至三年)、成长稳定期(第四年)分别制定相对应的目标。

为了帮助新教师尽快地转变自身的角色,适应入职生活。每年暑假开学前,学校都会为当年新入职的教师进行专门的职前培训。其中,较具特色的一项内容就是要求新教师进行入职宣誓,誓词中引述的是每一位教师在从教之初的庄严承诺。虽然每位教师价值观念不同、教育理念不同,但是作为教育者所必须具备的对事业的献身精神和平等对待学生的责任意识应该是一致的。我们现今对教师提出的"教书育人、为人师表"的要求,就是要提

升教师高尚的奉献精神和执着的职业追求。

花园小学每一位教师都拥有一份个人成长手册(见图 6-4),学校将其汇编结集成《花园生长——新园丁成长记》。教师成长档案记录了花园小学青年教师的成长历程。

图 6-4　新教师个人成长手册

三、立足层次化学习,设计教育进阶课程

教育部办公厅印发的《中小学幼儿园教师培训课程指导标准》中指出:培养高素质教师队伍,要进一步规范和指导五年一周期教师全员培训工作,分类、分科、分层组织实施教师培训,提高教师培训的实际效能。

以往大多数校本培训由于缺乏系统性和针对性,致使不同专业层次、不同教龄、不同岗位类型的教师难以得到全面发展。另外,教师培训实践中不同程度地存在着"重理论,轻实践;重传授,轻反思;重专家教授,轻自身感悟;重培训机构,轻基层学校"的问题。这两方面的问题在很大程度上影响了校本研修准确发挥其促进本校教师内生发展的重要作用,也忽视了教师基于自我教学实践的评价与反思在其专业成长中的作用。

近年来,许多学校认识到校本研训对于持续推进教师的专业发展的重要意义,也开始积极探讨和实践校本研训的有效方式,构建了丰富多样的校本培训模式。诸如导师制、案例制、课例研究制,等等。然而从实践效果来看,不管采用何种培训模式,实际产生影响的都是校本培训内在的路径指向的内部指向。因此,规划明确的路径指向应为校本培训开展的首要之举。

20世纪70年代,美国学者孚罗思马盾(Marton F.)和伦杰斯尔乔(Saljo G.)依照信息获取方式和知识加工途径的分类,将学习者的学习划分为浅层水平(surface level)和深层水平(deep level)两种类型,并首次提出"浅层学习"(surface learning)和"深层学习"(deep learning)两个范畴①。就教师的培训而言,也可以认为存在浅层学习和深层学习之分。为此,在教师培训目标方面确立了深度研习的要求,要求教师以深度研习为导向,着眼问题,深度理解专业知识,有效拓展、迁移运用,并激发研习的内在驱动力和高阶认知能力。

以深度研习为导向,学校以培养"富有青春气息、花园精神"的教师为目标,构建"新园丁成长营"培养体系(如图6-5所示)。具体来说,就是将新教师成长阶段分为三个层级"新手期—适应期—发展期",并相应地确立"种子

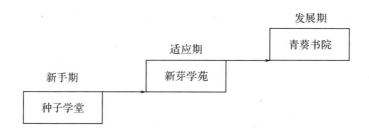

图 6-5　新教师专业素养进阶课程

① 张克龙,苏香妹,金国宗.深度推进校本研修提质的行动策略[J].现代中小学教育,2020,36(8):73-77.

学堂""新芽学苑""青葵书院"三个层级的学习组织,在此基础上整体设计培训课程,有序开展教师培养。

进阶型培养体系的建设,将新教师的发展阶段进行划分,确定分阶段研修目标,安排有层次、有重点、可选择的学习内容,满足了不同发展阶段教师的研修需求。教师可以根据自己的发展阶段和发展需求,选择不同层级的学习平台及其相关课程。从实际效果来看,"新园丁成长营"一方面科学、有序、全面地规划了新教师的研修内容,增进了教师校本研训的效益;另一方面通过改善教师管理和学习模式,为学校工作的顺利开展提供了坚实的基础并积累了资源,大大提高学校教育教学质量。

(一)"种子学堂"——入职前介入教育课程

"合抱之木,生于毫末;九层之台,起于垒土。"青年教师应该扣好"第一颗纽扣",只有切实打好课堂教学水平的根基,才能在课堂这一主要阵地中施展拳脚。这既是学校教育教学工作的落实之要,也是教师自身专业发展的成长之径。

该课程的研训对象是入职期的新手教师,为及早启动新教师的专业发展之路,学校的"种子学堂"对每年新录用的教师提前进行集中上岗培训,以课堂观摩、进班实习、实践汇报等形式加以实施。为了尽快在入职新教师中树立"常规意识",学校组织新教师学习和掌握花园小学"四常规"——学校常规(如校园文明规章、师生德育规范)、教师常规(如教师奖惩制度、作业批改规范)、教学常规(如学生课堂学习常规、课前 2 分钟管理)、班级管理常规(如早自修管理常规、学生作业管理常规)。"四常规"的学习有助于提高新教师对日常教育教学管理的规范意识、了解学校各项工作要求,从而保证教育教学活动有序、有效地进行。

为夯实"新芽"教师的基本功,提高"花园"教学力,学校根据教师和学生的实际情况,开发了一系列基本功培养课程,课程呈现了班级管理的基本知识和教学中的常见难题,以案例解剖的形式对新教师进行系统培训。培训形式灵活多样,或是讲座、沙龙、读书报告会等线下集中学习,或是微课等线上的分散学习。同时,学校还定期举办教育教学案例分析大赛,为教师们搭建了相互学习、交流、促进提高的平台,起到了"以赛促教"的效果,对提高新教师技能具有积极的推动作用。

"种子学生"教师还定期开展新教师夜学——"周二晚课堂活动",培训内容主要涉及班级管理、教科研、朗读、书法等,也有形式轻松却收获颇丰的读书交流会等文化沙龙活动。此外,学校还经常性地组织工作坊式的培训,如班级早自修管理分享会,让新教师们在分组交流、展示研讨的过程中理解并落实"常规工作标准化"。学校定期开展基本功比赛,为青年教师提供展示平台,充分展示年轻教师良好的素质和精神面貌;为促进青年教师的专业成长和推动学校的教育管理改革起到了积极作用。

凡事预则立,不预则废。"种子学堂"帮助新手教师在起步阶段及早做好入职前规划,激励新教师们为未来的幸福教育人生播撒好种子。

(二)"新芽学苑"——新手期适应教育课程

"新芽学苑"的课程则面向入职三年以内的教师,区别于"种子学堂"的基础常规课程学习,"新芽学苑"旨在帮助新教师度过教学适应阶段,更好地站稳讲台。"新芽学苑"采取"导师引领＋集中研修＋研习评估"的研修机制,进而形成专业主题课程。该课程下设必修课程和选修课程(见表6-4),必修课程开设职业道德规范、学生管理及智慧教育等;选修课程则从教研备课、课题科研、素养学习、管理岗位锻炼和项目式学习等五个方面开设更为丰富的相关课程。实践表明,"新芽学苑"过渡阶段的研习最能激发出新手教师提升专业素养的需求,在这一阶段,教师们开始逐步形成教育研习的主动意识,并为下一层级的研习打下深厚而扎实的理论和实践基础。

表 6-4 "新芽学苑"专题课程

课程形式	课程性质	学习内容
必修课程	公共必修	教师职业道德与规范
		学生管理
	专业必修	课程标准
		智慧教育
		教学能力
选修课程	教研选修	备课、研课
	科研选修	课题、论文
	素养选修	素养学习
	岗位选修	管理岗位锻炼
	专题选修	项目式学习

"新芽学苑"每年都会开展"新教师课堂教学评比活动""骨干教师课堂教学研讨活动""卓越教师教育论坛"等多项内容的专业技能评估活动，为各层级教师创设锻炼机会和展示平台。同时，结合各类区级专项比赛，在新教师中进行英语口语、计算机能力、案例分析能力等方面的综合性比赛，以赛促成长，全面提升教师的专业素养。

"新芽学苑"的教师还会进行每日书法打卡，并且定期阅读教育类书籍，开展读书分享交流会。入职三年内的老师从开始的"自主申报听课"到如今的"周二课堂开放日"，"新芽学苑"让新教师的每一节常规课变得更规范，让新教师对自己每一年的成长一目了然。

(三)"青葵书院"——发展期提升教育课程

第三阶段课程针对的则是有三至十年教龄的教师。这一阶段，对提高教师专业素养提出了更高阶的要求，以期为学校发展提供更为坚实的基础与后续力量。在"青葵书院"，教师们需要通过学习关于教学、管理、科研、课程的"四能力"课程来提升专业素养、加强岗位锻炼。该层级的研训更关注研习的深入度和实效性,不仅开展以"备课、磨课、上课、评课"为主要形式的日常课堂教学研究,而且安排骨干教师参加各类培训活动,再向校内教师进行二次培训,以供青年教师观摩学习。"青葵书院"鼓励全体教师参与教研活动的各项学习,为培养某一方面具有特长的能手型教师以及培育团队中坚力量做足准备。

指向深度研习的专业素养进阶营建立了教师深度学习的共同体,合理构建了培养梯队,对于学校特色转型发展,引领学校课程改革,提升学校文化品位具有建设性的意义。就教师专业发展内涵而言,它超越了传统专业知识和技能的局限,极大地拓展了教师专业发展的空间。总体来看,进阶型课程的设计为新教师规划了系统性、个性化的发展阶段,实现了研习活动设计的前后延续和深化,有助于科学、系统、全面地规划研修内容,从而形成具有新建学校特色的专业发展研修课程体系,增进校本研训的效益。

四、秉持专业化成长,优化师训实施方式

专业发展进阶营(见图 6-6)搭建了提升教师研究、学习能力的载体和平台,很大程度上拓展了教师的专业发展空间。教师通过教研组或备课组内外、校内校际交流等多样化途径,参与专业性的探究活动,围绕"一个目标:提升教师专业素养;两种形式:必修课程、选修课程;三个维度:教师特点、工作特点、课程特点;四个体系:师德师风、专业能力、管理能力、人文素

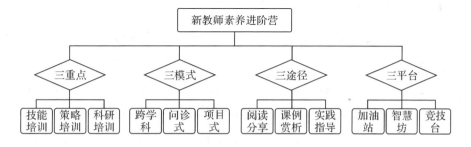

图 6-6　新教师素养进阶营

277

养"的思路整体设计进阶研修课程框架。

(一)聚焦三个研修重点

根据新教师的发展阶段,专业素养进阶营确立的研修重点为"技能研修—策略研修—科研研修",旨在实现知识取向到能力取向的转变。这一目标在教师入职成长的不同阶段各有侧重,例如新手期侧重基本规范、基本模式的学习,掌握基本工作方法;适应期侧重教育教学技能方法的学习,提升教育教学能力和质量;发展期侧重专项问题的深入研究,提升科研能力。有重点的顶层化设计,有助于提高校本研修的效益,有序规划校本研修体系,开设具有校本特色的研修课程,让教师明确阶段性的重点发展方向。

(二)探索三种研修模式

结合教师专业发展的过程要素,学校开发出了问诊式、项目式、跨学科式三种研修模式。问诊式研讨旨在解决新教师的工作困惑;项目式研修指向专题问题研讨;跨学科模式则是组织多学科联合教研,突破学科间的壁垒,转变教师教学思维模式,提升综合能力,即从单一评课走向多元研讨。不同模式的研修活动,促进了教师之间的相互学习与研讨,营造了很好的学校科研氛围。这不仅有利于教师个体科研意识的提升与科研能力的提高,而且使教研活动从形式化向务实化转变,有效地推进了校本研修扎实稳固的持续推进。

(三)开通三条研修路径

为了拓宽教师的专业学习视野、提升综合素养,研修模式也应由单向培养走向综合提升。为此,学校从三方面拓展了研修路径:基于课例的学习研修、基于问题的论坛研修、基于案例的工作坊研修。基于课例的学习研修,立足于课堂,展现的是课堂教学研究的过程——组间反复研讨交流,多次改进课堂教学内容,并致力于将研修成果迁移到日常课堂之中。基于问题的论坛研修,则汇集课堂中共性、高频问题,在具体的教学研究问题驱动下传递理念和方法,帮助教师更好地把握教材、学情、学法,为教师专业素养提升提供基础支撑。基于案例的工作坊研修,则通过遴选代表性、系列化的案例素材和丰富生动的活动素材,对关键问题、典型问题开展全员性、深度化研讨,为教师专业理性成长提供发展框架。以上三条途径在开展校本研修活动和基础性的常规备课研修之中交互融合,并按照学科研讨和日常备课的标准加以落实。学校层级型研修模型的搭建有效促进了教师在理论学习、实践操作、阶段性汇报、反思与提升、研究总结与展示方面的不断跃进与发展。

(四)构建三类锻炼平台

学校定时定期将教师培训与学科研究相结合,开展教研组、备课组活动,创设锻炼机会,实现专项学习培训向综合能力展示转型。为此,学校构建了三个锻炼平台,即加油站、智慧坊、竞技台,以便为不同发展需求阶段的教师提供展示、交流与切磋的机会。其中,加油站旨在鼓励新教师积极锻炼自我,主动开设展示课,以供教研组内部交流研讨;智慧坊是在骨干教师中定期开展"周五骨干教师课堂",要求骨干教师以身作则,进行示范指导,实现人人能上引路课、示范课;竞技台指的是学校经常性邀请区内外骨干及名师听课评课,并与区内其他学校进行校际联谊活动,开展同课异构教研活动,相互切磋,实现共同进步。专业素养进阶营搭建的校内外资源平台,为教师专业发展编织出棋布星陈的研习网络,拓展了教师专业知识学习的边界,激发了教师们的工作热情,提升了他们的职业成就感。

第三节 规范化管理,保障教师专业发展

为了有效促进学校教学常规精细化管理的扎实落地,为进一步助力教师的专业成长,保障教育教学质量的优化升级,实现教学常规工作的精细

化、规范化、品质化，学校从教学管理、教学目标、成长平台、重点项目、学科活动、常规项目等方面进行全面的规范化管理。在落实教学常规工作、加强教学管理的过程中，为推进学校教师队伍素质的整体提升提供支持和保障，从而促进教师多维度的专业成长。

一、完善研修组织架构

教师培训工作的实施在日常的校本培训中起着关键性的作用，研修组织体系的构建有利于促进后续学校研修工作的顺利开展。学校构建多级领导研训机制，有梯度地引导教师培训的实行。首先，成立研修专业委员会，下设行政管理、导师团队和班级管理团队；其次，探索"三导师"结对形式，从"课堂教学、班级管理、岗位管理"三个维度给新教师安排导师，加强导师团队力量，全面问诊把脉，帮助教师适应和胜任教育教学工作；再次，成立了以校长为组长，分管教学的副校长为副组长，各学科备课组长为教研组长，新教师为组员的校本研修小组。

多级领导研训机制在日常校本培训中起着关键性作用，使得每一项工作都能够落实到每一位教师。教师在集中管理的研修组织工作中各司其职、分工协作以及相互配合，有力地促进了学校研修工作的顺利开展。完备的研修组织体系为教师搭建了专业的成长框架，实现了教师个人发展与学校发展的共同愿景。

二、丰富研训主题形式

(一)研训主题

为提升新教师专业素养，"新园丁成长营"从学校文化建设、教师学科素养、教育教学管理、班级常规管理、专业素养修炼等主题出发，进行全方位、多角度的指导。学校组织新教师开展"周二晚课堂"的夜学，围绕"早自修管理""上好复习课""班级文化建设""应急事件处理"等多个主题进行研讨，开展形式有"头脑风暴""观点小报告""专家讲座"等,旨在激发教师的深度思考,提升教育教学能力。除此之外,学校还组织新教师进行钢笔字、粉笔字练习,进行朗诵练习等,提升新教师的专业素养。

(二)研训形式

为了设计与研习目标匹配的专业素养进阶营课程,学校采用"分散＋集中""线上＋线下""定期＋不定期"三种研习方式开展研训,将素养学习、展示交流等活动制度化、系列化,逐步完善指向研习质量的制度保障体系。学校还在教师入职的三个阶段中细化了具体要求。"种子"教师入职前开展暑期教师专业课程强化培训和学校制度规范的学习。为"新芽"教师开设固定课堂开放日,促使新教师教学接受更为规范的监督;定期开展读书交流会、夜学晚课、基本功培训、班级管理工作坊式培训,等等。"青葵"教师则定期进行教学展示课,定期参加各级比赛和各类活动,为新手教师提供课堂示范及教学指导,其组织形式主要有以下三类。

1. 集体备课,加强课堂教学的指导

学校经过调研,发现新教师对教材的理解、教学目标的把握还不够准确,存在一定的偏差。因此,学校决定采用草根研训的方式,确定每周一下午开展各学科集体备课,以提升新教师的备课能力。具体做法是:各备课组提前确定交流的主要教学内容,每次交流选举一人为主讲人,其余人为提问者,组内教师相互质疑探讨,进一步明确一周教学目标与教学重难点。同时,通过对学生学习情况的深入分析,备课组共同设计学习导案,落实教学要求,并要求教师个人在教学过程中积累素材,做好教学资源建设,为后期教学做准备。

2. 开放课堂,加强教学行为的诊断

开放课堂是帮助教师吸取经验,促进自身专业成长的有效举措。学校常规性地将每周二定为新教师课堂开放日,将周五定为骨干教师课堂开放日。在新教师课堂开放日,组织行政干部、骨干教师随机进班听课,针对新教师日常课堂教学进行诊断和评估,并集中进行反馈汇报。在周五骨干教师课堂开放日,新教师可以与骨干教师进行对比,反思自己的教学行为。结合校本研训活动,学科教研员与区学科团队也时常参与学校的课堂开放日,共同观摩、诊断师生课堂教学行为,评估教学效能。

3. 加强评估,强化教学理念的认识

在校内骨干教师及外聘专家联合探索研讨之下,学校制定出指向多元学习、多元发展的积分评价制度——"新教师成长积分制",并依据"六维层级"课堂教学诊断指标体系建立新教师课堂教学水平评估机制。"六维层级"课堂教学诊断具体指的是以目标、内容、结构、方法、理答、气氛六个维度为框架评估新教师的课堂教学。其中,每个维度又分为六个层次,以此来判断和评估新教师在这六个维度上的课堂表现。"六维层级"课堂教学诊断指标体系的构建与实施,有助于实现对新教师各方面教学能力的精准化评估,从而更好地发挥评价的诊断与激励功能,促进新教师教学素养更全面地发展。

学校率先在语文、数学两个大学科中进行深入教学诊断,通过主题教研、教师课堂展示以及学科骨干现场指导等方式,提升教师对"六维层级"的认识与理解。后续再在其他学科内对新教师的课堂教学进行指导。

三、增强常规制度保障

只有落实好教学常规,才能更好地开展教育教学工作。学校定期召开以"遵循规范明方向,夯实教学促提升"为主题的学校常规学习培训活动。

其一,学校组织教师学习"教师教学工作常规",组织修订花园教师工作常规,组织修订学生课堂学习常规,组织修订作业批改规范等。通过常规的修订和学习,树立规范意识,明确工作要求,有序、有效地开展教育教学活动。结合常规听课、师徒听课等活动,加强对新教师的工作指导,提高教师业务能力。

其二，开展常规主题研讨，如"早自修管理常规""学生作业管理常规""课前2分钟管理""班级管理制度建设"等，以头脑风暴、观点报告等方式，促进教师对日常教育教学管理的常规要求的落实，树立常规活动的标杆，指引教师和学生朝正确的方向发展。

其三，进一步完善教师教学工作常规检查制度，以教师自查、组内学习、校际展示等方式，完成教师教学计划、教案、二次备课、作业批改等方面的检查，检查后学科组及时组织反馈，进一步落实教师工作常规。

其四，学校加强巡课指导，教学管理干部及时了解教师课堂组织情况，对学生课前准备、听课、书写、发言，教师课前准备、教师课堂组织等，多方面进行了解反馈，提高教师的课堂常规组织能力，培养学生形成良好的学习常规。

（一）教学工作常规

随着"双减"工作的不断深入，学校积极探索"双减"政策背景下的课堂教学模式，提高课堂教学的有效性，规范教师的教学行为，营造互融互通、共同生长的课堂文化。案例6-1所示的是学校的教学工作常规。

案例6-1　杭州市笕桥花园小学教学工作常规

教师的日常教学工作是学校维护正常教育秩序的基础，是保证基础教育质量的前提，是教师做好教学最基本的自我规范。教师必须努力在教学实践中贯彻常规，提高和发展教师的专业素养。

一、备课

教师在备课过程中必须努力做好"三个理解"：

第一，要充分理解课程标准。课程标准是确定特定学习阶段课程水平和课程结构的纲领性文件。教师必须充分理解其中的基本概念，准确理解该课程的总体目标和不同学习阶段的分目标，切实实施其中提出的教学建议,并力求在教学实践中得到更大程度的贯彻,更好地体现新课程改革的精神。

第二,要充分理解教材。教材是最基本的课程资源。教师应认真研究教材在实现课程目标中的地位和作用,在整个学科内容体系中的地位和独特内涵,在教学实践中最大限度地利用好教材,并开发更丰富、更多元的课程资源。

第三,要充分理解学生。学生是学习的主人。教师必须从整体上了解学生的学习基础和特点,分析学生个体的差异和潜力,在教学实践中努力做到因材施教,促进全体学生在原有基础上得到更大的发展。教师在接到教学任务和安排后,应立即开始制定半年教学计划,并在开学前完成。

半年教学计划的结构至少应包括手册分析、学生情况分析、教学时间表、教学措施等。内容必须力求实用可行,体现学科、学期、班级乃至教师自身的个性特征,避免模糊和相似。教师应提前做好课堂教学计划的准备工作。教学计划可根据教师习惯和学科特点进行创新,但都需反映教学目标(包括重点和难点分析)、教学过程(包括教学策略和方法)、任务设计(包括实践活动)和教学设计(包括教学流程),提倡现代教学技术的合理应用和教学资源的有效开发。

二、上课

班级教育是学校教育最基本的形式。教师应努力践行新课程背景下课堂教学的基本要求,即课程整合、注重生成,师生互动、发扬民主。合作探索中要注重实践,扎实有效地促进发展。

教学目标是教学工作的出发点和归宿。课堂教学应落实预先确定的备课目标,力求相互渗透、整合、全面提高。同时,我们应该更加关注课堂的生成情况,及时调整教学目标和教学策略,使课堂教学更具针对性和灵活性。

师生关系必须建立在教育双方平等对话的基础上。学生是学习的主人,教师是学习活动的组织者和引导者。课堂教学必须创造民主和谐的良好环境,使师生围绕教育内容和教学目标,通过对话、沟通和合作活动,提高课堂教学的互动性和创造性。

学习方法应该帮助学生善于学习。我们必须引导学生根据不同的教学内容采取适当的方法开展学习。同时,我们必须高度重视学生的实践活动,如家庭作业、观察活动、实验设计和操作,并为此留出足够的时间和空间。

课堂评价的基本标准是学生能否在主动学习中发展,教学目标能否在更高、更大的范围内切实有效地实现。教师应以此为依据,检验课堂教学行为是否有效,努力提高课堂教学效率。

三、作业

作业必须是精心设计的任务。教师应根据教学目标和学生的实际情况精心设计多形式、多层次的作业。作业要求贴近目标、提升思维,提倡设计探索性、开放性、创造性和生活化的项目作业。对于难度较大的作业,教师应当亲自尝试实践过程。

仔细批改学生作业。批改作业是教师了解教学效果、调整教学策略的重要方法。教师必须确保学生在反馈后有足够的时间阅读、思考和修改;认真仔细地逐项纠正问题,力求正确,做好记录和必要的分析,及时提出意见;以多种方式提高家庭作业评估的参与性和有效性,如学生自我评估、相互评估、家长参与和建立家庭作业档案。

培养学生的良好习惯。家务劳动也是学生学习和实践活动的主要形式,家务劳动习惯对于学生素养的形成和终身发展非常重要。教师要注重学生家务劳动习惯的培养,基本要求是:保证时间与数量,追求正确与整洁、独立完成、仔细检查,力求准确与及时。

四、辅导

在关注和促进每个学生发展的同时,教师应遵循"因材施教"的原则,加强对一些有特殊需求学生的个性化指导。对于学习能力不足的学生,教师则应根据实际情况降低起点,减缓"坡度",促进学生逐渐成长。对于学习困难的学生,教师必须给予特别的关爱,了解情况,分析原因,制定具体措施,建立过程档案。对于具有较强学习能力的学生,教师要为他们制定相应的指导计划,为他们创造更大的发展平台。

教师应努力开发多渠道的课程资源,为学生提供更广泛的课外指导。比如,开展课外活动兴趣小组,开设学生喜爱的校本课程,鼓励学生参加各级各类学科成绩竞赛,使学生的学习更加生动、丰富。

五、评价

教师应关注学生的学习过程,通过观察记录、家校联系、日常检测、任务批改等环节了解学生的成长轨迹,进行个性化分析和过程评价,并根据教学工作成效的提高,调整教育教学策略。

教师必须认真、负责、实事求是地做好教学质量监控工作。一方面,依循严格的教学成效检验规则进行测试。测试结束后,从目标达成情况和学生学习困难情况两个方面制定纠正措施,吸取评价改革的经验,以提高评价的激励和引导作用。另一方面,应该真诚地向家长反馈对学生学习的评价。教师应通过家访等形式及时向家长反映学生的学习状况,加强家庭教育和学校的教育联系。在学期结束时,教师必须认真完成学生的学业报告,从多方面反映学生素质的发展,并注意对学生提供积极的激励评价。

六、研究

教学是教师生命价值最基本的组成部分,教学研究将为提高教育水平、教学质量和教师素质提供重要支撑。教师要不断以先进的教育理念为指导,根据社会发展的新要求,不断从教学工作的各个环节和阶段进行自我分析和反思,总结经验教训,努力提高教育能力和水平。教师必须以主人翁的态度积极参加各级教学科研活动,做到以开放的心态向先进学习,积极思考实践,勇于表达意见,乐于完成任务。

教师在教学研究过程中,应关注六个重视:重视高质量的教学设计、重视科学的教学研讨、重视课堂评估意见、重视学科教育质量分析、重视教育角色或质量案例分析和重视教学工作总结。学校每六个月至少举办十次讲座,教师每学期至少阅读一本教育著作,并认真、完整地做好阅读笔记。教师每两年至少申请或参与一次学校或更高级别的教学研究项目。

(二)课堂教学常规

学校在一般性教学工作常规的基础上进一步制定了更为具体的课堂教学常规,以给予青年教师更细致的课堂教学工作指导。

案例6-2　杭州市笕桥花园小学课堂教学常规

一、教师课堂常规

上课前两分钟有预备铃,在预备课铃声响起之前,老师必须到教室或其他教学场地组织学生备课。

教师应有效地安排上课前两分钟。根据学科特点、学生学习内容和年龄特点组织学生备课,如背诵古诗词、数学诗句、口算数学、英语听力、新闻传播等。

教学设备要准备完善。教师必须在上课前准备好上课所需的课本、多媒体和设备,并调试好设备。在课堂上,教师必须充分关注学生,应关注教室里的所有学生,尤其是左边、右边和最后一排的学生;教师应集中注意力在教室内走动,注意有特殊需求的学生,并及时提醒学生。教师的指示应该清晰而高亢,以便教室里的每个学生都能听得清楚。在分配任务时,教师最好一次性清楚地说明问题、要求、方法和完成时间,以便学生准确地把握相关信息。

教师示范要有效。教师在黑板上的笔迹应做到干净、规范,不在黑板上乱涂乱画。语文老师要用田字格示范书写,数学老师要用尺子作画。教师应向学生展示标准的示范动作,书写标准,字体适中。

二、学生课堂常规

学生在上课前及时做好学习准备。学生必须在上节课结束后将下节课所需的学习材料(如课本、练习本、草稿本、铅笔、尺子等)按顺序放在桌子的左上角,然后离开教室。上课时,与本课程无关的物品,如水杯、卷笔刀等,不应放在桌子上,以免造成干扰。

上课时师生应相互问好。正式上课铃响后,老师喊"上课",班长喊"起立",老师问候"孩子们或同学们好",学生回答"老师好"。师生问好应当精神饱满、声音响亮,有节奏、不拖拖拉拉,不做小动作。

学生在课堂上讲究礼仪规范。上课听讲时,学生应该把手放在桌子上,不要斜坐,不要跷脚,不要趴在桌子上,全神贯注地听讲。在课堂上发言时,学生应先举手,并征得老师的同意,发言时应尽量做到声音洪亮、清楚。

学生在课堂上要集中注意力,认真听讲,不做小动作,不阅读课外书籍,不做任何与课堂学习无关的事情。

根据上述要求，学校制定了简明评价表（见表 6-5），以助力基本常规落实到位。

表 6-5　杭州市笕桥花园小学课堂教学常规评价表

类别	课堂常规达标项目	5（优秀）	3（达标）	1（待改进）
教师教学常规	1. 预备铃响，及时到岗			
	2. 教学器材，准备充分			
	3. 课堂管理，组织有序			
	4. 教师视线，关注全体			
	5. 无体罚或变相体罚现象			
学生学习常规	1. 预备铃响，安静就座			
	2. 物品摆放，整齐有序			
	3. 听课坐姿，挺拔端正			
	4. 看书写字，姿势正确			
	5. 认真听讲，不做无关事情			
	合计			

（三）集体备课制度

集体备课是通过骨干引领与合理分工，备课组共同进行课标研读、教材和学情分析、细化每课时的教学目标、分析突破重难点的措施和练习的修改完善等。集体备课的具体内容包括：前一单元的教学质量分析和改进措施；本单元的基本内容和教学要求；重要课时的设计思路和教学方法；学科背景知识和补充材料的准备；作业形式和内容的设计等。

通过几年的实践，学校形成了较为稳定的集中备课形式，即：主备人汇报—年轻教师摆问题—骨干引领—模拟上课—同课异构。集体备课需要做到"五个统一"：统一教学内容、统一进度、统一要求、统一作业、统一研究。教案是在"五个统一"的基础上，再由教师个人根据自身的教学风格、特点和教学对象编写的。为有效提高集体备课的质量，每次活动前由备课组长提前告知、督促汇报人做好汇报准备,每次不少于 1 小时,如图 6-7 所示。

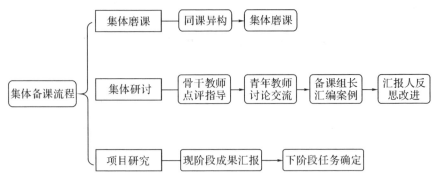

图 6-7　集体备课流程规范

同时,学校也制定了集体备课的具体要求:①定时间:各备课组要有活动计划,各组自行确定活动时间、活动地点后上报教导处。集体备课要选择在有多媒体的教室或场地进行,方便教师介绍和分享。集体备课后安排"1＋X"渐进式磨课活动。②定主题:集体备课活动计划拟定每次讨论主题或讨论内容。③定主讲人:集体备课活动计划确定每次备课组活动的主讲人,每次活动前主讲教师应该先做好充分准备,根据主题和教学内容,查找资料,准备课件,做主讲发言。其他教师简单说明自己的备课情况,然后相互讨论,取长补短,达成共识。④进阶备课:每次集体备课后由一位教师根据讨论方案进行教学,组内老师听课、磨课,从而确定更好的教学方案,其他老师分别开展各自的教学实践,实践后自行组织进行经验分享和讨论,形成精品教案和教学策略,期末形成《微教研》策略集。⑤资料归档:集体备课以后要及时进行资料的整理和归档,以便形成教学资源库,为后续教研活动做好积累。归档的材料包括一份微教研主讲报告资料或课件、一份精品教案、一份教学课件。

（四）质量监控制度

课堂教学质量监控不仅能反映学生知识的掌握情况,还能折射出教师在教学中的得与失,是检验教师基本教学技能、教学机智、现代教学设备运用能力的重要途径。

1. 指导思想

进行有效监控是树立正确教学质量观的重要途径。学校落实新课程标准理念,培养学生核心素养,提高教学效率,定期召开年度教学质量分析会,精准分析,结合考试监测数据从多角度、全方面进行细致分析,诊断问题、分析原因、明确短板、精准施策。在此基础上,进一步确定今后教学中的整改措施,重点关注新课标的研读与素质能力提升工程的开展,要求全体教师深刻认识新时代教育工作的基本方针,落实立德树人的根本任务。通过监测结果反馈,教师要主动查找自身短板,加强学习,进一步提高教学能力和水平。

2. 监控原则

方向性原则:教学质量监控要体现面向全体学生,全面贯彻教育方针和促进学生生动活泼、主动发展的方向。监控的内容和方式,要具有导向性作用,使教学质量监控成为促进教学质量稳步提高的措施。

主体性原则:在教学质量监控过程中要重视监控对象的主体地位,要充分发挥监控对象的主观能动作用,使他们自觉积极地参与,将监控作为开展和推动教学工作的动力。

科学性原则:教学监控的内容和方法必须符合教育规律,严格遵照各科教学大纲的有关规定。要把学科基本能力的训练状况和发展程度作为监控重点,要重视学生思维能力、操作能力和自我学习能力的监测。

3. 监控内容

(1)教学过程的监控。备课:教师按要求写出教案后,学校要引导教师对备课质量进行自我监控。要从教法是否恰当,学生是否能听懂、学会,重点是否突出,难点是否突破,学法指导是否恰当,怎样进行复备,怎样改进与完善教案等方面写好自评分析,并把它作为备课内容的组成部分。促使教师把备课、上课与课后的自评有机结合,随时反思自己的工作,促进备课质量的提高。

课堂教学:课堂教学是教学过程的中心环节。为保证教师扎扎实实地上好每一节课,校领导随机听课,并且听课后必须评课。评课时,要看教师的教案、听教师教学过程的自评。在此基础上,校领导对教师的课堂教学做出全面评价。这种以研讨方式评课的方法,可以使学校更准确地发现教师教学中的优点与问题,帮助教师更快地提高教学水平。

课后作业:作业内容的确定要紧扣当堂教学基本训练重点,以巩固性作业为主,适当设计发展性作业。作业要少而精,作业量不能超过规定的可完成时间。作业要有多种形式,切忌重复机械的抄写,要有利于学生多方面技能的发展。要检查作业质量,考查学生获取知识、形成技能的程度。

教学质量分析:对单项、单元考查和期末考试,要认真做好教学质量分析。质量分析工作要有层次地进行,先由任课教师做出分析,再由教研(年级)组做出分析,学校教导处最后进行综合分析。教研组应分层次填好质量分析表,找出主要问题,剖析具体实例,写明改进措施。同时,应当及时安排时间进行专题分析,不要使教学中存在的问题产生沉淀,应当把薄弱学科、班级和后进生的提升列为重点,并对其进行跟踪监控。

(2)教学效果的监控。书面检测:教学效果的书面检测,包括对学生进行单项知识、技能、能力检测,单元综合检测以及学科综合检测。同时应加强对教学各环节的管理和监控,配合教导处进行必要的检查,规范各类质量考核,有问题及时调整和改进。

操作检测:操作检测包括各学科的听、读、说、写、算、做等各项操作技能,主要检测学生行为技能形成程度和实践能力。检测过程应充分发挥师生在监控过程中的主观能动作用,使监控的作用从单纯的监督、检查、评价向导向、激励、改进的方向发展。

四、构建多元评价体系

(一)入职积分成长评价

根据教师专业素养结构,学校聚集教学部门骨干教师及校外专家探索研讨,制定出指向教师多元学习、多元发展的积分评价制度——"新教师成长积分银行"。具体做法是:每学期将新教师的教学常规及专业能力考核评估记录到成长手册中。三年积分达到 100 分予以毕业,两年内超过 100 分的评为"优秀学员",未满 100 分的,则继续进行学习。教师成长评价着眼于师德师风、教学能力、科研水平、班级管理、教学质量、学习提升等方面的综合性评价。学校采用"学习积分"的方式,以评价指标为努力方向,通过多元评价和多级评价,促进教师自我发现。依据积分量表,对教师提出针对性的改进建议,以更好地促进教师的专业发展和主动创新,如表 6-6 所示。

表 6-6　杭州市笕桥花园小学"新园丁成长营"学习积分量表

考评项目	考　评　内　容	积分	自评	复评
A 师德表现	1. 依法执教,师德高尚,关爱学生 (若严重违反师德情况,一票否决)			
	2. 工作认真,积极主动承担学校任务	10/8		
B 教育科研	3. 积极参与或承担区级及以上课题立项,课题成果获区级奖为优秀,结题为良好	15/10		
	4. 积极撰写论文,在区级获奖或教育教学类刊物发表	15		
B 教育科研	5. 积极参加区级教学展示(观点报告)或参加区级课堂教学评比	15		
	6. 案例、课件、说课评比等获得区级及以上奖项	15		

续表

考评项目	考 评 内 容	积分	自评	复评
C 教学实践	7. 参与区级教师业务素养展示并获奖,获奖 2 次及以上为优秀,1 次为良好	15/10		
	8. 参与校级教学展示课或观点报告,展示 5 次及以上为优秀 3—4 次为良好	15/10		
	9. 指导学生获得区级及以上奖项,获奖人数超过 5 人为优秀,3—5 人为良好。(区级团体一等奖为优秀)	15/10		
	10. 教师日常工作认真,每学期教学月考评价 A 等 3 次及以上为优秀,达到 2 次为良好	15/10		
	11. 认真教学,所带班级教学质量位于年级前列,或区抽测居平均分以上为优秀,期末平均分达到年级平均分以上为良好	15/10		
D 班级管理	12. 积极开展班级管理,形成良好课堂教学秩序。巡课记录评价在前 30% 为优秀,前 50% 为良好	15/10		
E 学习提升	13. 每学期听导师课或参与其他听课学习 20 节为 15 分,每学期听课 15 节为 10 分	15/10		
	14. 认真参加各级教师培训,认真上交培训作业。以培训考勤、培训表现为评价依据,优秀 15 分,良好 10 分	15/10		
	15. 注重自我修炼,经常阅读教育教学类书籍与杂志。撰写读书笔记 5 篇及以上为优秀,3—4 篇为良好	10/8		
合 计	达到各项评价要求即可积分,合计上限 200 分			
备 注	三年积分达到 100 分颁发毕业证书,晋级"青葵书院"。两年内超过 100 分评为"优秀学员",未满 100 分的,继续参加成长营学习			

(二)教学六维层级评价

学校还开发了六维层级课堂教学诊断系统,如图 6-8 所示,为新教师课堂教学能力建立评估机制,分学科对教师进行指导。

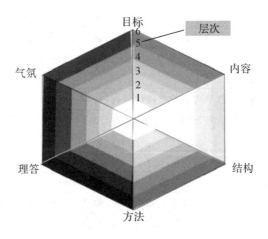

图 6-8　教师教学能力等级评估六维层级图

六个教学能力的基本维度包括教学目标、内容、结构、方法、理答和气氛,每个维度又分为六个层级(见表 6-7)。在新教师课堂教学评估活动中,教师可以依据每个维度的具体要求,比对自身课堂教学的实际情况,进行相应维度的层次评价。学校教学管理部门也可以以此来评判教师的课堂教学能力。六维层级体系在不断完善的过程中,结合教师的日常教学充分地发挥了层级评价功能与引导功能。

表 6-7　杭州市笕桥花园小学教师教学能力等级评估表

上课教师			学科		课题		层级评价
维度	层级	层级说明					
目标	1	目标把握不准,课堂中产生较大偏离					
	2	基本把握教学重难点,教学环节清晰,但达成度不高					
	3	根据学情合理设置基础性教学目标,基本达成目标					
	4	在整体理念下系统思考,合理把握教学目标,课堂教学效果良好					
	5	准确把握教学内容的基础性目标,合理达成生长性目标					
	6	关注学科素养,注重学生高阶能力的培养,课堂教学效果优秀					
内容	1	内容与目标不够匹配					
	2	对教材内容按部就班地进行讲述,很少拓展					
	3	能从整体上把握教材的知识体系,教学内容融会贯通					
	4	能对教材内容进行补充,教材挖掘有深度					
	5	有自己的思路,形成有效的教学主线					
	6	面向全体学生,有效地盘活内容,生成新的课程资源					
结构	1	缺乏结构思想,时间分配不合理					
	2	有一定结构,但各部分之间缺少统一性与连贯性					
	3	各环节子目标指向明确,时间分配合理					
	4	能通过主题线索有效联结,结构完整,过渡自然					
	5	能结合学科特点和学生认知来设计教学,教学结构合理					
	6	教学线索明确,结构具有灵活性和开放性					
方法	1	详略不当,方法单一,讲授过多					
	2	讲授有详略,有重点;教学方法应用还不够恰当					
	3	讲授清晰,有条理;有教学方法的变换,但应用还不够恰当					
	4	能有效运用各种教学方法,吸引学生的注意力,促进学生的学习					
	5	教学方法灵活多样,学生有充足的消化理解和深入学习的时间					
	6	整合优化教学技术和方法,实现智慧化教育					

上课教师		学科		课题		层级评价
理答	1	问题设计随意,理答方式单一				
	2	问题设计层次较低,无意义回应(比如简单否定或肯定)较多				
	3	能设计各板块的相应问题,考虑问题间的逻辑关系				
	4	以大问题统整,合理把握理答时机,给学生充分的思考空间				
	5	问题具有层级性,兼顾不同学生需求				
	6	理答方式多样,追问及时有效,激发深度思考				
气氛	1	课堂无序或沉闷,师生互动较少				
	2	课堂有一定的秩序,部分学生互动				
	3	课堂秩序良好,对学生积极热情地做出回应				
	4	课堂管理有方,学生思维活跃,参与面广				
	5	课堂氛围良好,学生参与度高,能围绕教学目标进行互动				
	6	教师能敏锐地感受到学生的需求,做出合理的回应。师生、生生富有合作意识				

小 结

总体来看,教师师德师风培训和专业发展进阶营撬动了笕桥花园小学教师发展的智慧,推动全体教师教育教学理念的更新和教学能力的升级,并促进学校各方面工作的高质量开展。教师们在学校理念和特色文化的引领下,在研训体系的培养中,不断提高课堂教学水平,提升课程建设能力,更新教学观念,改善教学行为,形成对教学实践的独立思考和创新见解。

鼓足干劲,力争上游。在今后的校本培训中要更加规范化、人性化,调动教师参与各级各类培训和各层级比赛的积极主动性,让教师从根本上意识到培训对自身发展的重要性,提高自身教育教学积累的自觉性,让积累反思意识贯穿于课堂教学和校本教研工作的始终。

第七章　教研密码:激发研究内生动力

　　教师在专业发展的过程中,常常扮演着三种角色,即教学人员、研究者和艺术家。① 而教师作为研究者的角色往往被大众忽略。英国课程理论家斯腾豪斯在 20 世纪 70 年代首次提出"教师即研究者",率先注意到教师在作为专业教学人员以外的"研究者"身份。随着教育研究的深入,教师的"研究者"身份在现实中越来越受到重视。教师作为教育教学活动的重要主体,通过对自己所参与和开展的教育教学活动进行分析、省思,使自己的工作更加符合教育教学规律,更加符合学生身心成长的特点,实现更高质量的教育。因此,广大教师应当重视自己作为"研究者"的角色,自觉地开展教育教学研究,从而提升教育的育人成效。

　　在办学过程中,我们逐步认识到,切实提高教师的专业素养与研究水平是推进课程改革、提高学校教育教学质量、提升办学内涵的根本路径。因此,学校着力建立特色校本教研制度,成立校本教研共同体,辅以合理严密的制度化管理与适度健康的监督评价机制,逐步引导花园教师自觉、自发、自主的专业成长。

---

　　① 　张馨懿,姜殿坤,高宗泽."艺游志"理论对艺术教师教育的重构[J].东北师大学报(哲学社会科学版),2022(6):182-191.

第一节　外铄走向内生:教研理念价值重塑

教师教育科研的本质在于服务教育与教学的实践,解决教育教学过程中存在的问题与不足。一所学校的教育科研能否得到持久发展,取决于教师专业发展中是否存在持续的内在动力,而并非只有外在的要求与规训。只有不断促进教师内生式的发展,才能推动教研共同体不断向自我组织、自我完善发展。

一、聚焦内生发展价值追求

尽管校本教研是被广泛采用的教研方式,但其在实施过程中而不可避免地存在许多现实阻滞,比如多采用研课评课的方式,缺乏创新;教研主题难以直接作用于教师的专业成长;教师参与教研活动缺乏一定的积极性、自觉性、主动性,等等。因此,如何探索新的教研模式,从而激活教师参与教育教学研究的动力、促进教师专业发展,成了亟待解决的问题。

（一）路径变革:从外部导向到内生发展

教育行政部门从上到下、从外到内对教师进行知识、能力和技术的培训是教师发展的外部路径,是规范化的外部导向培训体系。这种模式倾向于认为教师的专业发展必须依靠外部力量的促动与增进。客观地说,外部发展路径适合于教师发展的初始阶段,它可以通过外部干预引导教师进行有意识的职业学习和培训。但是,对于大多数已经熟悉教育教学工作并能胜任日常教学要求的教师来说,外部导向路径的积极效用就会大大削弱。其根本原因在于,外部导向路径忽视了教师发展中的个体差异,挤压了教师发展的独立空间,从而导致教师对外部导向路径丧失热情。

内生路径强调的自主性不是绝对的自主,而是重视教师内外部环境的协调与互动。外部的标准和要求构成了教师独立发展的条件和支持,但只有通过内生路径,教师的外部发展目标才能得以真正实现,专业知识和外部的教育技能和方法才能真正内化为教师的教育信念、实践知识、态度和情感价值观。

(二)观念再造:从单打独斗到合作共赢

学校秉承内力生长的教研理念,致力于唤醒花园教师的主动发展意识,建立教师团队的良性合作机制,形成了积极的团队合作氛围和互利文化。教研共同体的组建可以让教师们真正认识到专业发展不是一项外在的任务或工作。相反,教育和研究将成为个人和集体的一种专业的生活方式和生活习惯,也会成为唤醒自我意识、充盈自我的文化行为。这从根本上将外部任务与要求转化为寻求教师的内生发展,促使教师真正成为推动学校发展的积极的内部力量。

同时,以共同愿景为引领,学校帮助每位教师根据个人特点制定专业发展规划;建设以学科伙伴小组为形式的教师学习共同体,通过教师对课程的学习,促使教师在知识的交流和分享中更新教育观,提升教育教学技能,实现教师个体和群体的自我超越;通过主题性校本教研,促使教师群体或相关科目的教师亚群体集思广益,并从中确立工作目标与研究任务,在集体合作的过程中获得成功的体验,促进教师个体和群体的共同成长。教师的内生性发展也必然要求教师打破个人战斗的职业习惯,要贡献智慧、相互学习、合作共赢,并在实现组织目标的过程中实现自身的专业成长。

(三)机制更新:从组织管理到文化营造

在办学过程中,我们逐步认识到,要真正提高教师参与教学研究的意识与水平,务必要克服外在要求与简单管理的思维方式和做法。营造良好的教科研文化,才是永葆学校教科研生命常青的稳固动力。

我们认为,学校应以学生的成长与教师的发展为宗旨,整体设计并布局体现学校发展目标的研修主题,合理规划研究活动,使之发挥出最大的综合效应。在学校教学研究文化形成的过程中,要特别重视学校领导尤其是一校之长的引领作用。首先,校长是教研文化的引领者。校长应当基于自身对教育教学的理解,帮助学校建立关于教研文化的认知基础。其次,校长还应是教研文化的坚守者。一所学校的教育教学工作在实践中总会出现一些不可避免的困难与问题,甚至出现难以调和的意见与矛盾,校长就应站在总体价值观的角度,坚守教学研究的文化引领地位,用研究的思维方式进行辨析,用正确的理念去说服和引导,用实践的行动去解决。总之,只有用研究的方式去坚守学校教学研究的文化,才能做到管理理念与教育实践的统一,教学研究的文化才能真正凸显力量。

二、激活教师发展内生动力

内生路径重视教师的自主、自觉与自信,坚信教师的内在力量是驱动他们持续成长的不竭动力。这一理念强调以专业自主为导向,鼓励教师基于真实教学情境中的原生问题,跨越固化的思维藩篱,将外在的教育教学知识和技能方法真正内化为教师的教育信念与实践知识。

(一)教研的目的在改进

教育研究的最高目的是学习如何应用和解决实际问题。学校始终是教师专业发展的主要阵地,课堂依旧是其专业发展的重要舞台。2019 年 11 月《教育部关于加强和改进新时代基础教育教研工作的意见》明确了教研工作的主要任务:服务学校教育教学,引领课程改革,提高教育教学质量;服务于教师的专业成长,指导教师改进教学方法,提高教学育人能力;服务于学生的全面发展,深入研究学生的学习成长规律,提高学生的综合素质。教师参与教研活动的本质在于解决师生自身的发展与价值问题,这应当作为教研活动的根本出发点与旨归。

(二)教研的主体是教师

归根结底,教师的专业成长是教师自身的事情,教师必须主动地参与和承担整个研究过程,并保持持续的专业热情和动力。因此,教师应该成为校本研究的主力军,对教育实践进行深入研究,服务于教育实践,在理论学习的基础上改进教育实践。学校始终坚信教师具有自主发展的能量,积极鼓励教师深入参与课程和教学改革,赋予教师课程与教学的决策权、自主权;通过参与对各类教师团队的培训,教师可以在团队合作中不断锻炼、反思和提高自己。

(三)教研的原点在实践

教师的教学工作本身就是创造性的劳动。学校充分尊重教师的实践智慧,并将内生式的研究理念与要求贯穿于教师教学的全过程。在教学准备阶段,教师要研究课程标准,要研究教材,理解教材编写者的意图;教师要研究学生,研究学生的学习程度、准备状况等,知道他们的认知水平现在在哪里,希望他们"走向哪里";教师要研究教学目标,明确教学的重点和难点及其突破方法。在教学实施阶段,教师要始终观察与研究学生的学习状况,根据自己的经验不断调整教学进程与教学方法。可见,教师教学过程的每个环节都离不开"研究"。

第二节 封闭走向开放:教研场域形成条件

在现代物理学中,场是物体相互作用的中介。而教研学习场是一种教师研习的环境,不同的教师在这个环境中相互作用[1],教研学习场必须具有充分的对内包容性和对外开放性。学校是教师发展的主阵地,为了更好地促进教师群体发展,学校需要创造条件,为其提供支持。学校要致力于建设愿景一致、关系和谐、相互协作的教研团队,并尽可能地协同多方资源促进

---

[1] 夏峰.追求一种与众不同的特殊——上海市长宁区初级职业技术学校教育创新研究[M].北京:教育科学出版社,2010:48.

教师群体的发展。

一、营造教研环境

依据办学特点及学校发展的具体情况,学校立足于个人、群体、学校发展的交互作用,以开放包容的教研空间为载体,构建教师教研学习的场域。学校教育和科学研究的创新发展是一个不断改进和超越的过程。我们追求的教研活动以充分发挥教师教学科研的自主性、主动性和创造性为出发点,鼓励教师形成教育教学的创新精神、独立思考能力和实践能力,最大限度地发挥每位教师的个性和才能,创造良好的内外部环境,形成鲜明的教研氛围。

与学理性明显的科学探究活动相比,教育科研的设计与组织更加具有促进成就幸福人生的导向需求,着力于创建具有生成性的学校科研制度与组织系统,塑造具有"生成"意识、"理论"气质、"变革"能力的研究型教师。通过子系统、教学系统和研究群体的优化组合,学校不断调整内部结构,拓展自组织功能,成为自我更新、自我发展的有机体,成为适应性强的教育生态系统,从而达到提升效能、合理运转、共同进步的成效。①

二、构建互助团队

花园小学的教学研究团队通常是依托一个学科或几个相近学科组建的。教研组长作为第一责任人,应首先做好研究团队人员的遴选以及组织工作。其次,要善于营造民主平等、和谐愉悦的工作氛围。再次,准确定位教研团队与培养对象的发展目标,做到把担子压实,把工作做细,把帮扶指导工作做精做准。最后,要发挥团队群体的"矩阵效应"和"雁阵效应"。在教研活动中,既要鼓励全体教师集思广益、分工协作,也要充分发挥学科带

---

① 檀传宝,张宁娟,吕卫华,等.教师专业伦理基础与实践[M].上海:华东师范大学出版社,2016:9.

头人的责任意识与引领作用,带领大家深入学习、思考和实践,群策群力落实各项教研任务,形成充满活力的研究氛围。

上海市英语教研员朱浦老师说过:"我们所要达成的目标的,就是让高度凝练的思想贯穿于教研活动的内容,让过程令人舒适且充满趣味,让所有老师的专业技能都能获得质的飞跃。"①教研团队是提高教育质量以及进一步改革课堂教育的重要力量。学校还将进一步加强教研队伍的建设,培养教育科研骨干,进一步提高教育科研工作的质量和效率。

三、拓展教研活动

学校根据教师不同的专业成长目标,精心设计了各种教研活动,并通过实践探索了丰富多彩的同侪关怀和同侪监督的方式和方法。具体来说,它可以概括如下:合作编写教材,开设主题沙龙,准备集体课程和微课程,合作辅导案例,监督大团体或小组、教师和学徒实地考察时的配对和互助,分享经验、理论,在线和离线培训,分享阅读经验等。各种形式的同伴互助使教师愿意参与,帮助教师提高能力,更好地完成多项任务,探索同伴教育、同伴关怀和同伴监督的新模式,促进学校教师的专业发展。

尽管新的教学研究模式是建立在同侪关怀和同侪监督的基础上,但它与教学研究的灵魂——教学研究者——仍然是密不可分的。特别是在教育科研新模式建立初期,教研人员是教研组组长和教研活动的主导设计者。教师和研究人员必须深入到学校的每个群体,了解教师的真实需求。必须精心策划和组织各种活动,不仅要延续教育研究室的几个常规项目,还要组织独特的创新精神、健康教育活动,将边缘化的状态转变为精神健康的状态,使教师专业与发展双赢,从而激发工作积极性,促进快速成长。一方面要善于设计和创造各类创意活动载体,全程监控,组织协调,精心有效地指

---

① 屈凌云.如何成为一名出色的"教练"——访上海市小学英语教研员朱浦老师[J].英语学习,2018(9):35-39.

导活动的开展。另一方面要跳出教研人员的传统角色,与广大教师形成互助、和谐合作的同侪支持、同侪监督关系。在充分拓展教研活动之后,发挥团队领导和大师的骨干作用,最终搭建起点对点的专业发展支持系统。

第三节 他组织走向自组织:教研发展路径规划

教师自觉主动地参与校本教研活动,对于学校教研文化的形成和教师自身教学水平的提升有着积极的助推作用。然而,校本教研活动虽然在实践中取得了显著效果,但在一定程度上仍存在他组织带来的先天不足。与他组织不同,自组织表现出开放性、非平衡性和非线性的属性特征。学校致力于探索校本教研共同体由他组织向自组织转化的内在机制,重新规划校本教研方案,探索基于自组织的教研共同体建构路径。

一、自组织论:教研共同体的理论指引

(一)理论追溯

美国后现代课程论专家小威廉姆·E.多尔曾预测"若后现代教育学得以出现,我预想它将以自组织概念为核心"[1],该论断曾一度引发学界对自组织理论的热议。作为现代系统论的重要代表,德国哲学家康德最早提出了自组织理论,他认为自组织论是一种科学研究复杂系统发展和内部规律的理论体系。之后,自组织理论在系统科学领域日益发展。现代自组织理论是由耗散结构论、协同论、突变论、超循环论等多种理论组成的理论集团。我国学者阳泽等认为自组织论中包含了两层意思,一是自我组织孤立、瓦解

---

[1] Gao C, Cong N. Research on Ideological and Political Education of College Students under the Perspective of Self-organization Theory[C]. Proceedings of the 3rd International Conference on Arts, Design and Contemporary Education (ICADCE 2017), 2017.

的对立面,主要强调结合、合作、组合等组织形式;二是"自组织"对应"他组织",主要侧重组织活动过程中的自主性。[①]

1990年,自组织理论的相关概念被引入教师专业学习领域。基于自组织理论的教师专业学习被定义为:教师根据专业学习和成长的内在需要,在能够支配的自由时空中,以满足专业学习为目的,发起自主管理,从无序走向有秩序的专业学习。教师专业学习"自组织"的出现,意味着教师可以将自己的教育看作自发的、自主的组织行为,从"他组织"的依赖中解脱出来,从而在某种程度上激发了其内在的成长力量。"自组织"作为教师专业发展的深层动力,可以有效地加快教师的专业化发展进程。

"组织"对于任何一个团体来说,都起着统合、引导、促进团体和个体发展的重要作用。对于教师群体来说,专业化学习必然离不开组织的促进。不可否认,"他组织"在一定程度上也可以促进教师专业化能力的提高,但教师个体往往处于被动学习状态,难以深度激发教师的内在发展需求。那么,如何发挥组织促进教师自我成长的积极作用呢?健全的组织就好比健全的生命,我们要认真研究它的生长规律,使组织能够成为促成群体及个体成长的机体。教师的专业学习路径若脱离被动状态,从服从上级指示逐渐转变为自主探究型学习,则教师的专业学习获得了内在价值,专业集成和专业创新的发展获得了突破口,从而推动创造出持续不断更新的活跃的教育文化。[②] 可见,校本教研共同体的改进方向可以从自组织理论中寻求启示与支持。

(二)机理特征

教育科研活动的本质在于创造和生成,中小学教师从事的科研活动有

---

① 董秋瑾.校本教师专业发展中心:提升校本教师专业发展的内驱力[J].中国教育发展与减贫研究,2019(2):61-72.

② 郎彩虹.基于自组织理论视角关照下的教师专业学习发展的探究[J].中国成人教育,2017(14):138-140.

其特殊性,并非一般意义上的科学研究。课题的确定、研究的开展以及成效的评价等方面都将牵涉到学校以及教师自身的需求,且具有浓厚的自主性意味。这种自主性表现在以下三个方面。

1. 研究场域——由封闭转向融通

从自组织理论视角看,校本教研共同体是一个包括本校教师和学生特征、教学方法、教学内容以及教学环境等因素在内的复杂系统。[①] 校本教研的共同体应是对外开放、互通融合的循环生态圈,能够与系统外的信息源进行充分交流。随着5G数字信息智能时代的到来,信息及知识在以几何倍的数值扩增,这必将对学校教育教学的内容、方式和环境等造成长远而深刻的影响。

顺应时代的洪流,教研共同体也应呈现出开放包容的姿态,关注最新社会动态和教育风向标,为教师的专业成长拓展时代视野。我们应充分激发教师的教研共同体意识,引导教师以开放的姿态、包容的心态和平等的态度对待校本教研活动,促进教师之间的信息畅达和互通互助,建构不断与社会环境进行资源交换的自组织教研共同体。

2. 资源分配——由分离趋近整合

自组织理论认为,只有在充分流动的系统中,在充分开放的情况下,系统内各要素共享资源,互相促进,才能产生共融共生的状况。由此可以看出,自组织的形成不是自然的生成过程。在教研共同体内,教师的专业背景、受教育程度、生活环境等有很大的不同,教师的素质结构处于固定状态,优势和劣势共存,协同与竞争共存。通过教师专业学习方面的整合,可以实现广大教师专业知识的相对融合和统一。从某种程度上说,教师个性化创生是促进教师专业发展的必要条件,在加强教师专业整合、提升自我组织创

---

① 张勇,易品志.学校文化自组织演化的机理、特征与条件[J].教育观察,2020,9(39):1-3+49.

新功能等方面发挥了积极作用。

一方面,专业整合是促进教师专业发展的必要条件。系统理论认为,一般来说整体功能必然大于部分功能之和。作为教育系统和社会系统的子系统,校本教研须时刻关注外部资源的整合度。倘若缺乏相关教育政策、经费投入、物质文化等资源的供给,教研活动将受到现实阻滞,也不会产生自组织需要。另一方面,资源整合还能够通过自组织加速教师的专业革新功能的实现。在教研活动中,案例、教案、总结、论文、课题材料等资源的分享、交流与整合,为教研活动的参与者提供了丰富的专业信息资源。通过自组织的作用机制可以帮助教师更快地寻找到专业革新的最佳起点,加快教师专业发展的步伐。

3. 组织流程——由常态导向生成

依据自组织理论,自组织的形成需要组织内部成员、组织与外部环境间的相互作用、相互影响。然而,不同学科、不同年级、不同教龄的教师,因各自不同的学习经历和教学经验而具备差异化的认知结构和教学方式。这就意味着,当共同体成员之间有差异但无交互时,校本教研共同体将会处于一种常态化的低效状态,很难产生自组织需求。相反,当教研主体在实践中面临难题和突发状况,促使其深入教研现场,充分利用成员间的差异性资源,就能在碰撞摩擦、交汇融合中实现自组织需求的产生及实现。因此,教师校本教研活动的积极性与校本教研能力的提升,有赖于各内部成员之间的相互吸引、相互合作与共同成长。在多元化、常态化的教育竞争与合作中,自组织样态的教研方式在超越课堂实践领域的同时,为教师共同体营造互助、互利、活跃的氛围,引导教师专业成长更具生成性和自觉性,培养自主学习能力和跨领域学习能力。

(三)运行机制

自组织学习系统内部的各部分相互影响,表现出开放性、非平衡性、主动性、不确定性等特征。第一,自组织学习是一个开放的学习过程。它指的是教师在学习过程中与外部环境的密切接触和沟通，指物质、能量、信息等方面与外部环境的相互作用，从而使教师的专业学习向多元化和创新发展。第二，自组织学习系统需要一种非平衡的专业工作状态。这主要涉及教师专业学习过程中的动态性、新颖性和不确定性。在某种程度上，教师发展过程中的不平衡状态，可以促进教师向更高专业化水平迭代发展。第三，自组织学习系统是一个非线性系统。在系统内部重视各要素之间的相互吸引、相互合作，消除"话语专制"，才能使得共同体成员之间的合作关系从"绝对法则"走向"共融共生"。自组织机制不仅能够包容共同体内部的不一致性，还能使共同体成员之间的不同观点和行动在竞争与合作中趋于整合，最终形成一个结构合理、目标一致、相互支持的有序的生态系统。

二、制度建设：教研共同体的规范标准

没有规矩，不成方圆。虽然自组织指引下的教研共同体具有高度的自主性发展特点，但是教师的培养与学生的培育一样需要具备基本的规范和制度，从而使得全体教师有据可依、有章可循。学校通过展开新教师课堂常规调研，各学科骨干进课堂，对新教师的教学工作精准把脉、诊疗开方。

（一）教研组工作常规的研制

教研组是学科教师合作从事教育研究的学习性组织，也是教育管理的基层组织，是全面完成学科教育任务，提高学科教育质量的重要保证。学校教研组的基本任务是：实行教育常规，组织理论学习，开展交流合作，发挥整体优势，提高教师教育水平，提高学科教育质量。

1. 制订实施计划

教研组组长在开学后两周内制订教研组的工作计划。根据学校教育教学和学校相关工作的需要，仔细讨论拟订实施计划。实施计划包括以下内容：教研组现状分析；课程实施和监测；主要教研活动（主题、目的、形式）；提高教学质量的措施；研究课题（包含课题、课题负责人、目标）；课外小组活

动、校本课程建设计划(摘要,详细计划另定)等。计划拟订之后,提交学校办公室及教导处审查,并及时召开教研组教师会议,做好落实工作。在计划的实施过程中,注意监测执行情况;学期结束时,各教研组撰写工作总结并提交至教导处。

2. 组织业务学习

组织全体教师每学期至少进行两次理论学习。学习内容包括学科知识、课程理论、课程规划、报纸文章、专业书籍、专家讲座等。结合实践进行质量讨论,记录不同时间的学习情况,促进教学能力的提高和教育改革的发展。

3. 开展集体备课

根据学科特点,教研组必须按照教学单元(或章节)开展集体备课,也可以根据教学重点有针对性地进行集体备课。集体备课要有准备,深入学习教材并进行讨论,既有主备课教师做中心发言,也有全体教师充分表达意见,要注重提高集体备课的质量。

4. 设计教研活动

学校教研组应精心设计教学研讨活动,教学研究活动结束后,应开展互动式讨论活动,完成书面评价或学习体验分享,每名教师每学期至少应开设1次教研公开课。教研活动结束以后,教研组应及时进行总结,提炼优秀教学案例汇总到学校。

5. 落实质量监控

加强对各教学环节的管理和控制,配合教导处进行必要的检查;确保学科质量,规范各类质量评估,建立学年教学质量责任制。

6. 培养青年教师

教研组应积极关注青年教师的成长,实行师徒挂钩制度。教研组应向青年教师提供关于如何实施教学程序的详细说明,每学期至少组织五次公开研讨课,每年评估组内教师的工作态度和专业水平,通过评估向学校推荐有潜力的年轻教师。

7. 开展课题研究

专题研究与教学实践相结合。每个教师每学年至少要完成一篇关于教学研究的论文;教研组应支持本组教师选择学科或参与学校的跨部门研究,积极参与更高层次的研究活动,并在本组内交流研究内容。中高级教师更要带头开展研究,积极撰写教学研究论文,以身作则,发挥带头作用。

8. 设备资料管理

做好组内设备的使用和管理工作,指定专人保管教研组内的设备和资料,做好设备的记录以及登记簿的使用。建立教研组档案,包括:学生学习档案、教师教育档案、测试与分析、竞赛奖项及获奖者名单、研究课程资料、课程评估登记册、教研组学习报告、工作计划与综合课题研究等。

(二)优秀教研组长评比标准的制定

教研组长作为教研组的领头雁,要负责对学科组内教师进行专业引领和教研指导,使得基于教研组的教学研修成为推动教师专业发展的引擎。学校特别注重教研组长的培养与考核,每学年进行优秀教研组长的评选。为此,学校制定了优秀教研组长的评比标准,如表 7-1 所示。

表 7-1 优秀教研组长评比表

考核内容	分值	自评	学校审核
制定计划,重点突出,落实到位。	5		
创造性、系统地开展教研工作。	5		
积极引领、认真指导教师提高教学水平。	5		
精心设计学科活动,促进学生学科素养发展。	5		
全面落实学科教学常规,提高学科教学质量。	5		
积极配合教导处开展各项工作,及时上交材料。	5		

(三)教科研工作领导小组的成立

学校深度调研和剖析教学工作面临的主要问题,成立专门的教科研工作领导小组,学校领导带头参与和指导课题研究。例如:数学教研组由俞国芳副校长带领,通过"玩好数学:小学'数学学习空间'的设计与应用研究"的课题研究,将研究活动贯穿于整个学期甚至整个学年的教研活动中。围绕这一主题,在多轮循环研讨中,数学组团队教师交流协作,共同提高教学能力和素养。教学与研究的深度结合带来了显著的效果,数学组多名年轻教师在区教师专业技能评比,小学数学拓展性、整合性课程案例评比中获得多项荣誉。通过这样的方式,一方面,学校以年级组、教研组为单位组织进行课题研究,使教师积极参与,各司其职;另一方面,学校积极加大与省、市、区教科研主管部门的联系,增加专家在教育科研方面的引领。

(四)教研论文评比办法的确立

教育科研是教师总结经验、交流方法以及提高教学质量的重要渠道。为了促进青年教师在教育教学中不断反思,及时总结经验,提高科研意识和水平,学校积极组织教师参与课程改革实践,提高课程改革意识,扩大研究和教学实践范围,促进理念的实际应用。花园小学定期开展优秀论文(课题)评比活动,以下是学校科研论文的评比办法。

1. 论文要求

所有参赛论文的主题必须基于教育和教学实践,基于现有事实或案例,避免简单、空洞的理论论述,应为实际教学服务。当然,案例的叙述和论文的分析也应是理性的。参赛论文严禁剽窃或者请他人代为写作,如果有这方面的问题则取消参赛资格,并在年度考核中予以扣分处理。

2. 评奖办法

采取邀请校外专家匿名评审的办法,坚持公平公正、质量第一的原则,严格按评审要求和程序规范操作。根据论文质量,一般评选一、二等奖,并纳入年度考核奖励:一等奖(不超过全部评审论文的20%)推选参加区级论文评比,年度考核加2分;二等奖(不超过全部评审论文的20%),年度考核加1分。评奖结果作为教师科研考核成绩资料存档于科研部档案中,同时反馈给校长办公室,作为优秀备课小组评选的依据之一。对于成绩突出的备课小组,学校将给予集体奖励。

三、主题形式:教研共同体的项目选择

(一)聚焦式的教研主题

教师教科研主题的选择应当根植于其自身面临的困惑与问题,不能脱离教育教学的实际和学生的学情。学校通过校本"诊断"与综合调研相结合,常规教学调研与课程改革调研相结合,确定了课程开发、课堂教学、德育创新、班级管理、生涯规划等多样化的教研主题。

1. 课程开发

基于"生长课程"体系的构建,为了丰富学校拓展课程的门类,提升拓展课程的质量,我们专门组建了拓展课程开发研究小组,鼓励对拓展课程有兴趣、有特长的年轻教师加入,共同探索高质量精品课程的建设。

2. 课堂教学

教研组紧密围绕"生长课堂"的主题,根据"课堂教学评估量表"开展观课、议课,比对教师课堂教学的实际情况,直观了解教师在课堂教学中的优点与不足。课后,教研组组织全体教师听取教师说课及课后教学的反思,对教师教学计划、备课、作业批改、课后反思等教学常规内容进行指导,探索改进教学的有效途径。

3. 德育创新

从校园文化、德育课程、实践活动、管理制度等方面深入调研学校德育工作,探讨有效实施爱国教育、理想教育、劳动教育、安全教育、法制教育、心

理健康等德育主题的路径与方法,以创新德育方式,提高德育实效。

4. 班级管理

调研校内各班级的常规建立、班风培养、班干部培养、班级活动组织、家校沟通等开展情况。教师就日常班级工作进行总结反思,汇编真实案例,并在每一次研讨之后进行针对性的实践,经过不断地交流、学习、探讨、实践和反思,提升班级管理能力。

5. 生涯规划

学校从教师的日常教学、专业研究和职业幸福的需要出发,通过系列课程培训、榜样教师引领、个人规划制定与汇报交流,激励年轻教师不断学习,共同探讨个人生涯发展的适切路径。

(二)多样化的教研形式

为增强学校教研的规划性、学术性、"卷入度",各学科组在学期初就制定好了学期教研活动计划,并切实探索更加多元、更高质量的教研方式。

1. 模拟课堂

模拟课堂是将个人备课、教学实践与教学研究紧密结合的教育活动,也是促进教师专业化、提高学科核心素质的有效途径。在模拟课堂中,虽然是无生上课,但也要求教师思路清晰,能够准确地把握课堂的完整性和生动性,为正式上课打下基础。同时,也要求教师在有限的时间里,用精练的语言组织重要的教学内容,突出重点环节。教研组共同体从落实学科要素与课时目标、教学方法运用、重难点突破、教学环节处理、板书设计等方面对模拟上课的老师做出细致点评与指导点拨,助力年轻教师更好地提升课堂教学质量。

2. 公开课堂

公开课堂是提高教师素质,促进教师队伍高质量发展的一种重要途径。公开课在教学对象、上课目的、内容安排、组织教学等方面都与常态课堂有区别。为建设师德高尚、业务精湛的教师队伍,提升青年教师的教学质量,各学科青年教师反复磨课,与教研组的老师共同探索"双减"政策下的课堂教学新形态。一堂好课离不开团队的精诚合作,公开课充分体现了教研组同心戮力、精心集备、反复磨课的重要性。从公开课的准备到展示的过程中,教师们能更深入地认识自己教学中的优点与不足,从而在不断剖析、反思和总结中精进课堂教学能力,积累经验、不断发展。

3. 双线研课

学校根据实际情况在教研组的基础上进一步设置了语文、数学、综合备课小组。以教研组、备课组为单位,在研修活动中,充分发挥教研组长和备课组长的作用,教研组的活动注重教学质量的探讨,备课组的活动则重视常态课的备课与研讨。教研组、备课组的双线研讨,运用多种形式,从不同层次为教师构建了不同的平台,使之在伙伴互助的过程中快速提高教育教学能力。

4. 观点报告

每一次进行教研观点报告,都是一次交流和学习的机会,每一位教师都积极参与其中,在交流中碰撞出思维的火花。进行观点汇报时,老师们并非只做简单的口头交流,还要在报告中有图文并茂的亮点采撷,并体现出清晰明了的逻辑结构,教研组长对汇报人的汇报进行点评与指导。学科组教师在共研共学中交流、反思、总结,加深了对教学内容与教学过程的思考,进一步提升了教学能力。

5. 专题沙龙

教乃研之基础,研乃教之利器。沙龙研讨的过程就是目标凝聚的过程,是价值思想统一的过程。[①] 教师在上课过程中会迸发出亮点与特色,也会暴露出纰漏与不足。他山之石,可以攻玉。为分享和汲取优秀的教学经验,

―――――――――――

① 程红兵.学校文化建设的路径[M].上海:华东师范大学出版社,2012:24-26.

有效提高教学质量,花园小学的老师们秉承"分享智慧,提高质量"的理念,经常性地开展多学科、多维度的专题沙龙分享活动。教育专题沙龙涵盖非常广泛的话题,主要关注教育的核心问题和学校热点问题,大到富有前瞻性的时代热点话题,小到学校结合实际经验总结的具体现象。正是在这样一个共同体中,对话畅达,智慧叠加,为老师们提供吸取新颖观点和反思自我不足之处的机会,也从学校层面就教育教学改革举措达成了共识,发挥了对全校教育思想观念的引领和导向作用。

多样化的教研活动为花园小学营造了浓厚的教学研究氛围,促进了教师对教育教学理论的内化以及对实践工作的指导。老师们的视野和思路得到了极大的拓展,产生了更多的思考与智慧,相信在今后的教育教学工作中,老师们既能"沉得下去",也能"望得出去"。

第四节 单一走向多元:教研发展实施策略

愿景是凝聚力量、引领组织持续发展的重要动力[1],而"科研兴校"一直是花园小学的发展愿景之一。自 2016 年建校以来,我们总是积极回应办学中遇到的问题,以行动学习为指向,以"六动"学习(任务驱动、科研推动、高校联动、导师带动、实践互动、反思促动)为目标,在研究中行动,以研究促课改,以课改促研究,探索多元的教研实施策略,持续深入地开展教育科研,促进学生、教师和学校的发展。

一、课例钻研 任务驱动——迈向课堂深处

问题导向下的课例钻研旨在对某一具体课例的教学设计与实施、教学

---

① 夏峰.追求一种与众不同的特殊——上海市长宁区初级职业技术学校教育创新研究[M].北京:教育科学出版社,2010:96.

策略与方法、教育态度与行为三个维度进行集体钻研。课例研讨是全方位的问诊把脉,能够促进全体教师对教学工作的梳理和提炼。

各学科组围绕学校的"生长课堂"理念,有主题地进行学科组的计划制定。每次研训活动的开展都要求任务前置、提早激活,比如上课教师的教案、课件以及听课教师的课堂观察任务都要做到提前一周公布。如数学组开展"生长"理念下练习课的研讨,在课前就布置了围绕大单元理念下练习课教学设计、基于学情的练习课教学等主题提前进行思考的任务,并要求所有参与教师都深入开展教材解读以及收集相关资料。正式上课过程中,教研组教师进入真实课堂,通过课堂诊断查找问题、深入把脉,进行针对性的指导。为了后续听课、评课更有方向,听课教师分工合作,从不同角度进行观察,使得课后研讨更有针对性。

二、课题研究 科研推动——焕发教学生机

美国著名课程理论专家施瓦布曾提出:"教师将不会,也不能只是被告知做些什么……教师无论如何不是生产线上的操作员……教师实践是一种艺术,做什么,怎么做,和谁以及该以怎样的进度做……没有任何命令与指示能够规划得如此完善,以致能够控制教师的精巧判断与行为,使之做出经常性的及时抉择,来符合每一个不同情境的需求。"[①]因此,教研活动应注重更深入地激发教师自身的需求,鼓励其基于自我实践经验开展探索,反思教育教学现象,提升实际研究能力。

教师的教育研究必须结合其教育实践而进行,学校鼓励教师善于发现日常教育中的小问题,支持将小问题转化为科研项目。基于问题解决的项目研究,往往问题着眼点较小,内容比较现实,研究方案相对简化,重视实践性和操作性,因而最适合一线教师。老师们正在开展的小课题有:"多维互

---

① 岳刚德.论课程的丰富性——多尔后现代课程思想研究[J].全球教育展望,2006,35(4):27-32.

动:第一学段写话'全评改'策略研究和实践""'阅读单'在小学低段童话故事阅读中的设计与运用""部编版与人教版小学语文经典诵读在课文中的比重分析及实施策略研究""'花园'STEAM:低年级学科融合课程的建设与实践——以校园行为艺术课程为例",等等。教师们通过发现教育教学实践中的小问题,再进一步把小问题转化成课题研究、案例与论文撰写等,这样的方式使得他们对于科研活动更有底气,减少了畏惧心理,提高了积极性。

办学以来,学校教师在课题立项、教学评比、论文发表等方面取得了丰硕成果。学校围绕"生长理念"的校本研训以研促训,以训促教,不断提升教师的教学能力。能够让每一位教师在主题研训中得到发展,是花园小学教研组共同的目标。在今后的科研工作中,学校将进一步加强对教师科研能力的指导,并通过多种途径提高教师科研成果的质量。

三、骨干引领　导师带动——汲取名师智慧

教师队伍的发展是学校发展的核心,骨干教师是教师队伍发展的领头雁。因此,加强教师队伍建设必须培养一批骨干教师,充分发挥骨干教师的引领作用。除了培养校内骨干教师以外,学校也积极聘请校外专家型教师担任青年教师的导师,邀请专家型教师对青年教师的课进行点评和指导,让新教师学习专家型教师的思维,在模仿与学习中促进自身的专业成长。

骨干教师对普通教师有一定的示范和指导作用,能够支持所在地区学校的学科板块的教学和教学研究[①]。因此,骨干教师的选拔,不仅要求教师具备优秀的师德修养和业务素质,具有丰富的教育经验,积极承担学校教育教学活动,而且要在区域内具有一定的知名度,受到校内广大教师认可,对教育研究有兴趣和能力,拥有一定的教育教学研究成果。骨干教师的教育教学工作经验丰富,无论是在教学设计、教学语言,还是在处理课堂突发事

---

① 宋美瑾.乡村小学骨干教师教学生活图景的个案研究[D].兰州:西北师范大学,2020.

件上都比较灵活，有自己的方法。[①] 花园小学是一所办校时间未到七年的新学校，不仅学校"新"，教师也"新"。骨干教师在对教材的理解上更加透彻、对学生知识水平的把握比新教师更加精准，看待问题比新教师更加长远，能够为新教师的教学提供思路与方法，让他们的教学有明确的方向。新教师的专业成长必须依靠学校的骨干教师进行指导和培养，骨干教师的身先示范能够给新教师最直接、最及时的指导，从而帮助他们快速成长。

每年新学年伊始，我们都会开展"师徒结对"活动，充分发挥骨干教师的传帮带作用。通过"师徒结对"，骨干教师负责对年轻教师的日常教学与德育工作进行常规性的指导。例如语文教研组长陈霞和王声坚老师经常对年轻教师进行课例点评与指导，围绕课堂要求为他们开山引路，强调在语文课堂中要树立两个基本观念：第一，要重视文本解读，只有将文本解读得够透彻，教案设计与教学活动才能水到渠成；第二，要引导学生深入阅读思考，而不是单纯灌输，学生的学习具有主观能动性，只有经过深入思考才能获得更深刻的知识。李安校长也经常加入扶持队伍为年轻教师们指点迷津："'学生有所得'的课就是一堂好课。课堂上，教师要注重充分培养学生的高阶思维，启发学生主动思考，才能使他们在学习中有更多的收获。"骨干教师的指导不仅帮助年轻教师更好地把握自身的发展方向，而且极大地激发了他们的教学信心，在上好常规课的基础上，不断发挥工作潜能和调动创造性。

我们也充分借助校外专家教师的资源，经常性地邀请各学科教研员与区内骨干教师深入花园小学的课堂进行调研指导。上城区教育发展研究院每学期都会到学校开展全学科精准把脉，进行专业引领和教研指导。同时，为学习与借鉴区域内兄弟学校的课堂教学经验，有效提升新教师备课、上课、作业、辅导等方面的专业能力，学校专门邀请采荷二小骨干教师陈静娴和杭州市东城第二实验学校骨干教师徐彬对入职两年内的新教师进行能力

---

① 陈祥芳.骨干教师引领共同成长——构建骨干教师发展共同体,促进教师均衡发展的研究[J].教育界,2019(1):154-155＋160.

调研与指导。通过调研,陈静娴老师肯定了花园小学年轻教师的专业表现,并从核心的问题设计、课堂氛围调节以及学生反馈等方面给出了详细的建议。徐彬老师从任务布置要求、学生生成性资源利用、课堂问题引导等方面进行了具体的指导,并强调要在课堂实施过程中多关注学情。徐老师的指导让老师们对课堂教学如何落实"以生为本"有了更切实的理解。

学校的发展离不开教师,学校年轻教师较多,骨干教师占比少。在未来几年内,年轻教师的培养仍然是学校工作的重中之重。老师们在课堂教学、班级管理、科研能力等诸多方面还有待提高,在备课、作业布置和批改方面也要不断地研究和改进,不断提升专业能力。对此,学校将继续在老师们最需要的地方、最关键之处给予指导和帮助,通过请进来、走出去的方式,搭台助推,尽快培养一批年轻的学科骨干成为花园小学的学科领军人物。

四、多方携手　校际联动——协同多方资源

学校作为浙江师范大学的附属学校,建校以来一直得到了浙江师范大学教育学院、基础教育研究中心等单位的协同支持。依托浙师大的专家资源,学校积极开展校本课程研究,有力地提升了教师的课程意识。语文学科的多文本阅读课程以及数学学科的学习空间课程的开发,为老师和学生拓宽了视野,提高了教师的课程开发能力。

我们积极参与浙师大合作办学工作室联合浙江省基础教育研究中心举办的各项活动,为教师们争取了在各级各类平台上展示和比赛的机会。比如,每年举办的"两岸智慧好课堂"比赛中,学校有多位从教五年内的新教师进行展示和比赛,并取得了不错的成绩。

学校也积极搭建各级各类平台,促进新教师的专业成长。学校每年都开展"萌芽新教师课堂教学评估活动""骨干教师课堂教学展示活动";开展校际之间教学联谊活动,如与同期发展的澎雅小学、丁蕙小学、丁兰二小一起组织学科教学研讨,与优秀的兄弟学校天杭实验学校建立教学联谊;参加

"黄小波名师工作室"，参加"数学片区、体育片区"等教学活动。在校级教学联谊活动中，让教师们通过比较，学习和借鉴他人所长，找到自己努力的方向。

除此之外，学校还积极承办语文、数学、美术等学科的区级教研活动，邀请更多校外的优秀教师到校送教。教研活动的承办增进了与区内兄弟学校之间的教学交流，为教师树立了教学标杆，也给他们提供了更多的学习和展示的机会。花园小学的年轻教师在多平台的锻炼下，一定能够在不断的磨砺中提升专业素养，成长为优秀教师。

五、同伴互助　实践互动——合作共生共长

一个人走得快，一群人走得远。实践证明，教师之间的协同合作是教师个人与集体专业发展的重要路径。启事在教诲，成事在榜样。在同伴协同过程中，教师们能够集思广益、取长补短。不单单是同一学科之间的老师能够相互学习，不同学科的老师也可以寻找到共同探讨的话题，可以相互学习、相互借鉴。比如，该怎样解读教材，如何设立目标，如何根据不同的教学内容选择适宜的教学方法，等等。另外，教师可以将自己在教学实践中遇到的情境性问题带到同伴团队中去寻求帮助，在共享和讨论中寻找解决问题的策略和方法。

在实践中，我们发现要使同伴互助活动真正地发挥作用，就必须遵循以下原则：首先，要将实践操作和理论学习、现象观察和深刻反省相结合；其次，大组活动和小组活动相结合，做到个别指导与同伴互助相结合；最后，充分尊重组员的主体地位与积极发挥组长的领导作用相结合，集众智，合众谋。如此，才能更好地激发教师们以主人翁的态度积极参与协同活动，引领教师向共同的方向前行。

六、自我修炼　反思促动——体味破茧蜕变

华东师范大学叶澜教授曾说过："一个教师写一辈子教案不可能成为名

师，如果一个教师写三年教学反思，就有可能成为名师。"这说明教师在教育教学中、在自己的专业发展中要重视反思、要善于反思。

教师的自我反思是对自己教育教学工作的自我评判，也是教师对自己教学行为、理念、愿景的自我分析与自我认识。鼓励教师进行教学反思，可以帮助教师更清楚、更深入地了解自己的教学实践及其效果，还能增进教师的自我意识，从而在后续的工作中实现自我修正、自我提高。教师只有切实进行自我评价与反思，才能认识到自己教育教学中的优势与不足，才能切实有效地改进自己的工作，并对自己的努力方向有一个充分而全面的认识。

教师的自我评价大体分为三个方面：一是自我评判、自我分析；二是通过与其他教师比较来评判自我；三是利用他人对自己的评价来评判自己。要使教师的自我评价发挥作用，实现自我修炼，需要重视发挥这三方面的综合作用，尤其要重视自我评判、自我分析的价值。比如，在听评课过程中，如果仅由听课教师对授课教师进行点评，而上课教师本人没有对课堂教学进行反思，那么就难以从根本上提升教师的教学水平，难以让上课教师自己真正受益。

教师的自我评价与改进应以发展为宗旨，这是一个"认识、批评、反思、提高"的循序渐进的过程。这个过程中，教师在与指导者、同伴教师乃至自我的交流、对话中，积极吸纳批判性的意见和建议，形成更深入的自我认识，为改进自己的教学实践和促进自身的专业发展寻求更多元的思路与方法。这样，花园小学的年轻教师们才能更快地成长起来，并且行稳致远。

小 结

花园小学将"科研兴校"深深融入学校办学的方方面面，将教师教学与学科研究工作相结合，日常教学科研活动与教科研工作相结合，形成了以教学带动科研，以科研带动教育教学的积极的良性循环机制。可以说，教科研是我们撬动学校快速发展的重要支点，它促进了学校特色发展，促进了学校创新发展,促进了学校转型发展。

　　教科研也促进了学校教师教学观念和行为的转变,极大地加快了年轻师的专业发展。教学研究是一条漫长的曲幽之径,需要我们一路前行。每位"花园人"将继续怀抱育人初心,同研共学,齐心协力探索与实践高质量的"生长课堂"。在未来,教研活动定将为花园小学的发展引领新的方向、增添新的色彩。花园校本教研共同体也将继续以教促研、以研促教,在不断推进花园小学教师队伍素质扎实稳固发展和团队科研水平真实提升的道路上兼程并进。

第八章　智慧密码:打造现代智慧校园

随着5G、云计算、大数据、人工智能等新兴技术在教育领域逐步深入应用,新一轮教育教学改革持续深化。当前,教育信息化的发展已走向"智慧教育"阶段。智慧教育以"人的智慧成长"为导向,运用先进的智能教育技术和手段推动教学方式、教师教研、学校管理、校园生活的智慧转型,使得学校教育焕发出新的生长活力。智慧校园是教育信息技术发展到一定阶段的产物,其创生了新型的教学模式,更加关注学生的有效学习;建构了混合式研修新范式,为教师的多元发展提供了支撑;突破了传统学校教育的时空界限,实现了教学资源的协同共享;秉承精准化服务的理念,打造智慧高效的学校管理体系,推动智能时代背景下学校生态和文化的再塑和超越。智慧校园建设已成为当前中小学建设需要突破的重要方向。然而,在中小学推进智慧校园建设的过程中,还存在着"建而不用""重管理轻教学"等问题,难以有效地推进教育教学模式的转型。我们认为,技术与教育的融合并非简单叠加,而是要让技术与教学、教研、管理有机地融为一体,打造全新的智慧教育生态圈。

第一节　新时代背景下的智慧校园建设

花园小学积极响应智慧教育发展新形势,以服务教育教学作为智慧校园建设的基本理念,主动担负起智慧校园的建设使命。学校从以下五个方面扎实推进智慧校园的建设。全局化,即站在学校发展的战略高度,整体谋划,指明方向;全面化,即将先进的教育技术和手段融入学校的各项教育和管理工作;全新化,即以智慧校园为抓手,努力打造学校特色和亮点,展现新作为,实现新突破;全员化,即全校师生都参与到智慧校园的建设工作中;全程化,即融合教学、教研、管理等各个环节,全面提升学校教学质量、育人能力和办学水平,打造新时代智慧化、儿童化、国际化的"幸福花园"。

一、目标定位:智慧校园建设的基本方向

智慧校园的建设承载着新的育人使命,把握着未来学校的发展方向。自 2016 年开始区域性创建数字化校园以来,学校的创建成果不断涌现、影响范围不断扩大。在智慧校园建设过程中,学校主动找准自身的立足点和发展点,聚焦教学难点和管理痛点,以引领学习方式和教学方式的变革为核心,以教育信息技术的开发应用和资源建设为重点。充分利用人工智能、云计算、大数据、物联网等先进的智慧化手段和工具,对接学校已有软硬件设备,实现从基础设施(网络、终端、教室等)、资源(教学资料、教学软件、图书等)到活动(教学、研究、管理、生活等)的智慧化,完成教育环境智慧化改造,努力提高学校信息化应用水平。

目前,学校已完成校园网络升级改造工程,建成了千兆核心网络,实现了校内无线网络全覆盖,构建了技术先进、高速畅通、扩展性强、安全可靠的高质量校园网络环境。学校现有的 35 个教学班和所有功能教室全部配备了具有交互功能的多媒体设备,同时配备了 79 台教师 PC 终端、45 台学生 PC 终端。与此同时,学校努力筹建新型教学空间、创客中心、全学科阅读进阶馆等智能教室,稳步推进硬件建设。在智慧教学应用方面,学校充分利用全景课堂教育系统等智慧教学平台,汇聚学生和教师的课前、课中、课后学习需求,赋予智能算法,通过"诊断、预警、规划和赋能"等方法,推动教学

变革和评价变革，实现智慧教学创新。学校努力构建符合教育特色的"易用、好用、乐用"的智慧化课堂环境，提高师生信息化素养，力求实现"信息化、应用化、常态化"的智慧教育愿景。

2020年学校确立了以之江汇教育广场和全景课堂教育体系技术应用为载体的"'智联融通'校园智慧化建设"的重点项目，该项目旨在通过智慧校园建设，运用智慧教学手段，提升课堂教学效率和教学质量，提升学校管理水平及效率，通过精准服务教育教学工作，助力教师与学生的发展和成长。五年内学校智慧校园建设的年度目标、主要措施及达成标识如表8-1。

表 8-1　智慧化重点项目五年目标细目

学年度	年度目标	主要措施	达成标识
2021 学年	完成之江汇平台的基本搭建，确定全景课堂的种子教师。选择适合的软件运用到学校管理中，提高效率	1. 各部门建立之江汇管理人员，由专人进行负责 2. 利用制度对平台进行管理，形成相应的管理制度 3. 整理并初步形成学校智慧化管理评价制度、智慧课堂评比制度等	1. 完成之江汇平台的基本搭建 2. 制定之江汇管理的相关学校制度 3. 形成学校智慧化管理制度、智慧课堂评比制度 4. 组建成立全景课堂种子团队
2022 学年	进一步整理优化之江汇管理平台以及学校智慧化管理制度。部分教师能熟练运用之江汇、全景课堂教学平台	1. 利用课堂教学评比、案例撰写评比等形式，提高教师对之江汇和全景课堂的运用程度 2. 通过专家引领、集体培训，扩大适用面 3. 开发学校智慧课堂案例	1. 形成学校智慧课堂优秀案例 2. 培养一批熟练运用智慧教学手段的"种子教师"

续表

学年度	年度目标	主要措施	达成标识
2023 学年	整合平台资源,利用管理制度及平台优势,逐步形成学校智慧管理资源库	1. 通过专家指导,提升学生对智慧课堂的使用效率及使用度 2. 以课堂教学比赛等形式,提高教师智慧教学水平 3. 通过资源平台补充,提升学校智慧化管理水平	1. 形成优秀课例,进行校外展示 2. 智慧课堂运用普及率进一步提升 3. 学校智慧化资源库初步形成
2024 学年	继续整合智慧教育平台,尽可能融通各类数据,服务教师、学生成长档案建设,初步形成师生成长画像	1. 组建学校数据中心,提高师生智慧手段与技术的运用能力 2. 以教学平台使用为抓手,精准把握学情,促进深度学习 3. 优化学校智慧化管理制度,提升教师参与的积极性	1. 以"种子教师"为抓手,组建梯队 2. 形成教师画像、学生画像评价体系
2025 学年	学校教师信息化使用水平较高,形成学校智慧教育骨干团队,形成学校师生智慧评价方式,形成师生成长画像	1. 在专家指导下,进一步提高教师智慧化研究和运用能力 2. 通过平台组建,进一步打通师生成长数据	1. 学校各个学科都有熟练运用教学平台的骨干,引领学校智慧教学 2. 师生画像评价数据形成,能较好辅助师生成长

327

二、核心理念:构建"智联融通"一体化校园

打造"智联融通"一体化的智慧校园是学校建设现代智慧校园的核心理念。"智"即智慧教学手段的运用,"联"指环境的相互连接,"融"是功能的充分融合,"通"指数据的共享互通。"智联融通"四维联结,共同指向"智慧教学、智慧教研、智慧管理、智慧环境、一站式服务"五位一体现代化智慧校园的建设。

首先,在智慧校园建设的目标指引下,学校依托校园智慧教学平台,整合利用各项智慧教学资源,实现学习方式和教育模式的创新;扎实推进高效率智慧办公模式,全面提升智慧校园管理水平;创新构建多层级智慧研训模式,在行政推动、专家引领、同伴互助、自我反思等系列过程中提升教师的信息化素养,致力于实现智慧教学、智慧教研、智慧管理的深度融合。

其次,在新时期智慧教育理念的指导下,学校注重学校环境互联、家校互联以及学习互联。学校通过精心设计校园景观,营造智慧性、文化性、时代性相融合的校园环境,提高校园各个空间和各项资源的开放率和利用率。通过打造高质量网络学习空间,创建互动式、协同化的智慧学习环境,让每位学生都享受到优质的智慧教学资源,实现高效学习。同时,凝聚各方教育力量,实现家校共育互联,合力促进育人效果最大化。

再次,功能融合是指校园空间超越了传统意义上单一而固化的功能概念,充分实现同一空间的不同功能,提高学校教室、图书馆等典型教学空间及资源的利用率,实现校园空间的创造性和可持续发展。具有复合性、开放性、灵活性等特征的校园空间,能够有效地促进不同学科、不同教学活动之间的相互协作从而发挥叠加功能,以便更好地满足学校师生个性化的发展需求,助力提升校园空间品质,提高学校教育质量。

最后,学校以校园云平台作为支撑,利用大数据对各类信息进行整合,实现校园教育数据信息的互通共享,优化各类资源配置。通过对校园环境、

设备状态、教学活动、人员管理的智能感知,对学生、教师、学校管理等各项数据进行统一、收集、智能分析和安全管理,统筹安排智能管控措施。

第二节　"目标智":绘就智慧校园新蓝图

2018年4月,教育部印发的《教育信息化2.0行动计划》中明确指出,要积极推进"互联网+教育",在信息技术与教育教学深度融合的理念指导下,"构建网络化、数字化、智能化、个性化、终身化的教育体系"①。智慧校园平台在学校教育信息化建设、信息技术与教育教学深度融合、家校共融共育的过程中呈现出了越来越显著的优势。学校以智慧校园建设为目标,基于对智慧教育理念的深度解读,以及联系学校自身的实际情况,全面推动信息技术与教育教学的深度融合。

一、1+1+N智慧课堂教学模式

疫情背景下,线上教学的兴起触发了对传统教学方式更加迫切的变革需求与探索。智慧教学是指在多重技术支持下,整合利用各项智慧教学资源,打造全新的校园智慧教学平台,实现学习方式和教育模式的创新。在智慧教学过程中,互联网、云技术的应用为学生创造了具有主动性、协同化、交互式等鲜明特征的智慧学习环境。通过智慧学习环境的构建以及现代化教学手段的应用,提高师生的信息化素养,改变师生的交流方式,优化学生的学习方式和路径,从而深化教学活动的本质和内涵。

(一)全景课堂教学

全景课堂是利用移动技术及其他科技手段,开展移动学习、无缝学习和

---

① 教育部关于印发《教育信息化2.0行动计划》的通知[J].中华人民共和国教育部公报,2018(4):118-125.

项目式学习的有效载体。作为海量资源集的大数据高层服务平台,全景课堂是面向服务、采用组件化开发、混合 C/S(服务器—客户机)和 B/S(浏览器—服务器)架构的教育基础服务平台,重点展开即时性的教育大数据采集与分析,通过针对性、时效性和即时性的资源推送从而推动多种互动方式的学习。通过对学习者与教育技术之间的最优化整合,全景课堂教学旨在为学习者打造一个"泛在化、智能化、个性化"的学习环境,以满足学习者多样化的学习需求。同时,全景课堂通过改变传统课堂教育教学模式,创设优质的教育资源共享环境,全面提升学校的智慧教学、教师教研、学校管理等的研究和实践工作。

1. 改变传统课堂教育教学模式

全景课堂应用平台集合了互动教学、即时反馈、全程记录、在线诊断、实时答疑、学科工具、资源共享等多功能于一体,重构了课堂教与学的结构,贯穿学生课内与课外各大应用场景,全面覆盖各种教学活动与各类环境。全景课堂支持大规模的在线学习,支撑多屏、实时、跨界的教学联动。在学习过程中,学习者可以自由切换不同的学习场景,现实课堂与虚拟课堂相互融合,最大程度上满足其个性化的学习需求。教师则可以利用其中的"智题库",实时记录学生的学习行为,阶段性地评估其学习质量,并利用数据分析予以更为精准的反馈与评估。对于学生的作业情况,教师能够实时掌控学生的作业完成度、答题时长以及准确率,学生也可以进行自我批阅或同伴批阅。对于作业结果反馈,系统会进行自动分析、记录,并生成相关诊断报告。全景课堂实现了教学流程的可视化、数据化与可诊断化(见图 8-1)。

2. 拓展新型多维学生学习空间

全景课堂支持课堂无边界学习,学生在任何地点、任何时间都可以获取资源进行学习、交流和反思。在全景课堂教学中,学生将超越教室的时空局限,进一步与真实生活问题情境相联系,灵活运用所学知识,实现从接受式学习转变为探究式学习。网络实时搜索功能则有效弥补了传统教育的缺

工具　　　应用

全景画板　　　全景录音　　　全景录屏　　　全景计时器

全景图书　　　投票

图 8-1　全景课堂教学功能展示

陷,着重培养学生的能力,帮助学生全面准确地理解、掌握所学的知识,提升学生的信息素养。此外,教师可以准确地把握学生学习的"最近发展区",培养学生积极主动思考的学习习惯,最终让每个学生都能掌握正确的学习方法,促使学生获得更为开放、更为广阔、更为立体的学习空间,从而提升学生的学习力,构建发展学生核心素养的教学新样态。

3. 创设优质教育资源共享环境

全景课堂支持多设备、跨平台的解决方案,开拓了更加广阔、自主、灵活的学习路径,使得不同发展水平和学习需求的学生都能获得适宜的发展。同时,全景课堂着力推进区域教育资源共享机制的建设,建立并完善了微课程、云资源、智题库等多重功能,努力打造"智能化、个性化、精准化"的学习圈。在全景课堂学习圈内,教学资源不再局限于静态的纸质教材,而是根据学习者的需求,灵活生成动态的在线资源。此外,全景课堂基于 XAPI(体验式应用程序编程接口),从数据采集、处理、建模、评价、反馈等五大环节,建立了学生综合素质评价体系。

基于以上全景课堂教学优势,学校教师已经能够熟练使用平板、全景课堂 App,创造性地开展各学科的教学工作。例如,在科学课堂中运用全景课堂教学,实现 QQ、EXCEL、PPT 等多个 App 的切换,更加便捷地在屏幕上呈现上课内容,更好地引导学生自主开展科学探究,帮助学生自主发现科学规律,探索科学本质,提高科学学习的效率。在学生完成习题后,教师可以快速收集学生的答案,针对矛盾问题进行研讨。教师还能利用全景课堂将实验数据生成表格,从中发现规律,进一步建立猜测,开展深层的探究。另外,全景课堂习题功能还能够帮助教师基于学情开展教学,解决难题。教师可以通过全景课堂完成实验记录单,根据学生的学习情况推送不同的学习资料,并进行及时点评,有效地促进与学生之间的交流,活跃课堂气氛,调动课堂积极性。

总的来说,全景课堂能够有效提高教学效率和教育质量,深化教育教学变革。从学习者层面来看,全景课堂能够自动感知、分析学生的学习情况,满足学生个性化的学习需求,学生不再是被动的"知识接受者",而是成为了知识的主动创造者;从教育者层面来看,教师将简单的体力劳动和烦琐的认知性工作交给智能助教系统来完成,可以将更多的时间和精力放在更有价值和创造性的教育问题上。从教学模式来看,全景课堂应用下的教学活动以学生体验与动态交互为主,将传统的以教师为中心的课堂教学模式转变为以学生为中心的新型教学模式。

(二)凌霄创客中心

为构建新型教与学的模式,进一步深化课堂改革,学校积极推动创客教育进学校、进课堂。创客教育是一种以"创造性学习"为主要学习方式,致力于培育学生的创新意识和创造思维的新型教育模式,能够有效提高学生在实际的复杂情况下的综合应对能力。基于学校"校园即花园,教育即生长"的办学理念,学校以校花——凌霄花——为主题,创建了专用的创客空间教室——凌霄创客中心。凌霄创客中心是具有开放性、多功能性和情景性的教学空间环境,为学生提供了动手操作、实践创新的平台。

凌霄创客中心配置了人脸识别门禁设备、1 台 3D 打印机、1 台激光切割机、15 台学生用计算机、1 台创客专用笔记本,以及创客工具套装、木工工具套装、Mixly1.0 套件、妙学连连套件、洞洞板、双层工作台等设备。多样化的设施设备充分激发了学生创意设计的兴趣,让学生亲身体验创造的过程,获得创造知识、掌握创造方法、发展创造性能力。凌霄创客中心是学校开展 1+X 拓展课程、创客类课程、3D 打印课程、机器人课程、编程课程、木工类课程等的专用教学场所。通过课程培训,学生掌握了一定的基础技能,感受团队气氛,融入创客文化。对于拔尖学生,教师鼓励其成立或加入团队组织,熟悉产品制作流程和方法,并在指导教师的带领下,参与各种项目和比赛,发展创客技能。丰富多彩的课程学习以及竞赛活动引导学生将知识学习和动手实践相结合,鼓励学生像科学家一样思考问题,像工程师一样解决问题,培养学生的创新精神和实践能力。

为了给孩子更加充足的成长空间,在保证学生们原有学习空间完整的情况下,凌霄创客中心规划出更多趣味空间帮助他们打开创造性学习的视野。如创客中心设置了多层次的学生作品展示空间用以展示学生的优秀作品,如乐高机器人作品、3D 打印作品、激光切割作品、创客作品、智能应用作品等各类创意作品。该区域还配置了原木色的背景墙、工具墙、奖品墙、作品墙、照片墙以及书墙。每一块区域按照年级划分,全面展示学生的创意作品,记录学生的个性化发展历程。学校努力打造创客教育示范校,培养具有创新思维、创造能力等特质的"花儿少年"。

(三)之江汇教育广场

之江汇教育广场是以云计算为基础,搭建涵盖核心应用的教育云平台,汇聚了海量、优质的资源及应用。学校为全校师生创建了之江汇教育平台账号,充分满足了学生、教师以及家长的日常需求。之江汇教育广场含有丰富的素材资源,包括数字教材、数字教参、名师优课等,满足教师日常备课、上课需求。此外,平台支持同步备课功能,为教师提供了方便快捷、功能齐全的课件制作工具。在教学准备方面,教师既可以上传分享自己的教学资料,也可以获取借鉴其他教师分享的资源。在教学应用方面,上课前教师可以把所要学习的内容推送到相应班级的学生空间,便于学生课前预习。之后,教师根据学生的预习情况再进一步修改课件、教案。在课堂中,教师可以将使用电子白板或其他授课工具记录的过程中的录屏和截屏内容都保存在互动课堂里,并将之同步发送到学生空间,方便学生课后继续巩固学习。在教学评价方面,教师可以在线编辑试题,学生可使用平板或者学习中心提供的电脑登录个人的学习空间以完成推送的相应题目,平台将学生的答题情况及时地反馈给教师。教师则根据反馈结果,对相应的教学内容和重难点进行适当调整。

除此之外,学生可以充分利用之江汇教育广场拓展学习边界,从受限于教室的传统听讲方式转向无边界学习,推动线上线下、校内校外的有效衔接。学生在登录之江汇教育平台后,可以收看专递课程、名师课程以及名校课程。学校可以以之江汇为依托深度开发系统化、多元化的学习空间和资源,致力于建设学生学习成长的大课堂,实现"无边界"的泛在学习。

(四)其他智慧平台教学

当前,学校所有教室都配备了希沃白板,它是一款针对信息化教学需求设计的互动式多媒体教学平台。希沃白板以多媒体交互白板工具为应用核心,提供云课件、素材加工、学科教学、思维导图、表格制作、课堂活动等多种备课、授课的常用功能。

学校教师在教学设计以及在课堂实施过程中充分利用希沃白板具备的各类课堂活动模板,精心设计与开展丰富多样的教学活动。希沃白板的使用丰富了课堂活动的形式,使得抽象知识变得直观形象,更加符合学生的心理发展特点,充分调动了学生的学习积极性。例如,在小学数学三年级"周长的认识"一课中,授课教师利用希沃白板创造了生动有趣的教学情境:一只蚂蚁绕着一片叶子爬了一周。老师组织学生观察蚂蚁的运动轨迹,并让学生直接用手指描一描蚂蚁的运动轨迹,以此导入"周长"这一概念。还有教师利用希沃白板设计了"摘果子"的游戏活动,学生站到讲台上,将树上含有信息的果子移动至对应的篓子中。如果正确,那么果子便会自动落到篓子里,如果不正确则会重新回到树上。类似蕴含趣味性、互动性、挑战性的游戏,创造了以学生为主体、人人参与的高效课堂学习氛围。这不仅有助于学生更好地掌握和巩固知识,教师也能够结合学生的游戏表现评估学生的知识掌握情况,及时调整教学计划,更好地保证教学实效。

除希沃白板外,学校还配备了东方中原白板软件。东方中原白板软件是一套互动教学支撑系统,与希沃白板功能类似。东方中原白板已有的功能和整合的资源可全方位地支撑小学各个学科的教学,促进学科核心素养的生成。例如,东方中原白板中的汉字拼音工具能够用来支持小学语文语言构建与应用教学;教师利用东方中原白板中的课堂活动工具可以开发多样化的教学资源,从而提高学生的审美水平与创造能力;东方中原白板中的思维导图工具的应用,有助于促进学生的思维发展与提升;东方中原白板中的古诗词工具,有利于学生充分发挥想象力,从意思和意境整体把握诗词,从而更好地陶冶学生的情操,丰富学生的精神世界。

二、高效率智慧办公便捷模式

智慧办公是智慧校园建设的重要组成部分。2018 年,杭州市提出打造"移动办事之城"的总体目标。学校积极响应杭州市政府号召,着力破解行政办公多次跑、多头跑、签字多、环节多等难题,为学校全体人员提供 24 小时便捷化办事服务。相关人员利用手机端、电脑端就能实现轻松办公,开启高效率智慧办公新时代。智慧办公便捷系统具有以下优点。

(一)提高办公灵活性

智慧办公便捷系统将教师的日常数据收集等工作流程尽可能地简单

化。教师可以随时随地通过互联网终端 PC 机、笔记本电脑、手机等进行办公。例如，学校教师可以在钉钉平台完成线上签到、签退、请假报备、外出培训报备、防疫健康数据上报等工作流程。同时，钉钉平台也能够一键导入教师课表并发送实时提醒，帮助教师更好地完成教学工作。疫情期间，学校教师通过个人终端实现异地办公，并未出现线上办公信息不畅、处置不及时的问题。

（二）增强数据安全性

传统 PC 办公模式中，学校各部门的办公资料及学校的关键数据都存放在本地主机中，一旦 PC 机或硬盘遭到损坏，数据将面临全部丢失的风险。另外，由于缺少统一的端口管控手段，数据可能会通过 USB 口、串并口等端口泄漏，且没有操作日志可供查询，因而设备管理维护较为复杂。学校建立"生长档案馆"暨信息中心，充分利用钉盘等云储存工具，将原本分散的数据集中到平台数据中心，实现数据集中统一收集与管理，极大程度上减轻了数据损坏、丢失的风险。

（三）优化资源利用率

纸质化办公无法满足不同人员的办公需求，并难以实现统一化标准管理，一定程度上制约了学校人员办公效率的提升。智慧办公便捷模式采用虚拟化技术，将数据中心的服务器和存储资源组建资源池后供终端用户共享与使用，大幅度提高了资源利用率。2021 年，学校在《杭州市笕桥花园小学"十四五"办学规划》中再次强调关于智慧办公模式的要求：首先，梳理好各项行政流程，规范好办公管理制度，用好智慧化软件办公系统，简化各类审批流程，实现"零次跑"目标；其次，规范学校会议，规范学校、部门、团队不同等级的信息发布渠道，加强微信公众平台的管理和引导，提高正面宣传效能；最后，优化各项考核制度，在大数据支持下建立绩效考核信息系统，进行更加准确的指标设计和数据采集，并为每位教师构建自己的数据库，从而使得智慧化管理落地更便捷、高效、有温度。智慧化办公提升了学校综治服务品质,管理标准逐步提升,制度管理更加规范。未来,学校将进一步抓紧完善行政办公体制机制,加强"互联网＋服务"建设,提供更加安全、便捷、高效的办公保障,让数字化办公更好地为学校高质量发展添砖加瓦。

三、全方位智慧保障服务体系

(一)服务卫安机制,保障师生平安

为深化卫生安全教育,学校依托互联网信息技术,严格落实学生晨检、近视防治、传染性疾病防治等重点工作,切实提高校园突发事件的应急处置能力。为进一步提升师生的卫生防护意识,学校专门成立领导小组,严格执行规范中的各项要求,采取各项线上防疫举措,如线上填报信息、健康打卡等,以"网"战"疫",编织好一张全校参与的疫情防控"安全网"。

(二)服务后勤保障,开源节流增效

学校积极探索"线上＋线下"有机结合的保障服务模式,全面建立后勤管理网格,保障优质后勤服务。学校以总务副主任为主,安全员、资产管理员与食堂管理员三大员协同,依托智慧系统,强化预算意识,提高资金使用效益,依法管理物业与学校财务。规范《花园小学后勤巡查制度》,规范智慧服务标准;严格落实固定资产线上管理制度,做好固定资产的盘点、入库、报废等工作;制定《花园小学物品线上申购规范》与《花园小学物品线上领用规范》,建立统一、便捷的物品申购和审批制度,做好学校的后勤保障工作。

四、多层级智慧研训成长模式

为更好地传道授业解惑,广大教师应细心洞察教学实践中的现实问题,具备一定的数字化胜任力和信息化胜任力。经过了第一轮的信息提升工程,教师都能够熟练使用钉钉课堂 App 或腾讯课堂 App,完成线上教学任务,使用信息技术教学的能力有所提升。但是信息技术日新月异,"互联网

+"教育教学模式应运而生,平板电脑进课堂已是常态,加之浙江省教育厅要求各学校对于之江汇教育广场深度应用,这就需要教师具备信息化综合教学应用的能力,将信息化手段和课堂教学进行深度融合。然而教师信息化应用能力参差不齐,年长教师出现技术断层,无法适应信息教育技术日新月异的变化。年轻教师虽然能使用多种信息技术为课堂服务,但多数都是通过自学,没有经过系统化的学习。因此,为了深入贯彻落实《浙江省教育厅办公室关于实施全省中小学教师信息技术应用能力提升工程2.0的通知》和《杭州市教育局办公室关于实施杭州市中小学教师信息技术应用能力提升工程2.0的通知》精神,进一步提高教师信息化应用能力和水平,促进课堂教学与信息技术的有效融合,学校根据信息技术教育教学能力实际现状,制定了《笕桥花园小学提升工程2.0整校推进实施方案》,积极开展了浙江省中小学教师信息技术应用能力提升工程2.0的培训工作。

（一）核心需求与目标

对照学校信息化发展规划及教师的信息技术教育应用能力,学校对教师实施阶梯式高效培训管理。通过信息技术应用能力提升工程2.0项目的实施,我们预期在学校现有教育信息化建设的基础上,在学校教育信息化管理者的信息化领导力、学校信息化管理、教师信息技术教育能力、教师信息化教育教学创新等方面能有所改善和提高,全面提升学校教育信息化水平以促进学校教育教学质量的高质量发展。

1. 整体推进目标

学校全面推进现代教育技术发展,逐步实现校园信息化、办公无纸化,扎实推进学校教育现代化,促进学校教育观念、教育管理、教育模式的现代化。通过信息技术应用能力提升工程2.0项目的实施,学校进一步探索示范性教师网络空间、微课程资源库建设等行动,推动信息技术应用的综合创新。学校争取在未来三年内,每个教研组至少涌现出一名信息技术应用能力骨干教师,一到两项相关课题在区级及以上立项或获奖,每年有10%的教师在县级及以上的相关论文比赛、基本功竞赛中获奖。同时,鼓励全体老师参加能力提升培训,提升所有教师运用信息技术辅助课堂教学的能力。

2. 研修小组目标

通过整校推进实践,学校培育一支学校教育信息化管理者队伍。通过充分了解当前教育信息化政策,熟练掌握信息技术教育应用途径,进一步推动学校教育管理工作智慧化转型。管理者团队分为信息技术创新组和信息技术攻关组,团队关注要点分别是数据驱动下的校园管理与技术支持的校园安全规划。

信息技术创新组的主要培训目标为:通过网络研修、专题研修、分类培训、实践操作与研修共同体建设等模式,提高信息技术创新组在数据驱动教学和混合式教学方面的设计与实施水平。具体能力目标为:及时提供反馈信息,了解自己的教学方法和教学过程中的不足之处,并及时调整改进;在现有基础上能够进一步优化同步课堂的教育教学过程,提升教师的在线教学能力,在教育上与精准帮扶的薄弱学校对接,为实现教育公平而努力。因此,在学校信息技术应用能力提升工程2.0的实施过程中,教师的核心需求是:适时开展在线教学,实现学生精准学习和精准提升。该小组选择的关注要点是混合式教学设计与实施和数据驱动的教学,选择的考核指标分别是技术促进的家校交流与合作情况以及评价数据的伴随性采集。

信息技术攻关组的主要培训目标为:在专业人员的培训与指导下,能够独立自主利用信息技术工具从互联网或校园网上充分挖掘数字教育资源,并能够应用到实际课堂教学中。具体能力目标为:丰富教育教学资源的获取途径;根据教学主题和实际学情判断资源的适用性;保证网络教学资源的科学性和时效性;熟练掌握数字教育资源管理的工具和方法。该小组选择的关注要点是优质数字教学资源的开发与应用,选择的考核指标分别是数字教育资源的获取、评价与应用以及演示文稿的设计与制作。

(二)推进组织与实施

在学校管理团队的组织和浙师大培训机构的指导下,学校信息技术应用能力提升工程 2.0 培训正在有条不紊地推进。随着两支关键力量的双线并进,通过骨干带动、学科联动、互相帮扶,有效达成信息技术与学校教育教学深度融合这一创新目标。

1. 动员部署明方向

《笕桥花园小学提升工程 2.0 整校推进实施方案》确定后,于 2021 年 2 月 3 日召开了"学校教师信息化教学能力提升工作"启动大会,对本次信息化培训目标定位和培训的重要性进行了说明,并对培训的具体要求进行了共性和个性的解读,拉开了全员培训的序幕。在会上,行政副校长对学校宣传工作和信息化 2.0 的部署工作进行重点强调(见表 8-2),信息技术推进工作负责人王楚轩老师代表管理团队做方案解读与学习平台演示,并对全体教师能力点的选择进行了具体的解读。2021 年度,学校逐步推进学校的信息化建设,建设智慧校园,助力"十四五"期间学校高质量发展。为提升教师的信息化教学能力,学校部署通过校内公开课展示、专家培训、主题活动等方式,创设良好的信息技术教育应用能力研修与实践氛围。

表 8-2　信息化 2.0 的部署工作方案

时　　间	目　　标
2020 年 11 月 10 日	提升工程 2.0 整校推进方案研制指南
2021 年 2 月 3 日	"学校教师信息化教学能力提升工作"启动大会
2021 年 2—3 月	观看学习线上课程,摘录笔记、讨论发帖
2021 年 3 月 30 日	磨砺出锋,新芽绽放——新芽书院 2018 届新教师课堂教学毕业评估
2021 年 4 月 19 日	观看提升工程 2.0 的热点问题并答疑
2021 年 4 月 21 日	提升工程 2.0 中期推进会

时　间	目　标
2021 年 4 月 23 日	浙江省中小学教师信息技术应用能力提升工程 2.0 省级核心专家专题讲座
2021 年 6 月 28 日	浙江省基础教育精准教学研究院教研员来校开展"大数据精准教学的认识、经验与成效"专题讲座
2021 年 6 月 29 日	信息 2.0 校级总结交流暨优秀成果分享会
2021 年 7—8 月	参加精品数字教育资源开发和信息 2.0 优秀成果评选活动

2. 专家指导助提升

学校充分利用全景课堂、希沃白板等智能设备优势，多次邀请全景课堂专家、希沃工程师到校对教师进行精细化的教学使用指导。2021 年 4 月 23 日下午，浙江省中小学教师信息技术应用能力提升工程 2.0 省级核心专家阮高峰副教授莅临学校进行专题讲座。阮教授以"数据驱动的精准教学——现状、困顿与突破"为主题，从背景介绍、发展历史、实施策略、困顿突破四个方面详细地讲解了精准教学。阮教授通过生动的案例和深入浅出的教学理论，让在座教师对精准教学有了新的认识和思考。

2021 年 6 月 28 日下午，浙江省基础教育精准教学研究院教研员王小明老师莅临学校进行"大数据精准教学的认识、经验与成效"专题讲座。王小明老师围绕"大数据精准教学"，介绍了十点认识、十点经验、十点成效。王老师通过系统的理论分析、丰富的案例介绍和经验分享，让老师们收获满满。为深入了解之江汇技术在教学工作的具体应用，6 月 30 日，学校特别邀请濮家小学的陈针妮老师分享之江汇平台的教学实践经验。陈老师为教师们细致地介绍了如何在科学课堂中利用教学助手使得课堂教学更加高效，并当场演示了多个实用功能，如投票、学生作品收集、计时器等，老师们学习了到许多实用的操作技巧。

此外，学校还邀请钱江外国语实验学校的戚伟国副校长为学校教师讲解有关全景课堂的专题内容。戚校长首先为老师们展示了全景课堂的使用过程,详细介绍了全景课堂平台内的答题、画板、投票等各项功能,并通过发布实时任务,让老师们亲身体验全景课堂学生端的课堂使用情况,感受全景课堂 App 功能的多样性。通过戚校长生动细致的讲解,各位老师对全景课堂有了更深入的了解,同时也对自己提出了更高的要求,将不断尝试把全景课堂深度融入自己的教学中,并在实践中推陈出新。戚校长还为老师们示范讲解了"玩转信息"课程,他向老师们介绍了微课的基本知识及其不同类型与功能,还向大家推荐了"浙江微课网"。他鼓励青年教师们结合自身教育教学实际需要,积极创作微课,在各个平台展示自己。

3. 实时反馈促调整

学校在推进信息化研修的过程中分步骤、有条理地通过学校钉钉群、微信群进行培训任务的布置并对作业完成情况的过程跟踪督促,明确各项任务的要求与完成时间。对于研修过程中的疑难问题,结合不同能力点的作业要求,向信息技术教师具体指导或线上请教培训机构教师。老师们通过网络研修、专题研修、分类培训、实践操作与研修共同体建设等模式,使整校推进方案有序实施,组织管理规范且体现学校、学科特色。研修活动记录翔实,各种资料归档完整,能回溯研修过程。目前为止,学校线上课程主题研修观看总时长达到了 85034 分钟,任务时长达 69300 分钟,观看率为122.70%,线下培训直播平均完成率为 115.58%,活动发帖率达 105.19%。在线指导答疑人均 6.23 次,普通教师个人作业提交率和作业通过率均为100%。以上数据充分说明了教师充分重视并努力掌握运用技术解决实际教学问题的知识及策略。

4. 研修实践共提高

作为一所 2016 年成立的新学校,花园小学年轻教师居多,教育教学工作培训需求大。因此,学校将备课、教研、研修有机地统整为一体,多举措提升教师的信息与教学的深度融合能力。首先,结合我市"区块链+大数据"

的方式,推动建设教师智能化研修平台,引入人工智能和大数据分析,建设集教师能力测评、学习资源精准推送、学习数据记录分析、学习效果跟踪反馈为一体的学习研修平台。通过平台培训,教师能够进一步提高自身信息素养,掌握新的教学模式和方式方法、组织能力和创新能力。其次,定期组织教师进行网络云集体备课,放大备课组、骨干教师对其他教师的引领作用。在集体备课中,利用大数据筛选学科核心知识、大概念,确定教学重难点,为教学内容和教学方法的选择提供了科学依据,发挥优质课堂的辐射作用。最后,使用 UMU 互动学习平台、问卷星等数据采集软件,对教师网络研修现状和课堂教学效果进行调研,采集智慧研修活动优秀案例,并不断改进和完善,构建了教师智慧研修新模式。

(三)研训成效及影响

通过智慧课堂研修,全面提升了学校教师的学科教学能力和专业自主发展能力,培养了一批能够运用信息技术开展智慧学习与教学的教师,从而保障信息化服务的生命力和可持续发展能力。

1. 以研修促成长,以创新增活力

多样化的培训提升了教师整体的信息技术素养。学校全体老师参加了能力提升培训并全部达标通过。每位教师都能根据学生学习的反馈结果,明晰教学目标和教学过程中的不足之处,并及时地调整改进。在前期的磨课准备过程中,2018 届的新教师们在各自师父的指导下,认真钻研教材,精心设计教学环节,制作精美课件。经过一次次的研课打磨,最终呈现出一堂堂生动的展示课,展现了精彩瞬间。在新芽书院 2018 届新教师课堂教学毕业评估中,每位教师都运用到了智慧化工具辅助教学。例如,在数学课堂中,教师们能利用全景课堂、问卷星等智慧化手段,提高学生的积极性;运用信息技术展现数形结合等,在观察、比较中,让学生加深概念理解;在充分思考、交流中优化解决问题的策略。数学课堂要体现教学的思维层次,重视学生的思辨能力,打造高阶思维课堂。

2. 以比赛促发展，以成绩固成果

为进一步促进教师提升信息化素养，学校修改完善了教师的考核方案，将智慧教育纳入教师考核标准，鼓励老师积极参加网络教学资源研发、智慧课堂展示、优秀课例征集、微课制作等活动，评选智慧教育先进教师。2020年，崔舒圆、班曼、童郦琳、陈惠惠老师参与区云智库教学资源开发，丁凯迪、董清、胡笛、张宇博老师参与原江干区中小学美术学科（书法领域）在线教学资源研发，丁凯迪、董清老师分别获数字资源二、三等奖，张洁思、朱立波、丁凯迪老师获得原江干区在线教学优秀微课评比小学组三等奖。教师们在比赛中学习进步，巩固提升成果，增强了学习效果，同时也进一步激发了全体教师的学习热情，在学校里形成了比学赶超的良好氛围。

第三节 "环境联"：打造智慧空间新格局

校园环境建设是校园文化建设的外在体现，不断发展的智能技术使学校空间的互联和跨界拥有了更多的可能性。学校致力于打造儿童化、智慧化、国际化的幸福"花园"，为师生构筑多元化学习空间。在此理念的指导下，学校日臻完善校园环境以及场馆建设，着力创设新型教育空间，营造和谐融洽的校园气氛。智慧化校园环境的打造旨在更好地契合学生身心发展的特点，满足教师的专业发展需求，使教师和学生都能快乐学习、用力成长。

一、场室互联

"十三五"以来，学校根据建筑面积现状与发展需要，寻求多方支持，优化调整学校的场馆建设。秉承"复合构筑、一室多用、零空置"的配置原则，学校致力于实现有限空间的利用最大化。目前，学校已经完成三大中心建设，即图书馆兼研训中心、教工食堂兼学习中心、体育馆兼学生会演中心。

(一)图书馆兼研训中心

为充分利用图书馆场地资源,学校创造性地开辟出教室、学室、研室三室合一的新型空间,如图 8-2 所示。这里既是学生阅读的场所,也是教学研讨的场地。师生在这里进行公开课的展示,实现与教学区可分可合的弹性联系。各学科教学研讨、教师大会以及各种讲座也都能在这里举行。

图 8-2 图书馆兼研训中心

(二)教工食堂兼学习中心

学校原有教工食堂功能单一,空间利用率不高。因此,学校将教工食堂开辟成多功能使用空间:教师学习中心,如图 8-3 所示。该中心在具有就餐功能的同时,也可用作开展小型报告、阅读交流、课余休闲小憩等活动的场所。食堂空间设计以简洁、现代化风格为主,内里设置书架、桌椅、沙发等设施,并配有丰富的优质图书资源,涵盖教育学、心理学、伦理学等方面的书籍,以及优秀教育报刊,提升教师的科研能力、教学能力,促进教师的自我提升。为教师营造了轻松和谐的学习氛围。教师除日常就餐外,可在食堂开展自主学习、读书沙龙、教学研讨、集体备课或者举行一些小型的教研组活动。教工食堂的重组与利用有效提高了学校空间的使用率,一定程度上缓解了学校活动场地紧张的局面。

图 8-3　教工食堂兼学习中心

(三)体育馆兼学生会演中心

因场地限制,学校缺少大型活动和汇报演出的场所。因此,学校将风雨操场改建成室内体育馆兼学生汇报演出中心。改建内容包括增加了活动式主席台、舞美灯光、空调等设施,充分实现了一室两用。

二、家校互联

依托于新媒体技术的发展,家校互动的方式、渠道及内容也发生了改变。这对于当前的家校关系来说,既是机遇也是挑战。学校为加强家校沟通与合作,充分利用网络平台,构建家庭、学校、社会"三位一体"的立体教育网络,更好地把学校教育与家庭教育有机地结合起来,实现家校合作,协同育人。

（一）班级优化大师

班级优化大师是一款针对课堂教学管理优化的软件，帮助教师更好地管理课堂、管理班级以及家校沟通。班级优化大师设置了游戏化的教学界面，每一位学生都拥有趣味化和个性化的头像，并可以随着分数的增加而升级，极大地激发了学生的学习积极性。教师在教学过程中，点击学生头像就可以发送实时评价，对任意学生和小组进行表扬或提出改进建议。教师还可以使用丰富的课堂评价工具，创造活跃、和谐的课堂气氛，更加有利于学生高效、快乐地学习。与此同时，班级优化大师能够对评价数据进行量化分析，根据学生的表现自动生成"光荣榜"，让学生的课堂表现一目了然。教师根据数据分析结果，对学生做出精准的教学评价，量身定制学习计划，进行针对性的教学指导。同时，通过在相应时间段生成班级报表，老师、家长可以实时同步预览，让家长随时知悉孩子在校的表现情况以及日常存在的问题，引导家长科学教育子女，凝聚家校教育合力。

（二）杭州家校平台

杭州家校平台是学校教师和家长的沟通平台，支持发送文字、图片、附件等多种内容形式，同时保留了短信抄送功能，可以方便及时地将相关信息与通知群发给家长，让家长能够及时知悉各类通知与信息，它是教师和家长沟通联系的便捷纽带。此外，杭州家校平台还具有教育缴费、考勤管理、请假、投票等功能，便于教师主动将学校的相关工作和管理动态公开化、透明化，更好地促进家长对学校工作的支持与理解，构建家校共育新格局。

（三）QQ 家校群

QQ 家校群是家校沟通的有力渠道之一。首先，QQ 家校群使得作业布置与反馈更加便捷、高效。通过 QQ 群，家长与学生能够即时收到作业提醒，得到学生的作业反馈结果，并能够与任课教师实时在线交流、答疑，真正做到家校沟通无缝对接。其次，QQ 家校群能够让家长及时知悉孩子们的学习发展状况。最后，家长通过 QQ 家校群，能够相互交流、借鉴家庭教育心得。QQ 家校群既促进了家校沟通，也促进了家长与家长、家长与老师之间互相学习，营造了和谐美好的教育氛围。

（四）线上家庭教育指导

为进一步加强家校联系，学校采取"线上＋线下"的方式，积极开展"云上"家长会以及线上家庭教育指导。为帮助学生在疫情期间更好地进行学习及生活管理，学校组织教师和学生家长开展了"云上"家长会及线上专题讲座。通过各项有力举措促进家庭教育水平的提高，以保障学生健康快乐地成长。与此同时，为促进学生的心理健康发展，学校特别邀请了赵国秋老师开展心理专题讲座："疫情后期，为什么心理问题更多""复学后学生心理危机识别与处理"。学校与家庭共筑身体、心理防线，共同为学生的健康成长、快乐学习保驾护航。2022 年 1 月，为了指导家长合理教育孩子，学校特别邀请韩似萍老师为全体三年级家长开展"读懂成长、理解教育"线上家庭教育指导会。以爱为出发点，以网络为平台，家校齐心，共创学生的美好明天。

三、学习互联

特殊时期，"线上教学、虚拟场景、云端课堂"等成为教育教学活动开展的重要方式，推动着学校教育空间由物理空间向虚拟空间的变迁。在线学习模式一方面使得学习变得更加高效便捷，另一方面有利于实现学生的个性化学习，让学生逐步培养起良好的学习兴趣，促进学生的个性化发展。新冠疫情期间，为落实"停课不停学"的政策，保障延期开学期间的教育教学需要，结合原江干区教育局发布的《关于延期开学期间开展在线教育服务的实施方案》，学校面向学生开展在线教学、课业辅导，落实学科预习、体育锻炼和素养提升等教育教学要求。2020 年 2 月，花园小学开展"线上学习表彰大会"，并组织师生利用云视讯和 QQ 平台进行线上教学。学校提前发布线上教学操作指南,让教师、学生和家长都能做好线上教学的相关准备,全力保障线上教学的质量。

为了提供更好的教育,更好地为学生、家长服务,学校设计了花园小学"停课不停学"线上教学问卷,每周通过问卷了解学生的学习状况,对如何增加线上教学的互动性、是否要增加直播教学的次数以及教师是否要开启摄像头等问题进行了调查与分析,以了解学生需求,提高线上教学质量。为了方便各类数据的统计,教学部门设计了相应的表格,为减轻教师填写负担,做到尽量整合。在线学习预告表方便班主任统一发布会议号,以减少任课教师的工作量;在线教学每日情况反馈表填写教师平台使用、教学、沟通情况等信息,便于及时发现问题,及时跟进。教学部门制定"一部三长"巡课制度,由行政部门、教研组长、备课组长、年级组长进行每天线上巡课,全方位了解线上教学情况,进行统计并及时反馈情况。

为了创设更加轻松愉快的学习氛围,学校各年级备课组根据义务教育课程方案及各学科课程标准,选择或开发适合的微课(或 PPT)、教案、课堂练习、课后练习等。如数学组和科学组的老师开发了"玩好数学""爱上科学"一系列有趣的微课,极大地提升了学生的学习兴趣。

学生心理健康问题也是开展线上教学工作需要关注的重点。为此,各年级紧锣密鼓地开展了抗疫一线家庭线上家访,主动关心在家学生的学习起居及心理状况。同时,各班还组织线上团体辅导,以及时、全面地了解学生特殊时期的心理变化,并提供相应帮助。学校心理站成员老师针对疫情,为特殊学生提供了针对性心理援助和干预服务。全校师生凝聚抗"疫"力量,携手共克时艰。

第四节 "功能融":创设智慧协同新优势

复合性、灵活性的功能配置是新型学校有别于传统学校的特征之一。

学校将各类功能空间相结合，充分利用了零碎、闲置的空间，使其得以延伸与发展，充分实现了学校空间功能的复合性、开放性和灵活性。

一、多功能图书馆

信息资源要融合，空间资源也要共享。学校图书馆是一个集图书馆、研讨室、文化馆、新型教学空间和活动中心等多项功能于一身的复合型学习空间。该馆从外部空间到内部功能都深刻体现了多元融合的设计理念。它既是学生阅读学习的场所，也是数学玩具特色陈列馆，又可以作为学科教研组讨论的区域。除此以外，还可以作为多学科、多课程、多功能的活动中心，满足师生的个性化需求。

多功能图书馆通过构建自主借阅系统，让学生学会自主借书、自主读书、自主归还，培养学生的阅读主动性，并养成爱护书、爱读书的好习惯。在图书馆内，不仅可以阅读实体书籍，还能通过互联网对接外网资源，如国家教育资源公共服务平台、浙江教育资源公共服务平台、小学学科网等第三方网资源。功能的融合设计不仅能够保证其传统图书借阅功能的顺利进行，而且能够实现各种资源的有机融合，开发和拓展出新的资源和功能。此外，促进不同年级、不同校区学生之间的交流与分享也是多功能图书馆的一大优势。学校还通过组织讲座、展览、书评和研讨等活动，吸引更多的师生积极参与场域学习，激发更丰富的学习功能，给图书馆带来新的活力。

二、全学科阅读进阶馆

智能时代对人的素养提出了越来越高的要求。传统的知识授受式教学已经无法支撑起素养培育的重任，需要用新的教育教学方式激励学生自主学习，进而实现从知识学习到素养培育的进阶。阅读，尤其是全学科阅读是学科学习的有效路径，也是"双减"背景下学生自主学习的重要方式。学校于 2020 年 8 月建成全学科阅读进阶馆，并被评为原江干区"特色场馆"。全学科阅读进阶馆着眼于培养学生全学科阅读素养,在校园无线网络和智能技术的支撑下,提供了丰富的学科阅读资源。学生在课余时间可以随时进入馆内,根据学科阅读指导策略进行阅读、学习,激发学生的阅读兴趣,提升学生的学科素养。从教师层面来看,全学科阅读进阶馆的建设也丰富了教师的知识储备,显著提升了教师的专业阅读品质,有利于促进教师深刻地把握学科知识本质,提高教学水平。

三、智慧教室 2.0

学校利用各类学科教室和创新实验室拓展课程教学模式,可以实现知识课堂与实践课堂相融合,课内探究学习和课外自主学习相结合,从而促进学生学习方式的转型升级,提升学生校内学习质量。目前学校已建成美术教室、音乐教室、科学实验室、计算机教室等学科教室。从学习资源角度出发设计功能教室空间环境,将资源内容、学习方式和空间设置紧密结合,达到环境育人的目的。例如,在科学实验室中,通过智慧教育技术和设备,鼓励学生动手实践,探索各种光学、力学、电学现象,引领学生走近科学、玩转科学,让科学触手可及。

此外,我们还尝试开发普通教室的新型功能,充分利用教室多余空间,建立开放式的阅读空间,让学习融入学生的学校生活。例如,在各个教室后设立读书吧、阅读角,根据学生的学段特点投放丰富优质的书籍。各班根据实际情况引导学生制定读书计划,开展有特色的读书活动,创设自由、愉悦的读书氛围,让书香浸润童年。

第五节 "数据通":构筑智慧管理新生态

为更好地发挥信息技术在学校管理中的作用,实现校园教育数据、信息的互通共享,未来学校还将通过国家智慧教育公共服务平台,构建学生管理、教师管理、教学管理一体化的管理机制，提高学校信息化管理水平。

一、学生管理

学生管理综合服务系统主要是通过信息化手段为学生在校的生活、学习提供便捷化服务。学校可以联通省市级、区县级、校级应用平台的数据链路，采集互联网泛在学习应用中的相关行为数据，实现泛在数据的统一采集和处理，打造统一的学生管理中心，便于管理学生档案和相关数据。学校教师可以通过对数据的整理和分析，了解每位学生在校的情况，以便实现更加精细化的管理，如表 8-3 所示。

表 8-3　学生管理系统

学生管理	成长档案	包括学生的考勤情况、作业情况、课堂情况、违纪情况、表扬表彰、考试成绩和在校评价，成长记录支持按班级、学期查看各类型记录数据并制成数据图表
	学生评价	包含被评价学生的评价类型、年级、评价时间、评价人、评价内容、评价得分和分数排名，可导出 EXCEL 数据，对得分进行统计，支持快速评价或手动评价，评价内容及时以手机短信形式告知学生家长
	班务日志	包括班级学生作业、平时测验成绩、公告通知、素养评价等内容
	进出校信息	1. 记录学生每次进校门和出校门的信息并推送消息给家长 2. 推送消息的模式为手机短信、微信服务号、手机 App
	综合测评	按月将学生的各种表现情况通过大数据分析测算后推送给家长，并针对每个学生的不同情况给家长建议
	成绩预警	当学生出现成绩排名大幅下滑后，自动发出预警信息，提醒家长

学生管理	值日、值周管理	1. 可录入值日、值周、检查卫生数据,迟到数据,违纪数据,值周总表及分数等;查看值周总表、分数、学期值周情况安排,各班级值周分数;可通过日期查询班级值周情况;录入分数可批量勾选班级提交默认分数 2. 可更新值周数据,普通教师可查看全部值周记录 3. 可开启短信提醒,App 消息和微信消息推送
	班干部	记录每个班的班干部人选信息
	家访记录	录入每个学生的家访记录
	心理咨询	专家在线心理咨询,解答成长中的烦恼。为保护个人隐私,可使用匿名咨询。系统会对心理咨询平台发布的所有消息做访问权限处理,仅学生自己和心理咨询师可见
	运动会记录	1. 记录学生每次参加运动会的情况 2. 支持设置破纪录和领奖情况

二、教师管理

教师管理系统主要是通过信息化手段为教师管理提供便利。它涉及教师基本信息管理、工作计划总结、教师评价、考勤查询、活动考勤及教师绩效考评(见表 8-4)。

表 8-4　教师管理系统表

教师管理	基本信息管理	将老师的基本信息接入到智慧校园平台中,以便后期对教师数据的利用;根据信息化建设的情况,逐步在已有信息的基础之上,进一步完善教师数据
	工作计划总结	根据相关文件的规定,实现教师工作计划、总结可以通过工作平台上传、查询、汇总
	教师评价	根据相关文件规定,构建教师评价指标,通过定期面向学生、家长、同事、领导等发放相关调查问卷,实现对老师评价的回收,特定账号(如管理员)可查看学生、家长等相关人员对教师的评价数据

续表

教师管理	考勤查询	查询教师考勤情况，查询类型包括正常和异常（迟到、早退、事假）
	活动考勤	活动开始前利用系统生成的二维码进行活动签到，二维码会自动每隔几秒变换一次，签到人员必须现场扫描二维码方可成功签到，可有效防止签到作弊，也可人脸识别签到，便于学校对活动考勤的管理，签到成功后会有语音播报提示，可导出姓名、编号数据
	教师绩效考评	学校可通过设置教师绩效考评，设置好评价要素、考评要点、考评细则，对教师进行评价，记录每位教师在校各方面的表现

例如，学生的学籍管理可以和浙江省学生学籍管理平台统一格式，实现由国家智慧教育公共服务平台进行学生学籍管理数据的收集，方便老师直接一键导入浙江省学生学籍管理平台。新生入学前，学校在系统中发送二维码，新生家长可下载注册国家智慧教育公共服务平台并直接在平台提交学生的全部个人信息入档案。

三、教学管理

教学管理主要是针对教师实施的对整个教学过程的管理。聚焦"网络教研"平台，实现精准分层：包括课前预习导学、课堂新授、电子作业及个性化辅导等方面，以构建"以学定教"混合式教学新生态，实现更好的教与学（见表8-5）。

表8-5　教学管理系统表

教学管理	预习反馈	学生可根据教师课前推送的预习资源进行课前预习，并在上课前将结果反馈给老师，以便老师在上课前了解学生的预习情况及确定课程的重难点，提高教学效率

续表

教学管理	集体备课	1. 支持通过网盘共享电子教学设计,支持集体网络备课。教师们可以通过网络互相讨论,最终形成高质量的课件。同时基于网络化存储,能有效避免传统 U 盘丢失、中毒等,增强备课资料的安全性和共享的便捷性 2. 支持在线编辑 PPT 文件,并在线一键保存 3. 可对备课开始、结束时间进行设置,支持导出老师们在备课中讨论的内容记录
	电子作业	1. 支持作业一键发布,既节省师生的时间,又可以让家长及时了解当天作业的情况,保证家庭教育与学校教育的统一 2. 支持 App 在线提交作业,及时为老师的备课提供信息,使第二天的教学安排更具针对性 3. 支持作业分析,平台会及时智能地生成总结报告,上课时老师根据报告可精准地进行课堂讲解,保证了作业反馈信息的及时与精准
	电子白板教学	1. 教师通过电子白板、教学一体机进行电子授课,实现点名、考勤、评价、手机端操控、电子书包课堂互动等功能 2. 支持电子板书记录保存后可发布于手机 App 和班级消息群
	课堂实录回放	1. 对接花园小学教室两个监控云台,使平台能实现常态化录播的功能,能够将整个课堂的教学内容进行全程录播,方便学生课后对学习内容进行查漏补缺 2. 将优秀的资料纳入资料平台,实现资料的共享,积累校本资源 3. 在搜索时可关联显示教师学科及根据学科查询,便于用户快速搜索

小　结

　　智慧校园的建设不能一蹴而就，而是需要政府、学校、家庭和社会各界达成共识、形成合力，共同推进未来的教育升级。当前，学校智慧校园建设仍处于起步阶段，很多问题还需要进一步解决，要建成真正意义上的"智慧校园"还需要很长一段时间。展望未来，信息化是驱动教育现代化的创新先导力量，我们应以更高的标准推动智慧校园的建设与应用，构建网络化、数字化、个性化、终身化的新型教育体系，运用更多智能化、感知化的教学手段，使得育人方式更加丰富、学习方式更加高效、学校管理更加精准，真正实现智慧树人。

参考文献

［1］白益民.高成效教师行为特征研究［J］.教育研究与实验,2000
　　(4):31.

［2］班华.素质结构·教育结构·素质教育［J］.教育研究,1998(5):
　　10-14.

［3］曹成.构建"生态、生趣、生命"的课堂［J］.小学语文教学,2011
　　(23):7-8.

［4］常华锋.生本教学论［M］.北京:首都师范大学出版社,2012:106.

［5］陈元东.打造以养成教育为重点的学校行为文化［J］.当代教育科
　　学,2010(20):21-23.

［6］陈睿,姜启承.教师怎样研课磨课［M］.长春:东北师范大学出版
　　社,2018:43.

［7］陈长兴.厘清内涵特征 把握学校文化建设方向［J］.福建教育学院
　　学报,2020,21(6):115-119＋129.

［8］陈祥芳.骨干教师引领共同成长——构建骨干教师发展共同体,促
　　进教师均衡发展的研究［J］.教育界,2019(1):154-155.

［9］程红兵.学校文化建设的路径:书生校长的教育行动［M］.上海:华
　　东师范大学出版社,2012:24-26.

［10］段文蔷.教学反思:新教师成长的必由之路［J］.甘肃教育,2019

(11):94.

[11] 冯炜,赵建军.关于中小学学校文化建设的思考[J].河北师范大学学报(教育科学版),2009,11(12):117-122.

[12] 冯永刚.学校制度文化育人的价值意蕴及其实现[J].教育科学研究,2018(5):89-92.

[13] 冯凯杰.语文阅读课堂教学策略研究[J].文学教育(下),2021(1):116-117.

[14] 顾明远.论学校文化建设[J].西南大学学报(人文社会科学版),2006(5):67-70.

[15] 黄瑜,贺磊,黄文华.中小学精细化管理[M].徐州:中国矿业大学出版社,2017:273-274.

[16] 何银兰.生命课堂[J].新课程,2020(44):235.

[17] 何长平.现代中小学学校文化建设研究[D].南昌:江西师范大学,2006.

[18] 洪琳.基于文本再构的小学英语对话教学设计[J].教学月刊小学版(综合),2020(12):27-30.

[19] 何春梅.过程性评价、成就目标定向与学习投入:机制与路径[J].高教探索,2020(11):36-46.

[20] 江丰光,孙铭泽.国内外学习空间的再设计与案例分析[J].中国电化教育,2016(2):33-40+57.

[21] 姜霞.自我监控策略应用于英语语法学习的可行性——基于概念整合理论[J].现代交际,2020(6):177-180.

[22] 景红娜,陈琳,赵雪萍.基于Moodle的深层学习研究[J].远程教育杂志,2011,29(3):27-33.

[23] 鲁洁.教育社会学[M].北京:人民教育出版社,2007:374.

[24] 黎启龙.研学旅行的德育特征、价值与实施[J].中学政治教学参

考,2021(3):41-44.

[25] 凌宗伟.学校行为文化建设的思考与实践[J].中国教育学刊,2010(9):58-60.

[26] 刘建文.生长课堂 人人生长——小学数学生长课堂校本研究的实践与思考[J].吉林教育,2016(48):17-19.

[27] 李瑞芳.自然"孕育"有序"生长"——浅议促进儿童生长的数学课堂[J].小学数学教育,2020(24):12-13.

[28] 李政涛,文娟."五育融合"与新时代"教育新体系"的构建[J].中国电化教育,2020(3):7-16.

[29] 李翔翔.王崧舟语文生本课堂研究[D].杭州:杭州师范大学,2016.

[30] 郎彩虹.基于自组织理论视角关照下的教师专业学习发展的探究[J].中国成人教育,2017(14):138-140.

[31] 李政涛."五育融合",提升育人质量[N].中国教师报,2020-01-01(3).

[32] 马彩玲,王永博.促进学生发展的评价标准漫谈[J].成才之路,2020(36):46-47.

[33] 孟繁华.学校组织再造——对有效学校变革的思考[N].中国教育报,2008-04-19.[34] 皮尔森.文化战略[M].刘利圭,等,译.北京:中国社会科学出版社,1992:2+157.

[35] 上海市普陀区回民小学.民俗文化的力量:基于民俗文化教育活动的学生多元发展实践研究[M].上海:上海交通大学出版社,2018:133.

[36] 苏霍姆林斯基.给教师的建议[M].武汉:长江文艺出版社,2014:72-74.

[37] 孙娟.小学英语单词快速记忆方法的研讨与实践[J].学苑教育,2021(36):62-63+66.

[38] 桑新民.对"五育"地位作用及其相互关系的哲学思考[J].中国社会科学,1991(6):159-166.

[39] 苏乔花.自组织理论视域下"互联网+导师制"教研策略研究[J].中小学数字化教学,2019(1):58-61.

[40] 宋美瑾.乡村小学骨干教师教学生活图景的个案研究[D].兰州:西北师范大学,2020.

[41] 孙云晓,刘海颖.家校共育:家庭教育发展趋势之新之要[N].中国出版传媒商报,2021-01-22(10).

[42] 泰勒.原始文化[M].蔡江浓,译.杭州:浙江人民出版社,1988:1.

[43] 檀传宝,张宁娟,吕卫华,等.教师专业伦理基础与实践[M].上海:华东师范大学出版社,2016:9.

[44] 滕星.论教学评价的规律和原则[J].教育科学,1989(1):11-15.

[45] 武凤霞.统编教材语文要素的内涵、序列解析与落实策略[J].小学教学设计,2020(34):4-8.

[46] 王志慧.改进听评课机制,提高课堂教学评价效能[J].文教资料,2011(23):184-185.

[47] 王海英,吴爽.形成性评价视域下反馈在中小学教学管理中的运用[J].现代教育管理,2020(3):103-109.

[48] 习近平在全国高校思想政治工作会议上强调:把思想政治工作贯穿教育教学全过程开创我国高等教育事业发展新局面[N].人民日报,2016-12-09(1).

[49] 夏峰.追求一种与众不同的特殊——上海市长宁区初级职业技术学校教育创新研究[M].北京:教育科学出版社,2010:48+96.

[50] 熊琦伟,万文涛.教育生态视角下小学生实践能力的培养[J].教学与管理,2018(36):71-73.

[51] 徐彬,刘志军.指向核心素养的课程评价探析[J].课程.教材.教

法,2019,39(7):21-26.

[52] 燕居丽.小学教师专业素养内生式校本发展的探索与实践[J].中小学校长,2020(4):46-48.

[53] 岳刚德.论课程的丰富性——多尔后现代课程思想研究[J].全球教育展望,2006,35(4):27-32.

[54] 郑金洲.教育文化学[M].北京:人民教育出版社,2014:247.

[55] 郑金洲."办学特色"之文化阐释[J].中国教育学刊,1995(5):35-37.

[56] 郑智勇,宋乃庆.新时代基础教育增值评价的三重逻辑[J].教育发展研究,2021,41(10):1-7+17[57]詹万生.詹万生德育文选(第五卷)2011-2017[M].北京:首都师范大学出版社,2018:5+15+21.

[58] 张释元,谢翌,邱霞燕.学校文化建设:从"器物本位"到"意义本位"[J].教育发展研究,2015,35(6):14-19.

[59] 张文华.营造生趣课堂 提高课堂实效[J].新课程(教育学术),2010(11):69-70.

[60] 张婵.小学低年级科学课堂观察的有效性提升分析[J].科学咨询(科技·管理),2020(7):229.

[61] 张华.论核心素养的内涵[J].全球教育展望,2016(4):10-24.

[62] 张克龙,苏香妹,金国宗.深度推进校本研修提质的行动策略[J].现代中小学教育,2020,36(8):73-77.

[63] 张勇,易品志.学校文化自组织演化的机理、特征与条件[J].教育观察,2020,9(39):1-3+49.

[64] 张方雪.少年儿童学习力问题、归因及提升策略研究[D].开封:河南大学,2020.

[65] 赵亮.学校行为文化对教师行为影响的研究进展与反思[J].当代

教育与文化,2020,12(4):68-71.

[66] 赵丹妮.生命课堂让"离场"的生命重新"返场"[J].中国教育学刊,2020(3):107.

[67] 赵秀影.卢梭自然主义教育思想及其现实意义[J].文学教育(下),2020(12):18-19.

[68] 周光礼,袁晓萍.聚焦"四个评价"深化教育评价机制改革[J].中国考试,2020(8):1-5.

[69] 中共中央关于进一步加强和改进学校德育工作的若干意见[J].中国高等教育,1994(10):5-8.

[70] 中华人民共和国教育部.关于全面深化课程改革落实立德树人根本任务的意见[EB/OL].(2014-03-30).http://www.moe.gov.cn/srcsite/A26/jcj_kcjcgh/201404/t20140408_167226.html.

[71] 中华人民共和国中央人民政府.中共中央 国务院关于深化教育教学改革全面提高义务教育质量的意见[EB/OL].(2019-07-08).http://www.gov.cn/zhengce/2019-07/08/content_5407361.htm.

[72] 中华人民共和国教育部政府.教育部等11部门印发《关于推进中小学生研学旅行的意见》[EB/OL].(2016-12-19).http://www.moe.gov.cn/srcsite/A06/s3325/t20161219_292360.html.

[73] 中华人民共和国教育部.教育部关于印发《教育信息化2.0行动计划》的通知[EB/OL].(2018-04-18).http://www.moe.gov.cn/srcsite/A16/s3342/201804/t20180425_334188.html.

[74] 中共中央关于坚持和完善中国特色社会主义制度推进国家治理体系和治理能力现代化若干重大问题的决定[N].人民日报,2019-11-06.

后　记

　　从事学校管理工作 30 多年,我先后担任过浙南山区乡镇中心小学、城镇中心小学、县实验小学校长职务,也担任过省会城市城郊接合部乡镇小学、城区小学、新城区新建小学校长职务,所任职学校既有百年老校,也有老校易地新建学校和新城区新建配套学校。不论学校规模大小、办学历史长短,每一所学校都有其独特的文化品位和独有的生长轨迹。管理好一所学校,重在读懂学校文化,探究学校生长密码,立足校情、因势而为、因时而进、顺势而上。办学历史悠久的学校,有深厚的文化底蕴和完善的规章制度为学校发展保驾护航,作为学校管理者,需要做的是精耕细作,不断地深化和完善。而对于年轻的新办学校,教师经验不足、文化底蕴不厚、规章制度不全,则要从标准化流程建设入手,不断丰富和完善各种各类工作机制,进而建立起学校的精神文化、制度文化、行为文化和物质文化,为学校可持续发展提供强大的"生长基因"。

　　从 20 世纪 90 年代末,我在任职的城镇小学推行写字特色项目开始,到为县实验小学规划"英语教学"特色,再到 21 世纪初期任职省会城市城郊接合部小学时的"种子文化"、城区小学的"国际理解教育"课程,都是经过学校上下、社会各界反复论证,立足校情量身定制的特色项目。虽然这些学校的校长不断更替,但是这些特色项目却都得以保留下来并不断深化,推陈出新,成为学校发展的一张张"金名片"。

　　杭州市笕桥花园小学是一所创办刚满七年的新城区新建小区配套小学，办学规模从最初的 8 个教学班 312 名学生 17 位教师，到现在 35 个教学班 1499 名学生 88 位教师；教科研成果从最初的个位数猛增到现在一个学年获省市区级获奖 100 余项；本地生率从最初的 30.92％ 急速增长到现在的 85.23％，这些数据都说明了学校在办学过程中得到了上级领导、当地百姓和学生家长的高度认可。回顾和总结学校的发展历程、办学成效，为今后学校发展注入新动力，为其他新办学校提供经验参考，是一件非常有意义的事情，这也是我们编写本书的初衷。

　　回顾七年办学历程，花园小学坚持"素养导向＋顶层设计＋课程支持＋课堂推动"的实践策略，积极探索核心素养校本转化支持体系的整体构建，通过实施独具特色的"生长课程"和"生长课堂"，有效促进了核心素养的落地，并在此过程中进一步明晰了育人理念、凝炼了办学特色，取得了良好的效果。我们的新办校核心素养校本转化支持体系，具有一定的推广价值。办学七年来，学校基于区域特色文化，积极探索学校特色课程建设，并以重大项目推进学校变革，致力于特色化发展。学校校园文化研究团队在专家、学者的指导下，设计完成以合作办学课题研究和"十四五"办学规划为抓手的学校文化顶层建设。到目前为止，花园小学学校文化理念系统已基本形成，"生长课程"和"生长课堂"建设初具规模，正朝着学校文化内涵更丰富、学校治理更自觉、队伍建设更高效、学校形象更鲜明的发展目标大步前行。

　　在浙江师范大学教育学院专家和上城区教育局领导的关心支持下，在花园小学全体同仁共同努力下，《建设一所新学校：花园小学的办学解码》一书即将付梓。本书是花园小学集体智慧的结晶，是七年办学成果的汇集，也是花园师生七年成长的见证。我们尽可能原汁原味地呈现七年来我们在学校文化、德育、课程、课堂、评价、教师、教研和智慧化校园等方面的探索与实践，但因为办学时间短，能力水平有限，我们目前思路和经验做法可能还相对粗糙和幼稚，但是学校全体同仁在未来的办学中必将不懈探索与实践，不断去发现和解密学校发展的"生长密码"。

　　本书的出版得到了浙江师范大学教育学院周晓燕博士及其团队的大力支持,没有她们的用心指导和专业把关,就没有本书的成稿。感谢花园小学俞国芳、陈云斌、田耘三位校级干部的积极参与和大力支持;特别感谢田耘和崔舒圆、丁凯迪、童郦琳、盛夏、董清、赵益等行政团队参与后期材料统改和文稿编辑等各方面工作,他们对本书的出版起到了重要的作用;还要感谢曾庆洪、章剑娅、周月华、闻一汇、黄金、赵婷婷、方贞、陈惠惠、杜莎丽、朱芳、蒋青青、楼小靓、陈思静、莫施佳、陈菊莉、周明、王声坚、周金晶、陈霞、赵熹莱、王楚轩等中层干部和教学骨干,以及魏燕、郑紫美、盛翌禾、黄婷、雷雨、孔益飞、刘妍、叶姝滢、张恰等浙师大研究生为本书出版所付出的辛勤劳动。

李　安
2023 年 6 月 8 日